珍藏本
纪念版

汉译世界学术名著丛书

有闲阶级论

——关于制度的经济研究

〔美〕凡勃伦 著

蔡受百 译

商務印書館
SINCE 1897 The Commercial Press

2017年·北京

Thorstein Veblen

THE THEORY OF THE LEISURE CLASS

An Economic Study of Institutions

Vanguard Press

New York

据前卫出版社纽约版译出

汉译世界学术名著丛书
（120 年纪念版·珍藏本）
出 版 说 明

2017 年 2 月 11 日，商务印书馆迎来 120 岁的生日。120 年前，商务印书馆前贤怀揣文化救国的理想，抱持“昌明教育，开启民智”的使命，立足本土，放眼寰宇，以出版为津梁，沟通中西，为中国、为世界提供最富智慧的思想文化成果。无论世事白云苍狗，潮流左右激荡，甚至战火硝烟弥漫，始终践行学术报国之志，无改初心。

迻译世界各国学术名著，即其一端。早在 20 世纪初年便出版《原富》《天演论》等影响至今的代表性著作，1950 年代后更致力于外国哲学和社会科学经典的译介，及至 1980 年代，辑为“汉译世界学术名著丛书”，汇涓为流，蔚为大观。丛书自 1981 年开始出版，历时三十余年，迄今已推出七百种，是我国现代出版史上规模最大、最为重要的学术翻译工程。

丛书所选之书，立场观点不囿于一派，学科领域不限于一门，皆为文明开启以来，各时代、各国家、各民族的思想与文化精粹，代表着人类已经到达过的精神境界。丛书系统译介世界学术经典，引领时代思想，为本土原创学术的发展提供丰富的文化滋养，为推动中国现代学术和现代化进程做出了突出的贡献。

为纪念商务印书馆成立120周年，我们整体推出“汉译世界学术名著丛书”120年纪念版的珍藏本，寄望既利于文化积累，又便于研读查考，同时向长期支持丛书出版的译者、编者和读者致以敬意。

两甲子后的今天，商务印书馆又站在了一个新的历史时间节点上。我们不仅要铭记先辈的身影和足迹，更须让我们的步伐充满新的时代精神。这是商务人代代相传的事业，更是与国家和民族的命运始终紧密相连的事业。我们责无旁贷，必须做好我们这代人的传承与创造，让我们的努力和成果不仅凝聚成民族文化的记忆，还能成为后来人可以接续的事业。唯此，才能不负前贤，无愧来者。

商务印书馆编辑部

2017年10月

评凡勃伦的经济学说

托斯丹·本德·凡勃伦(1857—1929)是美国资产阶级经济学家,制度学派的创始人。

凡勃伦出生在美国明尼苏达州一个挪威移民的家庭里,在青年时代,他入卡尔登学院读书,受业于美国边际效用学派首领约翰·贝兹·克拉克。大学毕业之后,凡勃伦又入耶鲁大学研究院。后来凡勃伦曾在康奈尔、芝加哥和斯坦福等大学教书。凡勃伦在耶鲁大学时就写过一篇《论1837年恐慌》的经济论文。他的成名则是在1899年发表《有闲阶级论》这本书之后。在二十世纪初,凡勃伦继续发表了《企业论》(1904年)、《现代文明中科学的地位》(1919年)、《工程师和价格制度》(1921年)、《不在所有权和最近的商业企业》(1923年)等著作。

凡勃伦的经济学说在资产阶级经济学界曾经引起热烈的争论。这个别树一帜的庸俗学派在本世纪二十和三十年代达到它的发展高峰。许多资产阶级经济学家成为凡勃伦学说的信徒。在罗斯福实行"新政"的时期,制度学派的一些成员还参与了"新政"的筹划。

制度学派的产生和它的一度兴盛,同美国社会经济和阶级斗争的发展情况密切相关。我们知道,美国原是资本主义发展比较晚的一个国家。但是，在十九世纪末，它的发展速度非常快。到1894年，美国工业发展的速度已超过其他资本主义国家，跃居世界第一位。在二十世纪初，美国已经变成了最强大的帝国主义国家之一。与此同时，美国也成为资本主义矛盾最深刻的国家，阶级斗争十分尖锐。在十九世纪八十和九十年代，美国工人就大规模地展开了反对垄断资本的罢工、示威和饥饿进军等运动。在二十世纪初，美国工人运动有了更加广泛的发展。在1905至1912年之间，美国工人举行了一系列大规模的罢工，发动了各种反对垄断资本的英勇斗争。

在社会阶级斗争日趋尖锐的情况下，一些资产阶级经济学家深感到传统的辩护理论已经陈腐，不能适应在新的历史条件下为资本主义制度辩护和反对无产阶级斗争的需要，因此在二十世纪初，许多资产阶级经济学家积极寻找为资本主义制度辩护的新方法和新形式。凡勃伦的经济学说就是在这种情况下产生的。

（一）

凡勃伦是以资产阶级经济学的“批评家”的面目出现的。按照他的说法，到十九世纪中叶为止，一切经济学说都是建立在享乐主义的心理学和“确信世事变迁的过程中，有渐入佳境的趋势”（《近代文明中科学的地位》）这两个原则的基础上。凡勃伦认为，享乐主义的心理学把人看作是“快乐和痛苦的计算者，俯仰浮沉于刺激力推动之下，好像一团性质相等的快乐欲望的血球”，这种见解把人看作是被动的，其行动主要受追求快乐和避免痛苦的冲动支配，这是同新心理学不符的。至于世事“有渐入佳境的趋势”，按照凡勃伦的说法，这是形而上学的，以这种渊源于神学的观点为前提的关于自然规律的理论、关于自发调节的理论以及其他理论，也都与事实不符。在凡勃伦看来，以往经济学说的前提既然同事实不符，它们的理论体系也就不可能正确。

显然，凡勃伦的"批评"并不是要从根本上否定以往的资产阶级庸俗经济学。他的"批评"不过是出于这个事实，即，在垄断组织占统治地位、经济危机日趋严重、阶级斗争不断尖锐的情况下，资产阶级传统经济学所宣扬的自由竞争可以自发地和谐地调节社会经济，促进财富的生产，充分满足人们的欲望，在资本主义社会里个人利益和社会利益是一致的等等论调已经同客观事实格格不入。为了另创一种新的"学说"，更好地为资产阶级效劳，他才对过去的庸俗经济理论作出这样的"批评"。

为了达到上述目的，凡勃伦以十九世纪末在美国产生的新心理学为基础，创立了所谓"制度"经济学说。他认为，经济学说研究的对象应该是人类经济生活借以实现的各种制度。在他看来，制度是由思想和习惯形成的，而思想和习惯又是从人类本能产生的，所以制度归根结底是受本能支配的。他认为，本能树立了人类行为的最终目的，推动了人类为达到这种目的而作的努力，理智则不过是达到目的的一种方法。个人和社会的行动都是受本能支配和指导的。这些行动逐渐形成思想和习惯，进而形成制度。制度产生之后，就对人类的活动发生约束力，本能所产生的目的就在已经形成的制度中得到实现。凡勃伦认为，对社会经济生活和制度起决定作用的本能分为三类：(一)父母的天性；(二)工作的本能；(三)随便的好奇心。因而，他把对制度的分析，最终都归结为对心理的分析。在分析心理现象变化的时候，凡勃伦又以人种学、文化史、生物学、自然历史、宗教等为辅。所以，他的经济学说实际上是一个五花八门的大杂烩。

凡勃伦应用心理学来解释制度的由来，又用庸俗进化论来说明制度的发展和演变。按照他的看法，制度既然是思想和习惯长期积累的产物，它就不可能进行根本的改变。凡勃伦认为，生物界的生存竞争和优胜劣败的规律同样适用于人类社会，制度的演进过程也就是人类的思想和习惯的自然淘汰过程，或人类应付外界环境的心理的变化过程。他在研究制度的发展过程时又把两类制度作为研究的中心，一是财产所有权或金钱关系的制度；一是物质生活的生产技术或物质生活的工具供给；前者出自人类的虚荣本能，后者出自人类的工作本能，它们都是广泛存在的社会习惯。他对近代经济生活的分析中贯串着对这两类制度的分析。从庸俗进化论出发，他把人类社会历史划分为：一、野蛮时代；二、未开化时代；三、手工业时代；四、机器方法时代。他详细论述了在这四个时代变迁的过程中，上述两类制度如何产生和变化。

凡勃伦的《有闲阶级论》这本书就是根据上述思想写成的。为了了解他关于制度的基本思想，我们无妨从这本书引证几段话。在第八章中，凡勃伦写道："制度实质上就是个人或社会对有关的某些关系或某些作用的一般思想习惯；而生活方式所由以构成的是，在某一时期或社会发展的某一个通行的制度的综合，因此从心理学的方面来说，可以概括地把它说成是一种流行的精神态度或一种流行的生活理论。如果就其一般特征来说，则这种精神态度或生活理论，说到底，可以归纳为性格上的一种流行的类型。""制度必须随环境的变化而变化，因为就其性质而言，它就是对这类环境引起的刺激发生反应的一种习惯方式。”凡勃伦还写道：“人类在社会中的生活，正同别的生物的生活一样，是生存的竞争，因此是一种淘汰适应的过程；而社会结构的演进，却是制度上的一个自然淘汰的过程。关于人类制度和人类性格的一些已有的与正在取得的进步，可以概括地认为是出于最能适应的一些思想习惯的自然淘汰，是个人对环境的强制适应过程，而这种环境是随社会的发展、随人类赖以生存的制度的不断变化而逐渐变化的。”

从凡勃伦的上述看法中，我们可以看出他并没有脱出旧的庸俗经济学的窠臼。我们知道，政治经济学所研究的是社会经济制度，即特定社会的生产关系。马克思在《政治经济学批判》序言中曾经科学地说明社会经济制度的性质以及它同人们的思想意识的关系。他写道：“人们在自己生活的社会生产中发生一定的、必然的、不以他们的意志为转移的关系，即同他们的物质生产力的一定发展阶段相适合的生产关系。这些生产关系的总和构成社会的经济结构，即有法律的和政治的上层建筑竖立其上并有一定的社会意识形态与之相适应的现实基础。物质生活的生产方式制约着整个社会生活、政治生活和精神生活的过程。不是人们的意识决定人们的存在，相反，是人们的社会存在决定人们的意识。”[①]凡勃伦一如十九世纪下半期的各个庸俗学派，宣扬社会经济发展取决于主观心理上或精神上的原因，把制度归结为在人们主观心理的基

① 《政治经济学批判》，《马克思恩格斯全集》第 13 卷，人民出版社 1962 年版，第 8 页。

础上产生的思想和习惯，并用这种受心理和精神支配的一般的制度来代替社会经济制度。从这种庸俗见解出发，凡勃伦歪曲了资本主义社会的发展规律，把资产阶级和无产阶级之间的阶级斗争说成是由心理上和精神上的原因引起的，可以随思想和习惯的转变而改变的。

在制度进化问题上，凡勃伦把庸俗进化论搬到经济科学中来，把社会发展规律和生物进化规律等同起来，其目的完全在于反对社会主义革命。马克思根据客观的生产力和生产关系的辩证关系，深刻地阐明：社会的物质生产力发展到一定阶段，便同它们一直在其中活动的现存生产关系或财产关系发生矛盾，这些关系由生产力的发展形式变成了生产力的桎梏，这时社会革命的时代就到来了。随着经济基础的变更，全部庞大的上层建筑也或慢或快地发生变革。马克思还分析了资本主义制度，揭示了社会主义革命的历史必然性。虽然凡勃伦宣扬进化论的形式和其他庸俗学派有所不同，然而它们都是为了反对马克思所揭示的科学原理，反对二十世纪初正在欧美蓬勃发展的无产阶级革命运动。

凡勃伦把自己的制度经济学说看作是新的“理论”，但是如果我们把它同德国的新历史学派作一个比较，便可看出两者的基本观点是大同小异的。不论新历史学派，还是凡勃伦，都从人们的心理或精神出发解释社会经济现象；都强调经济学的任务是研究和考察制度的历史进化过程；都致力于描述社会经济生活发展的表面现象；都抛弃对经济现象的理论分析，而热中于寻找一套能克服资本主义矛盾的办法。所以，凡勃伦的学说实际上乃是德国历史学派在美国的一个变种。

(二)

现在我们再来看看凡勃伦如何应用他上述的思想来解释资本主义制度。他认为,从生产技术方面来说,现代经济发展是处于“机器方法”的时代。在现代工业社会中,“除非依靠已被接受的机械装备和机械操作的帮助,否则就不能进行”。机器工业已在工业体系中居主导地位,其余部分都以机器工业为转移。机器方法使工业变成高度复杂的完整的有机体,物质生产是由各种连续操作的结合形成的,“由于各项操作之间的这种连结关系,现代工业体系中含有一种广泛的、平衡的机械操作性质。”(《企业论》)同时,各种操作要求标准化和高度精确。就人类的物质福利来说,这种工业制度能够无限制地进行物品的生产。就财产所有权来说,它在现代经济中表现为资本的所有权。工业技术的运用完全以企业家的意旨为主。而“企业的动机是金钱上的利益,它的方法实质上是买和卖,它的目的和通常的结果是财富的积累。谁要是目的并不在于增加财产,他就不会参加企业,更不会在独立的基础上经营企业。”(同上书)因而,“整个工业系统所由构成的各种操作如能顺利、无间断地相互配合,是最有利于社会的经济福利的;但事情的处理掌握在企业家手中,而工业平衡无阻碍的维持,并不一定最有利于企业家。”(同上书)工业和企业之间的矛盾就是凡勃伦整个经济理论分析的主题。在他看来,资本主义社会的缺点就是根源于机器利用和企业经营之间的对立。

依据机器利用和企业经营的划分,凡勃伦进而把资产阶级社会分为两大阶级:一是物质生产者,如工程师、技术员、科学家和工

人；一是老板、经理和商业推销员等，后者依靠所有权而控制工业，其目的在于获取优厚的利润。他认为，在手工业时代和机器应用的初期，财产所有者通常亲自监督工厂的生产，兼做工业生产的技术专家和商人，在发达的工业社会中，生产由技术人员专管，商人则完全注意财务问题。

凡勃伦说，企业经营是依靠运用价格制度来获得优厚利润的。他把资本主义制度称为价格体系，他认为，为了在买卖中得到最大的利润，企业界广泛地流行着欺诈行为，工业中普遍确立最大的独占。按照凡勃伦的说法，在机器利用的初期，货物价格低廉，引起了市场的扩大，这时曾经产生剧烈的自由竞争。现在由于技术急速进步，产品大量增加，市场不能随之扩大，因而价格竞争逐渐消失。在十九世纪末，生产能力无限扩大，市场相对缩小，商人企图以限制产额来保全利润，因而引起了企业的集中和合并，出现了托拉斯等垄断组织。

在凡勃伦看来，现代经济生活中的这两种对立形态——机器利用和企业经营，完全是起因于生活习惯所产生的不同的思想。按照他的解释，工业中的生产者受到机器生产的训练，养成了从因果关系来观察物质和解释事实的习惯，他们都具有一种怀疑的、惟事实是问的、不讲道德、不讲爱国心的性质。因此他们逐渐摆脱了过去习俗和道德标准的影响。而企业家则同利害相联系，因此他们所关心的是金钱利益、权力、财产的多少，金钱思想支配一切，而他们的许多思想习惯都是由过去的习俗蜕变而来的。在《不在所有权和最近的商业企业》一书中，他又认为现代的主要工业已联合起来，为银行所操纵。他表面上谴责这些“不在所有者”控制了一切权利，阻碍了工业生产，但又宣扬垄断组织在现代经济生活中所起的稳定作用。

根据所谓机器利用和企业经营相对立的论点，凡勃伦在《工程师和价格制度》一书中提出了一个改革方案。他主张经济控制权由工程师、科学家和技术人员组织起来的“技术人员委员会”掌握，以代替企业经营的统治。他虽然提出了这个改革方案，但是他始终没有提出现代社会应该按照这个方案实行改革，因为在他看来，人们的思想习惯尚未成熟到可以进行这种改革。

凡勃伦在论述机器利用和企业经营的矛盾时，虽然不得不承认资产阶级社会一些有目共睹的事实，例如生产服从于资本家追求利润的目的，而不是为了满足人们的消费，资本主义市场日益缩小，企业长期开工不足等。然而他不仅避而不谈产生这些现象的根本原因——资本主义社会的基本矛盾，而且极力歪曲这种矛盾。把它说成是机器利用和企业经营之间的对立，这种对立又被归因于思想习惯的不同。

凡勃伦歪曲资本主义社会中的阶级关系还表现在这样一个事实上，即他力图抹杀资产阶级和工人之间的对抗关系，把两者统统看成“既得利益者”，把资本家和工人之间的斗争说成是商业性质的竞争，同时错误地把科学技术人员说成是一个独立的阶级，宣扬他们是社会物质福利的真正保卫者。他用由科学技术人员构成的所谓工业家同企业家的对立，来偷换无产阶级和资产阶级之间的矛盾。事实上，科学技术人员并不是什么独立的阶级，在资本主义条件下，他们一般是为资产阶级服务的，因此，他们决不可能在反对资本主义制度的斗争中起领导作用。

在一定的社会形态中，生产和交换总是不可分割地联系在一起的。在资本主义社会里，资本家在生产领域中剥削的剩余价值，是要通过流通领域即商业来实现的。生产的资本主义性质，决定了流通的资本主义性质，所以它们之间并不存在什么本质上的矛盾。的确，在资本主义制度下，生产和流通之间也会出现某些矛盾，例如工业家和商人在剩余价值的分配方面发生的矛盾，但是，正如马克思所说，这种矛盾是“兄弟阋墙之争”，而不是产生失业、开工不足和经济危机的原因。

（三）

前面说过，凡勃伦认为，在人类经济生活中，最主要的是两种制度，一种是财产所有权或金钱关系的制度；一种是物质生活的生产技术或物质生活的工具供给。在资本主义社会中这两种制度的具体形式是企业经营和机器利用。凡勃伦的《有闲阶级论》这本书就是研究在财产所有权或金钱关系的基础上怎样形成了所谓“有闲阶级”和这个阶级的地位与作用。他对“有闲阶级”的分析是完全立足在他对制度及其发展的理论的基础上的。首先，凡勃伦应用“历史起源法”来说明“有闲阶级”怎样从远古时代的历史胚胎中产生出来，又怎样经历了不同的形态变化；其次，他又从人的本能、思想、习惯出发来说明有闲阶级的形成以及它的“地位和价值”。他写道：“本书的主旨在于讨论作为现代生活中一个经济因素的有闲阶级的地位和价值，但是感觉到要把讨论严格地限制在这样标明的范围以内是办不到的。因此关于制度的起源和演进以及一般不列入经济学范围以内的一些社会生活特征，这里也不得不给予相当的注意。”

在第一章“绪言”中，凡勃伦认为，在野蛮时代，不存在经济特权和业务分化，因而还不存在“有闲阶级”；但是从处于初期发展阶段的那些部落的一些风俗、习惯和文化特征，可以看出“有闲阶级制度”是从原始的野蛮部落发展到未开化的阶段这一转变中逐渐涌现的。按照他的意见，有闲阶级的产生最初表现在业务分化上，在生活习惯上，男女担任着不同的工作，生产业务和非生产业务之间有了区别，出现了身份的差别。在未开化的较高阶段，政治、战争、宗教、信仰和运动比赛这些非生产性业务归上层阶级掌握。生产性业务则由下层阶级担任。这种业务的差别是具有歧视性的，非生产性业务在习惯上被认为是光荣的、值得尊敬的。在现代社会，这种区别仍然变相存在。总之，凡勃伦把阶级的产生说成是人们的生活习惯演变的结果。他认为，在原始的野蛮时代的和平生活习惯转变为坚决好战的生活习惯以后，侵占就成为日常生活中一个比较重要的因素，因而产生了侵占和劳役之间的职能分化和业务的区别，阶级区别也就产生和形成了。

在第二章“金钱的竞赛”中，凡勃伦认为，“有闲阶级”是和财产所有权同时出现的。财产私有制出现以后，人与人之间就发生了占有商品的竞赛。而人们之所以占有财产，财产之所以有价值，是因为财产可以证明财产所有人比社会中其他的人占有优势地位，它是取得荣誉和博得尊敬的习惯的基础，是满足自尊心的必要手段。这就是说，在凡勃伦看来，占有财产并不是为了剥削别人，而仅仅是为了满足虚荣心和自尊心。实际上，凡勃伦在这里是把虚荣心和自尊心说成是产生阶级的一个原因。

在第三章“明显有闲”中，凡勃伦描绘了在金钱竞赛中金钱（财产）占优势的阶级如何力图过有闲的生活。他认为，他们之所以不愿参加劳动，是由于他们的心理和劳动阶级的不同。在习惯的道德标准的支配下，他们把参加劳动看作是有损体面的事情。在他们看来，只有过有闲生活才能保持自鸣得意的心情，才能显示自己比别人优越。他们日常只是从事一些没有实际作用的脑力劳动，如学习礼仪，讲求修养等等。在第四章“明显消费”中，凡勃伦说明在金钱上占优势的阶级如何从显示自己的优越和荣誉的心理出发从事对财产的浪费性消费；并说明有闲阶级的存在如何产生了不事劳动的主妇和一批仆从、门客等的“代理有闲”和“代理消费”。在第五章“金钱的生活水准”中，凡勃伦认为，为了在消费的财物的数量和等级上达到“习惯的礼仪标准”，“有闲阶级”总是争取提高消费水准，它在消费上超过物质生活所必需的程度。根据凡勃伦的解释，人们争取提高消费水准的动机是在于满足竞赛心理和“歧视性对比”的要求，其目的不过是要在荣誉方面符合高人一等的生活习惯。在第六章“金钱的爱好准则”中，凡勃伦说明，在财产私有制度下，由于金钱财富成为取得荣誉和博得尊敬的基础，它也就成为评价一切事物的标准，无论是宗教、美感、实用性还是对美物的占有，都是以显示金钱为目的。第七章“服装是金钱文化的一种表现”，则描述了有闲阶级在服装上的好奇斗胜和极力奢侈，说明他们如何借此夸耀自己的财富，表现自己的有闲和浪费性的消费。

在第八章“工业的脱离与保守主义”和第九章“古代遗风的保持”两章中，凡勃伦对制度作了唯心主义的解释。他说当前的制度同工业的发展已不相适应，但人们总想保留原有的思想和习惯，因而制度改革引起了有闲阶级和贫困阶级的“保守主义的阻挠”。他还从遗传和自然淘汰等方面解释现代社会中有闲阶级的性格是怎样从远古残存下来和留传下来的。他还分析了金钱制度所形成的有闲阶级的性格怎样不符合工业发展的要求。在后几章中，凡勃伦进一步说明了现代社会中的政治职务、好斗的气质、体育竞赛、爱好赌博的心理、信仰命运、宗教迷信以及对高级学识的研究等等，认为它们都是同金钱制度相联系而由远古遗传下来的有闲阶级的“素质”和特性，它们都不符合工业发展的要求，是工业阶级所没有的。

凡勃伦在这本书中对资产阶级社会的某些现象作了片段的表面的描绘，然而从我们对该书各章的部分内容的简单介绍中，不难看出，他不但没有对这些现象作出正确的解释，而且对产生这些现象的原因作了各种曲解。同时，他避而不谈资产阶级社会的真实的阶级关系，掩盖资产阶级对工人阶级的剥削。我们知道，“所谓阶级，就是这样一些集团，这些集团在历史上一定社会生产体系中所处的地位不同，对生产资料的关系（这种关系大部分是在法律上明文规定了的）不同，在社会劳动组织中所起的作用不同，因而领得自己所支配的那份社会财富的方式和多寡也不同。所谓阶级，就是这样一些集团，由于它们在一定社会经济结构中所处的地位不同，其中一个集团能够占有另一个集团的劳动。”① 凡勃伦提出了所谓有闲阶级，又把这个阶级说成是历史上形成的思想、本能、性格、习惯等的差异所产生的。这样，他一方面用所谓有闲阶级同

① 《伟大的创举》。《列宁全集》第 29 卷，人民出版社 1956 年版，第 382—383 页。

工业阶级的差异偷换资产阶级同无产阶级的对立，另一方面又把这种对立的形成归之于心理原因。凡勃伦的观点所能导致的结论只能是：要消灭资本主义社会的矛盾，只有等待人们的思想、习惯和心理逐渐改变，什么阶级斗争、无产阶级革命，都无济于事。这正是凡勃伦的经济学说的主旨。

制度学派在本世纪二十年代曾盛极一时。除了凡勃伦外，康芒斯、密契尔等都是这一学派的著名代表。在三十年代到五十年代，制度学派主要代表贝利、白恩汉等着重分析社会结构和公司组织对资本主义社会发展所起的作用和影响。从五十年代后又出现了以加尔布雷斯、包尔丁等为代表的所谓新制度学派。凡勃伦以传统的资产阶级经济学批判家姿态出现，而新制度学派则是以凯恩斯主义批判家自居。他们继承了凡勃伦的观点，强调制度结构对社会经济发展的重要性，分析资本主义制度和结构的"缺陷"，要求对它进行改革，并提出了他们对社会结构进行改革的设想。我们在前面提出的对凡勃伦经济观点的一些基本看法也同样适用于新制度学派。

钟　政

1964年6月

目　　录

原　序

本书的主旨在于讨论作为现代生活中一个经济因素的有闲阶级的地位和价值，但是要把讨论严格地限制在这样标明的范围以内是办不到的。因此关于制度的起源和演进以及一般不列入经济学范围以内的一些社会生活特征，这里也不得不给以相当的注意。

有些场合，讨论的进行是以经济学理论或人种学通则为依据的，这在某种程度上也许会使读者感到陌生。在绪言那一章里充分说明了这类理论前提的性质，希望由此可以避免在理解上的扞格。有关的理论观点，曾在《美国社会学杂志》第四卷发表的《作业本能与劳动厌恶》、《所有权的起源》与《妇女的未开化身份》一系列论文里，作了比较详切的叙述。但这类推论的一部分是创见的；假使在读者看来，由于它缺乏根据或缺乏作为根据的事实而觉得不合，那么要晓得，本书的论点以这类部分创见的推论为依据时，并不是完全不顾到它作为经济理论中的一个细目的可能有的价值。

为了说明或加强论证而采用的一些资料，部分为了方便，部分也为了大家对于所熟悉的现象的意义发生误解的可能性比较少的缘故，所以总是尽量凭直接观察或通过尽人皆知的事物从日常生活中汲取，而不求之于更深一层的比较奥妙的来源。这里所引证的大都是些平淡无奇、家喻户晓的事例，对于一些世俗现象，或在日常生活中已司空见惯因而往往不再作为经济研究对象的一些现象，有时候也似乎有些漫无抉择地拿来讨论，希望这种做法不致触犯任何读者的喜爱文艺或科学性的感情。

有些理论前提或确凿例证是取自较远一层的来源的，有些学理或推断是从人种学引来的；即使在这样情况下，也尽可能取其比较熟悉、比较容易查考的一类，这在相当博学的人们是不难寻根究底的，因此没有依照惯例列举所引证的出处。同样，这里所偶尔采用的一些引文，主要是为了举例说明，也无需加注，大都是一见即可了然的。

第一章　绪言

有闲阶级制度在未开化文化下的较高阶段获得了最充分发展；封建时代的欧洲或日本就是例子。在这样的社会里，阶级的划分非常严格；在阶级差别中具有最突出的经济意义的一个特点是，各阶级的正式业务彼此之间截然不同。上层阶级按照习惯是可以脱离生产工作的，或者是被摒于生产工作之外的，是注定要从事于某些带几分荣誉性的业务的。在任何封建社会，最主要的光荣业务是战争；教士职务在光荣程度上一般认为是次于战争的。如果某一未开化社会并不怎样特殊地好战，那么在光荣程度上教士职务也许会跃居首位，而军人次之。但不管是军人也好，教士也好，上层阶级对生产工作总是置身事外的，这是他们的优势地位的经济表现——这个原则总是不变的，是很少例外的。关于这两个阶级的脱离生产工作，印度的婆罗门就是一个很好的例子。在那些处于未开化文化较高阶段的社会里，可以笼统地称作有闲阶级的那个范围内，包含着许多不同的分支阶级；随着分支阶级的不同，担任的业务也有很大差别。整个有闲阶级包含贵族阶级和教士阶级，还有两者的许多隶属分子。各阶级的业务不同，但是有一个共同的经济特点，那就是在性质上总是属于非生产的。这类非生产性的上层阶级业务，大致归纳起来是以下几项——政治、战争、宗

教信仰和运动比赛。

在较早但不是最早的未开化阶段，有闲阶级在形式上没有这样多种多样；不论是阶级的区别或有闲阶级各种业务之间的区别，都不是那么精细和复杂的。波利尼西亚(Polynesia)岛民的生活，就很能体现这一发展阶段；只有一点是例外，由于那里缺乏凶禽猛兽，狩猎在他们的生活方式中没有能占到它通常所占有的光荣地位。又如中世纪时的冰岛部落，也是一个很好的例子。在那个部落里，各阶级之间以及各阶级所特有的业务之间，都有严格区别。凡是体力劳动、生产工作或是同谋生直接有关的任何日常工作，都是下层阶级的专有业务。这一下层阶级包括奴隶和其他从属者，通常还包括一切妇女。如果贵族中含有若干高低不同的等级，则属于较高级的贵族妇女一般是不参加生产工作的，或者至少是不参加比较粗笨的体力劳动的。至于上层阶级的男性对一切生产工作不但不参加，而且按照传统习惯是不容许参加的，他们的业务范围有严格规定。这类业务上面已经提到，不外是政治、战争、宗教信仰和运动比赛。这四个方面的活动支配着上层阶级的生活方式，至于就这个阶级中的最高级——国王或酋长——来说，这数者乃是社会的习惯和常识所允许的仅有的活动。实际上在充分发展的生活方式下，在那些社会里，对属于最高级的成员来说，即使是运动比赛，是否算作适当活动也还是有些疑问的。就有闲阶级中较低的几个等级来说，某些别的业务是开放的，但这些只是附属于上述这一或那一典型的有闲阶级业务的；例如武器与其他军用装备以及战船的制造和管理，如鹰、犬、马的调理和驯养，如祭祀用品的备办等等。下层阶级对于这类次一等的光荣业务，除非显然是

属于生产性，除非跟典型的有闲阶级业务只有一些疏远的关系，否则是不能染指的。

如果从这种典型的未开化文化阶段倒退一步，追溯到未开化文化的较低阶段，那就不再能看到在充分发展形态下的有闲阶级。但有闲阶级制度，就是从这种未开化时代的较低阶段下的风俗、习惯、动机和环境而来的，这个时代显示了有闲阶级早期成长的迹象。现在处于世界各地的游牧狩猎部落，可以说明这种分化的比较原始的形态。北美洲的任何一个狩猎部落，都可以拿来作为说明的例子。很难说在这类部落中是存在着一个明确的有闲阶级的。这里存在着职能上的分化，在这个职能分化的基础上也存在着阶级的区别；但是就上层阶级脱离生产工作这一点来说，却没有发展到这样地步，使"有闲阶级"这个词得以明确成立。处于这一经济水平的部落，其经济上的分化已经达到这样程度，使男女之间的业务有了显著区别，但这种区别是带有歧视性的。几乎在所有这些部落中，根据传统习惯，妇女所担任的业务，就是在下一发展阶段中形成的纯生产工作的根源。男子是不参加这类粗鄙业务的，他们生来是要从事于打仗、打猎、运动比赛和宗教崇奉的。在这个方面，通常存在着极其严格的区别。

在未开化时代的较高阶段，劳动阶级与有闲阶级有明确区别，而上述业务上的划分正与这一区别相一致。后来在业务上日益多样化和专门化，由此形成的分界线就逐渐把生产业务与非生产业务分了开来。在未开化时代初期的男子业务，并不是后期的生产工作的任何主要部分所由形成的根源。初期的男子业务残存在后期发展中的，只是些不能列入生产项下的业务——战争、政治活动、运动比赛、学术研究和宗教崇奉。其间仅有的显著例外是渔业的一部分和不能肯定列入生产工作的某些细巧业务，如武器、玩具和运动用品的制造。事实上整个生产业务是从原始未开化社会由妇女担任的那类业务蜕化而来的。

在未开化时代的较低阶段，男子的工作对团体生活的维持来说是必不可少的，在这一点上的重要程度并不亚于女子所担任的工作。甚至对团体中食料以及其他必要消费品的供应，男子在工作上的贡献，可以说也具有同样的重要程度。男子工作的这种“生产”性，实际上竟是那样地显著，所以在一般经济著作中，往往把猎人的工作看成是原始生产工作的典型。但在未开化民族自己看来却不是这样。作为一个猎人，在他自己看来却不是劳动者，在这一点上他不容许把他与妇女等量齐观；他的劳动也不同于妇女们的苦工贱役，是不能作为一种生产工作，跟妇女们的工作混淆在一起的。在一切未开化社会中，男子工作与女子工作泾渭分明，这一点自有它的深远微妙的意义。男子的工作也许有助于团体生活的维持，但他感到这只是由于他的才智优越，成就卓著，假使把他的工作同妇女们的平凡的辛勤劳动相提并论，那就不免要贬低他的身价了。

如果在文化标准上再退后一步，让我们看一看野蛮部落中的情况，那就可以看到，在业务上的分化更加含糊，各阶级以及各种业务之间的歧视性区别，也更加缺少一贯性和严格性。关于这方面，要在原始的野蛮文化中找到明确的例子很不容易。那些被列为“野蛮人”的部族或团体，很少是不带有从较进步文化阶段退化而来的迹象的。但有些部落——其中有一部分显然不是由于退化的结果——却相当忠实地显示出原始野蛮时代的特征。它们的文化与未开化社会的有所不同，其特点在于不存在有闲阶级，在于大都不存在有闲阶级制度所依存的那类意志或精神状态。这种不存在经济特权阶级的原始野蛮部落，在整个人类中只占着一个极其细小的、不显眼的部分。就这一文化状态而言，这里可以举出的尽可能适当的例子是安达曼（Andaman）群岛诸部族或尼尔基里（Nilgiri）山脉的托达斯（Todas）部族。当它们最初与欧洲人接触时，就不存在有闲阶级这一点说来，它们的生活方式几乎可以说是独具一格的。或者还可以举虾夷岛的虾夷族作为一个例证；此外还可以列举布西曼（Bushman）和爱斯基摩某些部族，但以此作为例证是否恰当，比较地有疑问。至于某些掐布罗（Pueblo）部族，是否可以列入这一类的例子，则更加难以确定。这里所列举的一些部族，即使不是全部、也大部分可能是从较高文化阶段退化而来的，它们的现有文化水平也许并不是它们历史上的最高水平。若果是这样的话，在这里使用这些例证有些勉强；但尽管如此，把它们看作好像是真正的"原始"民族，作为例证说明时的效果还是一样的。

这些不存在明确的有闲阶级的部落，在社会结构和生活方式的某些别的特征方面，彼此也有相类之处。它们都是些小型团体，它们的结构都是简单的，古老的；它们大都是和平的，定居的；它们都很穷；个人所有权在它们并不是经济制度的主要特征。但这并不是说它们就是现存各部落中的最小型的，也不是说在社会结构的一切方面的分化程度上是最低的；它们也并不一定代表着没有明确的个体所有制的一切原始社会。不过应当注意到一点，这类部落似乎是人类原始部落中的最和平的，也许是特殊地偏向于和平的。情形的确是这样，当碰到暴力或受到凌辱时，那种温厚而荏弱无能的表现，是这类部落的成员所共有的一个最显著特征。

从处于初期发展阶段的那些部落的一些风俗习惯和文化特征可以看出，有闲阶级制度是从原始的野蛮阶段到未开化阶段的转变中逐渐涌现的；或者说得再恰当些，是从和平的生活习惯到坚决好战的生活习惯的转变中逐渐成长起来的。要使这个制度能以明确的形态出现，显然必须具备的条件是：(1)部落必须具有以掠夺为目的的生活习惯，必须有战争或大规模狩猎活动，或者是两者具备，这就是说，在这种情况下构成初期有闲阶级的男子们，必须习惯于用武力或策略来从事于伤害行为；(2)生活资料的获得必须相当从容，从而有条件使部落成员中一个很大的部分可以脱离经常的辛勤劳动。有闲阶级制度是各类业务在早期区别下的自然结果；根据这种区别，有些业务被认为是可尊敬的，有些业务则不然。在这种古老的区别下，凡是可尊敬的业务，可以归入属于侵占的那一类；不值得尊敬的业务，是那些必要的日常工作，在这类工作中，并不含有值得重视的侵占成分。

这种区别在现代工业社会几乎没有什么明显的重要意义，因此经济学者对这一点很少注意。按照现代常识，这种区别似乎只是形式上的而不是实质的，经济研究就是在这样的观念指导下进行的。但是对业务作出这样区别的这种观念，作为一种先入之见，实际上仍然是极其顽强地贯穿在现代生活中；我们对仆役职务习惯地予以轻视，就是一个例子。这是一种个人性质的、在个人身份上分出尊卑的区别。在文化的较早阶段，在一切事势的形成过程中，人们认为个人力量具有比较直接、比较显著的重要意义，因此在日常生活结构中，侵占要算是一个比较重要的成分。利害关系在较大程度上集中在这一点。结果是，在这样一个基础上作出的区别，在那个时代似乎比今天有着更大的必要性和明确性。因此作为演进过程中的一个事实来看，这是一个实质上的区别，是具有确切不移和令人信服的根据的。

对于一些事态的习惯看法是由某些利害关系而来的，当利害关系有了变化时，对这些事态在习惯下形成的不同看法的依据，也就会发生变化。如果当时的主要利害关系，对当前某些事态的说明能有所帮助，那么这些事态的特征就显得是鲜明而真实的。如果任何人对这类事态，是惯于用另一观点来理解，在另一目的下来评价的，他对于这类事态作出区别时的任何原有依据，看来就会觉得不真实。对活动的各种目的和方向加以区别，加以分类，这种习性哪里都始终不能避免；因为这是贯彻一种行动理论或实现一种生活方式时所万不可少的。采取的究竟是哪一观点，或者对生活事态进行分类时，所选择的，所认为是明确的，究竟是哪一特征，决定于对事态作出区别时所追求的利害关系。因此，对事态作出区别时的依据以及对事态进行分类时的准则，是随着文化的发展逐渐变化的；对生活事态进行了解时的目的既已有了变化，观点也就跟着有了变化。由此可见，在某一文化阶段对某一类活动或对某一社会阶级公认为是显著的、明确的那些特征，在随后的任何文化阶段对事态进行分类时，不会再保有同样程度的重要意义。

但是各种标准和观点上的变化只是渐进的；某一观点一经接受，很少会突然消失或被全部推翻。生产业务与非生产业务之间

的区别，现在习惯上依然存在；这一现代区别方式是未开化时代侵占与劳役的区别的变形。像这样一类活动，如战争、政治、宗教崇奉和公开欢乐，在一般人的理解中，同为了供应生活需要的物质资料而辛勤劳动，是有本质上的区别的。今天在这方面的确切分界线，与早期未开化时代的当然有所不同，但以大体上的区别而言，早期的遗迹在今天并没有完全泯灭。

今天所默认的、已经成为常识的区别实际上是这样的：只有其最终目的在于利用"非人类的"事物的那类努力，才应当算作是生产性努力。人对人的强制利用，是不算作生产性活动的；但利用非人类的周围事物以提高人类生活的一切努力，都被认为是生产性活动。按照充分保持古典派传统的那些经济学者的看法，一般认为人类"征服自然"是工业生产力的特点。这种征服自然的生产力，一般认为应当包括人类征服兽类以及征服一切自然力的力量。这就在人类与下等动物之间划出了一条界线。

但在别的时代，在抱有不同见解的人们看来，这条界线跟我们今天所划的并不完全相同。在野蛮的或未开化的人类生活方式下，这条界线是在不同场合、另一方式下划分的。处于未开化文化阶段的一切社会，对于两类广泛现象的对立，普遍存在着一种敏锐感觉，一类所包括的是未开化人类自己，还有一类是他们的食料。他们对于经济现象与非经济现象两者之间也存有对立感，但看法与现代方式不同，对立不存在于人类与下等动物之间，而存在于"有生气的"(animate)事物与"无生气的"(inert)事物之间。

我们宁可格外小心地解释一下，这里用"有生气的"这个词所要表达的未开化人类观念，跟"有生命的"(living)这个词的含义有所不同。前者并不包括一切生物，却含有许多别的事物。像这样一些动人的自然现象，如风暴、疫疠、瀑布，都被看作是“有生气的”；而树上的果子，地上的青草，甚至一些不显眼的动物如鼠、羊、蝇、蛆之类，则除非作为集体来看，通常都不认为是“有生气的”。这里使用这个词时，其间并不一定含有灵魂或精灵的存在的意义。野蛮或未开化人类是万物有灵论的信从者，他们对于有些事物，认为是具有一种实在的或假想的先发行动性的，因而心中畏惧；上述概念所包括的就是这类事物。这一范畴含义很广，它包含许多物体和自然现象。这样一种有生气者与无生气者之间的区别，直到今天，在一些不作深刻思考的人们的思想习惯中依然存在，对于有关人类生活与自然进程的通行理论，依然发生着深远影响；不过这一点在早期文化与早期信仰阶段的作用是极大的，是引起了深远的实际后果的，而在我们今天的日常生活中却没有发生这样大的影响。

在未开化民族看来，对于无生气的、自然所提供的事物的加工和利用固然是一种活动，但这种活动，跟他们应付有生气的事物和力量的活动，绝对不是处于同一水准的。其间的分界线也许有些含糊，有些变化不定，但大体说来，这种区别仍然充分切实有力，足以影响到未开化者的生活方式。在未开化者的想象中，凡是列入有生气的那类事物，会在指向某种目的的情况下展开活动。正是这种带有目的性的活动力的发挥，使得某些物体或现象“具有生气”。天真质朴的野蛮人或未开化者，当他们面对着一些非其意志所能控制的活动力时，就用他们唯一的、现有的说法来作解释，这种说法是从他们对自己动作的感知中直接产生的。因此，活动力与人类的活动同化了，活动的物体也就在这个限度上与人类的主动力同化了。应付属于这类性质的种种现象时，尤其是应付一些其动作特别令人畏惧或难以理解的现象时，就不能采取与应付无生气事物时同样的态度，就不能不在另一种精神下采取另一种态度。怎样才能顺利地应付这类现象，乃是一种侵占性而不是生产性的工作。这里着重的是勇武精神，而不是刻苦耐劳。

在这种把事物划分为有生气与无生气两种的天真看法的指导下，在原始社会中的活动就逐渐分化成两个类型，这在现代措辞下可以称之为侵占活动与生产活动。生产活动是通过制作者施之于不作抵抗的（“死的”）素质的技巧、从事创造新事物、使之具有新用途的一种努力；而侵占活动，就其成果对活动者有效用这一点而言，是把原来由另一活动者导向另一目的的能力转变成适合于他自己的目的的努力。这里使用“死物”（brute matter）这个词时，仍然是从未开化者的观点设想的，是含有在他们的理解中的奥妙意味的。

所谓侵占与劳役之间的差别，与男女两性之间的差别正相一致。两性之间不但在身材上、体力上不同，更加确定的恐怕还是在气质上有所不同；为什么很早就会形成相应的分工，其原因肯定就在这里。男性比较果敢、强壮、魁梧，应付突然的、剧烈的变故时比较能胜任，比较地长于自决、自主、争胜、进攻，因此关于侵占范围内的一般活动总是属之于男性的。在原始社会的成员中，体格与生理上的特征以及气质，两性之间的差别可能并不怎样显著；拿前已提到的一些古老的部族——如安达曼部族——来说，看来在这些方面的差别事实上是很细微的，无关紧要的。但是从体格与意志上的差别出发向前演进，形成了业务上的分化时，原来在两性间的差别，其本身将趋于扩大。尤其是如果团体中成员所处的环境，所接触到的生物类型，使他们在刚毅、果敢这类品质上不得不经受认真的锻炼时，一个针对着这种新的业务分配的累积性淘汰适应过程就从此开始。在团体生活中如果需经常从事于猎取凶猛的野物，关于坚定、敏捷、奋勇等偏于男性的品质就有较大需要，结果势必加速与扩大两性间的业务分化。一等到这一部落与别的部落发生了敌对性的接触，这种业务上的分歧将变本加厉，使侵占性工作与生产性工作达到进一步发展的形态。

在这样一个以掠夺为目的的狩猎者团体中，战争和打猎逐渐成为壮健男子的专职。妇女则从事于其他必要的工作，还有些不适宜于做上述的男子工作的别的成员，在这一意义上与妇女列入同类。但男子的行猎与作战，大体上属于同类性质。两者都是掠夺性的；作战者和行猎者同样是强占他者的所有，同样是不劳而获。他们凭着武力和机警从事于侵略活动，与妇女们辛勤而平淡无奇的操作，在性质上显然不同；前者不能算是生产劳动，实在是对物质的强力夺取。这就是未开化部族男子的工作，在其充分发展形态下，与女子的工作有极大的分歧，这个时候任何方式的努力，如果不涉及武力的使用，是不值得由男子去做的。这样的传统习惯逐渐获得巩固以后，就通过社会常识而成为行为的准则；结果是，在一文化阶段，任何业务，任何营求，除非是在勇武精神——暴力或狡诈——的基础上进行的，否则作为一个有自尊心的男子，就在道义上不容许染指。这种掠夺的生活习惯，经过长期锻炼在团体中根深蒂固以后，作为一个壮健男子在社会经济中责无旁贷的任务就主要是断杀，是消灭在生存竞争中在他面前企图抗拒或逃

避的那些竞争者，是消灭那些顽强的敌人，把他们降为奴隶。许多狩猎部落对侵占与劳役这两者在理论上的区别，竟遵守得这样严格，这样认真，因此当男子获得了猎物以后，这些猎物必须让他的妻子搬回家，他是不应该亲自动手做这件下贱工作的。

上面已经指出，侵占与劳役之间的区别，是业务上的一种歧视性区别。列入侵占一类的业务是可敬的，光荣的，高贵的；而其他不含有侵占成分的业务，尤其是含有奴性或屈服意味的那些业务，是不值得尊敬的，低贱的，不体面的。关于尊严、价值或荣誉这类概念，不论应用到个人或应用到行为，对阶级和阶级划分的发展，都具有头等重要意义，因此关于这类概念的起源和意义必须加以阐述。其心理上的依据可以大致说明如次。

出于淘汰的必然结果，男子是行为的主动者。在他自己看来，他是展开冲力活动——“目的论的”活动——的一个中心。由于他是一个行为的主动者，因此他在每一个动作中所寻求的，总是在于实现某种具体的、客观的、非个人性质的目的。他既然是这样一个行为的主动者，就有了一种爱好，他所好的是有效果的工作，所恶的是不切实际的努力。他所推重的是事物的适用性和有效性，鄙视的是不切实际、浪费和无能。我们可以把这种素性或习性叫作作业的本能（the instinct of workmanship）。一旦生活环境或生活传统引起了人与人之间在效能上的对比，作业本能就会使这种对比成为个人之间的竞赛性或歧视性对比。对比的结果会发挥影响到什么程度，大部分须决定于民族的性格。在任何社会，如果是惯于对个人作这样的歧视性对比的，则显然可见的成就将成为人们所寻求的目标，这个成就本身的效用，就是博得尊敬的依据。要博得尊敬，避免指摘，就得把个人的效能摆出来作证。结果通过作业本能所表现的是力量的竞相炫耀。

当处于社会发展的原始阶段，当团体还习于和平的、也许是定居的生活，还缺乏发达的个体所有制时，要显示个人的成就，主要的而且也许是最适合的方式是担任某种业务，这种业务是要能够有利于促进团体生活的。在这样一个团体的各成员之间，如果存在着经济性竞赛的话，那么竞赛将主要是在于生产工作上的适用性。但这个时候竞赛的诱因还不强，竞赛的范围也不大。

当团体由和平的野蛮生活状态转变到掠夺的生活状态时，竞赛条件就发生了变化。竞赛的机会和诱因，在范围方面，在迫切程度方面，就有了大大的扩充和提高。男子们的活动的"侵占"色彩越来越浓厚，而行猎者或作战者个人彼此之间的对比，则不断地变得越来越缓和，越来越习以为常。要表现勇武精神，最确切、具体的证物是战利品，这件东西在人们的思想习惯中渐渐占据了一个地位，渐渐成为生活点缀中一个不可缺少的特征。在战场上和猎场上的追亡逐北中俘获累累，就会受到称许、赞叹，这是武功卓越的铁证。侵略成为公认的行动方式；而战利品就是进攻胜利的事实证明。在这一文化阶段，公认为获得自决自主的最可敬的方式是战斗；而通过劫夺或强迫而获得的用品或劳务，正是战斗胜利的符合惯例的证据。用掠夺以外的方式取得任何事物，情形正相反，一个有身份的男子是不屑一顾的。基于同样理由，有关生产工作或个人服务方面的劳务，也受到了同样的憎嫌。于是一方是侵占或掠夺方式下的取得，另一方是生产工作，在这两者之间产生了歧

视性区别。劳动是受到蔑视的，因此就有了惹人厌恶的性质。

在原始的未开化者看来，所谓“光荣”——当这个字眼的简单概念，还没有被它自己的派生物、被随后形成的同类概念所掩盖时——的含义并没有别的，只是优势力量的保持。所谓“光荣的”，其意义就是“可怖的”；所谓“有价值的”，其意义就是“占优势的”。所谓光荣的行为，说到底实在没有什么别的意思，只是一件公认为成功的侵略行为；当侵略指的是对人类或兽类作斗争时，被公认为格外荣显的事业就是强大力量的保持。还有一层，在古老的天真朴素的习俗下，对一切力量的表现往往用“个人品性”或“意志力量”来加以渲染，这就格外加强了对强大力量的惯常重视。在未开化部落中，也像在文化上比较进步的民族中一样，关于表示尊敬意义的一些性质形容词，大都带有“光荣”所体现的那种朴素意义的特征。当对部族的首领有所申诉，或对国王和上帝有所呼吁或祈求赦宥时，所使用的一些尊称，其含义往往足以表明在上者对祈求者具有无限威权，具有不可抗的摧毁力量。即使在今天比较文明的社会里，在某一程度上情形依然是这样。我们看到那些纹章的图案设计，往往喜欢采用鸷鸟猛兽这一点，也可以作为此说的佐证。

在未开化者对于价值或荣誉的这一惯常的理解下，夺取生命——对于顽强的敌方（不论是人是兽）的杀害——是无比的光荣事业。屠杀这一高贵行为是行凶者占有优势的直接表现，因此一切杀伐，甚至在这类行动中所使用的一切工具及其附属物，都蒙上了一层迷人的荣誉光彩。武力是光荣的，因此武力的使用，哪怕是在田野间谋取最下等动物的生命，也是一种光荣业务。生产工作则相对地被认为是可鄙的，丑恶的；在惯常的理解下，拿起生产工具从事操作，是有损于壮健男儿的体面的。于是劳动变成了惹人厌恶的业务。

这里的假定是，在文化演进过程中，人类在原始时代是和平的，进化到次一阶段以后，战斗就成了团体中公认的、特有的业务。但这并不是说其间曾有过一个突然的转变，从不断的和平与亲善的生活阶段突然转变到一个较高阶段，在那个阶段初次发生了战斗这一事实。也不是说在过渡到掠夺的文化阶段以后，一切和平的生产工作就不复存在。可以肯定地说，在任何社会发展的初期阶段，总不免要发生一些战斗活动。为了争夺女性，就往往会发生战斗。原始部落中我们所已知的一些生活习惯以及类人猿的生活习惯，都足以证明这一点；人类性格中存在的一些人所共知的激动因素，也使这个看法格外可信。

因此也许要引起这样的异议：实际上并不会存在像这里所说的这样一个和平生活的初期文化阶段，在文化演进过程中，并没有在前一阶段不存在战斗而在后一阶段发生这种现象的这样一个转折点。但这里的问题并不在于是否曾经发生战斗，也不在于战斗的发生是偶然一见的断断续续的，还是相当经常性的、习惯性的，而是在于是否存在一种习与性成的好战心情——一种惯于从战争观点来评判事物的普遍习性。只有当掠夺的态度已经成为团体中成员的习惯的、公认的精神状态，当战争已经成为当时生活理论上的主要特征，当人们对一切的人和事，已经惯于从战斗的立场来作出惯常的判断时——只有在这个时候，方才可以说是达到了掠夺的文化阶段。

由此可见，文化发展中和平阶段与掠夺阶段之间的真正差别是精神的差别而不是机械的差别。精神状态的变化是团体中生活的物质环境发生变化的自然结果;掠夺的文化阶段是在有利于掠夺态度的物质环境产生以后逐渐形成的。掠夺文化的最低限度是生产上的限度。除非生产方法在效率上已经发展到超过了仅仅足以维持生活的限度,除非在这个限度以外还留有值得争取的余地,否则掠夺就不能成为任何团体或阶级的惯常手段。因此,由和平到掠夺的转变,是有赖于技术知识和工具使用上的发展的。还有一层,在武器有了相当发展,使人类成为可怕的动物以前,掠夺文化在初期同样是不可能实现的。当然,工具和武器这两者的初期发展,只是从两个不同的角度来看的同一事实。

某一部落即使动不动就要用武,即使这样的情况已经习以为常,只要这件事在人们的日常思想中还没有占到主导地位,还没有形成男性生活中的主要特征,这个部落的生活状态就得认为是和平的。一个部落在掠夺态度上的表现也许并不是十足的,只是在某一程度上抱有这样的态度,因此,它的生活方式和行为准则,也就只是在这一程度上受到了掠夺意志的支配。由此可以想到,文化的掠夺阶段,是通过掠夺的倾向、习惯和传统的积渐成长而逐步形成的;所以会有这样的发展趋向,是由于部落生活的环境有了变化,在这一变化过程中,所助长和保留的是那些有利于掠夺生活而不是有利于和平生活的人性特征和行为的传统与准则。

我们说在原始文化时代曾经有过这样一个和平阶段,这一假设大部分是根据心理学而不是根据人种学推断的,其推断经过这里不及详述。在下面论到现代文化下人类性格中的古老特征的存在这一问题时,还将部分地提到这一点。

第二章　金钱的竞赛

在文化演进的过程中，有闲阶级的涌现与所有制的开始是同时发生的。这是势所必然的，因为这两种制度是同一套经济力量的产物。在发展的最初阶段，它们不过是社会结构中同样的一般事态的两个不同方面。

这里是把有闲阶级和所有权两种制度作为社会结构——惯常事实——中的因素来看待的；我们就是在这样的观点下来研究这些问题的。一贯忽视劳动这一事实并不构成有闲阶级；同样，使用和消费这一机械事实也不构成所有权。因此这里的研究同懒惰习性的起源无关，同用品的拨供个人消费这一点的起源也无关。这里研究的问题所在，一方面是传统的有闲阶级的起源和本质，另一方面是作为惯有权利或衡平法上有效的权利要求的个人所有权的发端。

有闲阶级与劳动阶级间的区别所由产生的初期分化，是未开化时代较低阶段发生的男女之间的分工。同样，所有权的最初形态是团体中壮健男子对女子的所有权——说得再通俗些，就是女子为男子所占有，这样说也许跟未开化者的生活理论更加切合。

在女子被占有的风气还没有开始以前，毫无疑问，用品由个人专用的某些情况已经发生。在现存的某些古老部落中，并没有占有女子的风气，这就是这一见解的明证。这类部落中的成员，不论男女，都习惯地拿许多用品供个人使用，但使用并消费这些物品的人们，并不认为这是他们所有的。他们对于某些琐细物品习惯地加以使用和消费，而并没有引起所有权问题，就是说，对于外在事物，并没有引起惯例的、在平衡法上有效的权利要求问题。

在较低的未开化阶段，对女子的所有权显然是从对女性俘虏的夺取开始的。对妇女所以要进行劫夺并据为己有，其最初原因似乎是在于以妇女作为战利品切于实用。这种从敌人处抢劫妇女作为战利品的做法，造成了“占有制婚姻”的一种形式，终于产生了以男性为主的家庭制度。这样的奴役范围以后逐渐有了扩大，除妇女外还包括别的俘虏和居于劣势地位的人们，而占有制婚姻也逐渐扩展到了从敌方俘获的妇女以外的妇女。因此在掠夺生活的环境下进行竞赛的结果是，一方面造成了一种以强制为基础的婚姻形式，另一方面造成了所有权制的习惯。这两种制度在演进的最初阶段是很准加以区别的，两者都起因于胜利的男性的一种意向——把他们的战果在经久存在的方式下显示出来，作为威力的证明，两者也都助长了一切掠夺部落中普遍存在的那种征服和统治的欲望。于是所有权概念逐渐有了扩大，从对妇女的占有扩展到了对妇女的劳动果实的占有，这就产生了对人和对一切事物的所有权。

一种明确的财产所有权制度就在这样的情况下逐渐成立。虽然在文化发展的最近阶段，消费品之所以具有价值的一个最有力的因素已经是在于它的适用性，然而财富是所有人处境优越的有力证明，这样一种功用到现在并没有丧失。

不论什么地方，只要建立了私有财产制，哪怕是在极低级的发展形态下，在经济体系中就有了人与人之间对商品占有进行竞争的特性。在经济理论中，尤其是坚决信从现代化古典经济学说的那些经济学家，总是惯于把这种对财富的竞争说成实际上是一种生存竞争。当生产事业还处于初期发展或效率较低的阶段时，毫无疑问，其性质大部分的确是这样。当"物力艰难"，人们为了求生存作了不断的努力而一般生活仍然不甚富裕时，其性质也的确是这样。但是在一切进步的社会，其工艺上的发展早已越过了这种初期阶段，其生产效率已经达到了这样的高度，使得从事生产事业的人们的所得已经显然超过了仅仅足以维持生活的限度。于是在经济理论上也往往把这种在新的生产基础上进行的对财富的进一步竞争，说成是提高生活享受的竞争，也就是主要为了提高由商品消费所提供的物质享受而进行的竞争。

关于消费品的取得和累积这类行为，一般总认为其目的是在于消费，不管消费者是商品所有人自己，还是他的家属——就这里的研究目的来说，前者与后者是可以在理论上视同一体的。消费消费品，至少人们认为这是取得消费品在经济上的合理目的；理论上所需要考虑的也只是这一点。这类消费，当然可以认为是为了满足消费者在物质上的需要——物质上的享受——或者可以认为是为了满足他的所谓更高一层的需要，精神上、审美上、文化上以及其他等等方面的需要；后一类需要是通过对商品的消费间接获得满足的，其方式是一切经济学研究者所熟知的。

但是如果要说明为什么对商品进行消费必然会引起对商品进行累积的动机，那就得撇开上述的简单意义，只有在相差很远的另一意义下才能有所领会。所以要占有事物，所以会产生所有权制，其间的真正动机是竞赛；而且在所有权制所引起的社会制度的进一步发展中，在与所有权制有关的社会结构的一切特征的继续发展中，这一竞赛动机依然活生生地存在着。占有了财富就博得了荣誉；这是一个带有歧视性意义的特征。就商品的消费与取得来说，特别是就财富的累积来说，再没有别的可以想象得到的动机，其使人信服的力量能够比得上这个动机。

一方面当然也不应忽视，在一个几乎一切商品都是私有财产的社会里，对社会中比较贫困的成员来说，维持生计总是一个有力的、始终存在的动机。有些人经常从事体力劳动，其生活常常处于朝不保暮的境地，所保有的财物既有限，一般也极少积蓄；对这些人来说，维持最低生活和增进物质享受，也许是所以要取得物资的一时的主要动机。但根据以下的研究看来，即使就这类贫困阶级来说，他们的物质需要的动机的凌驾一切，也并不像我们有时候所想象的那样突出。另一方面，社会中有些成员和阶级所主要关怀的是财富的累积；对这些人说来，谋取生活或增进物质享受的动机，从来就没有起过相当作用。所有权的起源及其发展成为人类的一种制度的依据，跟最低生活的维持是没有关系的。主要动机从一开头就是跟财富结合在一起的那种带有歧视意义的差别，即使在以后演进过程中的任何阶段，除了一时的或例外的情况以外，这一动机的首要地位也没有被其他动机所篡夺。

财产在开始时是被看作进攻胜利获得战果以后的纪念品的。凡是一个部落，只要与原始团体组织还相差不远，只要与别的敌对部落还有着密切接触，他所占有的人力或物力的功用，就主要在于

借此来在占有者与受到劫掠的敌人两者之间作歧视性对比。至于把个人与个人所属的那个团体这两者之间的利益分别开来，这样的习惯显然是后期养成的。在获得光荣的胜利品时，占有此项胜利品的人与同一部落内成就较差的同道者之间的歧视性对比，无疑在很早就作为这类战利品的功用的一个因素而存在；虽然这并非一开头就是价值的一个主要因素。开头时一个男子的威力根本是一个部落的威力，战利品的占有者觉得他自己所保持的，根本就是他的部落的光荣而不是他自己个人的光荣。这种从团体的立场来评价侵占的态度，在社会发展中的较后阶段仍然可以见到，关涉到战争中的荣誉时尤其明显。

但是一等到个体所有的风气逐渐趋于巩固，进行作为私有财产的基础的歧视性对比时，人们的观点就要发生变化。实际上前者的转变不过是后者转变的反映。这时所有制的最初阶段，即通过率直的劫夺与强占而取得物资的那个阶段，将逐渐转变到继起的、以私有财产（奴隶）为基础的生产的初期组织阶段；游牧部落将发展成为差足自给的产业社会；财产之所以有价值，已经主要不再是由于可以把它作为战斗胜利的证明，而是由于借此可以证明其所有人比同一社会中其他个人处于优势地位。歧视性对比现在已变成了主要是所有主与社会中其他成员之间的对比。这个时候财产仍然具有战利品的性质，但是随着文化的发展，它越来越成为部落中各成员之间在游牧生活的准和平方式下进行关于所有权的竞赛而获得胜利时的战利品。

后来在社会的日常生活中以及人们的思想习惯中，掠夺活动渐成过去，生产活动进一步代替了掠夺活动，于是累积起来的财产就越来越成为获得成就与优势的象征，而不再是侵占下的战利品。因此，随着定居下的生产事业的日益发展，以财富的占有为博得声誉与尊敬的基础，其相对的重要程度和有效程度越来越提高。这并不是说显示威力的其他的、更直接的证明不再能博得尊崇，也不是说胜利的攻击或烜赫的战绩已不再能博得群众的赞扬和钦服，或激起成就较差的竞争者的艳羡和猜忌；而是说，借助于优势力量的这种直接表现以博取荣誉的机会，范围越来越窄，次数越来越少。而在生产上取攻势的机会，以及在游牧经济下通过准和平方式进行财产累积的机会，则不论在范围方面或有效程度方面，都在不断扩大和提高。更加重要的一点是，财产与英勇的战绩或卓越的功业不同，它现在已经成为衡量成就的可敬程度时最容易被认明的确凿证据；因此它就成了博得尊崇的习惯依据。如果要在社会上获得相当地位，就必须保有相当财产。如果要在社会上获得相当声望，就必须从事于取得财产，累积财产。一旦累积的财物在这样情况下成为能力的公认标志，财富的保有就必然成为博得尊敬的独立的、确定的基础，就必然具有这一性质。保有的财产，不论是出于自己的积极努力而自动取得，还是出于他人的赠遗而被动取得，已经成为博得荣誉的习惯基础。拥有财富，起初只被看作是能力的证明，现在则一般被理解为其本身就是值得赞扬的一件事。财富本身已经内在地具有荣誉性，而且能给予它的保有者以荣誉。经过进一步的演进，人们觉得由上一代或别的方面移转而来的财富，比之由保有者自己努力挣得的，甚至还具有更大的荣誉性；不过这一区别是出于金钱文化的较后阶段的演变，关于这一点将在下面谈到。

这时虽然保有财富已经成为博得一般的敬意、博得可以不受到指摘的社会地位的依据，但威力和侵占也许仍然是博得一般人的最高敬意的有力依据。有些民族在掠夺文化下曾经过长期的锻炼，因此掠夺本能以及由此而来的对掠夺能力的赞赏，在这些人的思想习惯中已经根深蒂固。按照一般的论断，那些凭战争中发挥的卓越的掠夺能力而获得的荣誉，或者是凭政略中发挥的掠夺能力而获得的荣誉，甚至还应当是人力所能及的最高荣誉。但是要在社会上保持相当地位，就这类通常目的而言，上述的邀荣取宠手段，已被财富的取得与累积的手段所代替。在社会上要能博得世人的青眼，在财富保有上就得达到某一习惯的、虽然不十分明确的标准；这正同较早的掠夺阶段时的情形一样，那个时候，作为一个未开化者，在体力上、机智上和使用武器的技能上，必须达到部落中的某一标准，低于这一标准时是要受到蔑视的。博得荣誉和地位的必要条件，在上述前一情况下是财富，后一情况下是威力；如果在这两个方面分别超过了标准，能够出类拔萃，那就会受到大众的钦仰。

社会中的成员，在勇武精神上或据有财产上如果没有能达到这一标准的、虽然是不十分明确的界限，那就不免要受到同侪的轻视，从而也不免要损及其自尊心，因为同侪对他的尊重，往往是他产生自尊心的基础。只有性格反常的人，才能长期地受人白眼而不影响到他的自尊心。这一通则未尝没有明显的例外，尤其是就那些有强烈的宗教信心的人来说。但这类明显的例外很难说是真正的例外，因为这类人往往别有寄托，他们所重视的是某一超自然力量对他们的功德的出于想象的赞许。

因此，财产的保有一旦成为博取荣誉的基础，它也就成为满足我们所称为自尊心的必要手段。在任何社会里，如果财物是由各自分别保有的，则各个人为了求得心理上的安慰，他所保有的那份财物，就不得少于他所惯于把自己列入同级的那一类人所保有的财物；如果他所保有的比别人还能多一些，他就会觉得非常欣幸。但是一等到新有所获，他对于在财富上所达到的新标准已经安之若素以后，则由于新标准高于原有标准而引起的那种格外的满足心情就不复存在。在任何情形下，总是以现有的金钱标准为出发点去争取财富的进一步增长，这个倾向是永远不会改变的；这一点反过来又引起了满足心情的新的标准，以自己的资力与同侪的资力作对比，又引起了金钱上的新的分等分级。就这里所涉及的问题来说，累积财富时所寻求的目的，是在于争取在资力上与社会中其余成员相形之下的优势。一个普通的、正常的人，如果在这样的对比下显然居于劣势地位，他就不免要一直在怨尤中度日，不能满足于当前处境；如果一旦达到了社会的或社会中属于他的那个阶级的所谓正常的金钱标准，他原有的长期不满情绪将为另一种心情所代替，那时他所片刻难安的将是，怎样使他自己的金钱标准与这个平均的金钱标准之间的差距能够扩大、再扩大。但个人之间的这种歧视性对比的演进是无止境的，在这种对比下的个人绝不会居于那样的有利地位，以致在金钱地位的角逐中，跟他的竞争者相形之下. 竟不想再爬高一步。

这是必然的事理，以任何个人为例，其追求财富的欲望简直是永远不会餍足的，所谓对财富的平均的或一般的餍足，根本就不存在。社会财富的一般增进，无论分配得怎样普遍、均等或“公道”，也不能使这方面的欲望获得比较近似的满足；这是因为在累积财富这一点上每个人所想望的是胜过别人。假使像有些人所想象的那样，进行累积是出于生活上或物质享受上的需要，那么随着生产效率的提高，就不难想象，社会上总的经济需要总可以在提高到某一点时得到满足；但是由于所力争的实际上是以歧视对比为基础的在资力上的出人头地，因此要想有一个确定目标，要想接近这样一个目标，是不可能的。

上面说，取得财富和累积财富的动机是在于企图在金钱地位上力争上游，胜过别人，从而猎取荣誉，赢得同侪的妒羡；但绝不可把这番话理解为取得财富和累积财富的动机再也没有别的了。在近代工业社会累积财富过程的每一阶段，关于增进物质享受以及为了防免困窘而预策安全这类愿望，总是作为一种动机而存在的；虽然这些方面的满足标准，又大大地受到了金钱竞赛的习惯的影响。关于个人享受以及个人日常生活中使用钱财的方式方法与采购物品时的如何选择，在很大程度上是在这种竞赛的影响下形成的。

还有一层，有财就有势，财富是权力的依据，这一点也造成了进行蓄积的一个动机。在原始部落中，生活的主要特征是个人与其所属的团体两者的密切结合，无分彼此；在这样的社会里，男子作为行为的主动者，具有一种从事于有目的活动的性格倾向，不愿从事于不切实际的努力；当这种质朴的社团文化阶段过去以后，他的这一性格依然存在。当他进入掠夺文化阶段以后，比较狭义的利己主义成为主要特征，但上述性格不仅没有跟他分离，而且是决定他的生活方式时普遍存在的特征。这时构成经济的基本动机的仍然是贪图成就，厌恶徒劳。性格的变化，只是在于其表现的形态方面，在于男子的活动所指向的直接目的物方面。在个体所有制下，明确地达到一种目的的最有效方法，是由财物的取得和累积所提供的。当人与人之间利己性的对立达到了进一步的自觉形态时，希图有所成就的倾向——作业的本能——就逐步发展成为在金钱成就上胜过别人的努力。这时个人的相对成就，在彼此之间歧视性的金钱的对比下受到考验的，就成为行动的习惯目标。在一般理解下，凡是与别人作对比时可以占有优势的成就，就是努力的正当目的；因此对于不切实际的劳动的厌恶，在很大程度上被认为是与竞赛的动机相符合的。这就更加促进了对金钱地位的斗争，对于足以影响斗争胜利的一切缺点以及一切缺点的痕迹，也就更加深恶痛绝。所谓有目的的努力，指的根本就是足以使财富蓄积获得进一步可靠的表现的那种努力。因此，虽然导使人类从事财富累积的动机是不一的，但是不论从范围上或强度上来看，居于首要地位的，仍然是金钱竞赛动机。

这里或者已经无须说明，当使用"歧视性"这个字眼时，对于用这个字眼来形容的任何现象，其间并没有加以抑扬、褒贬的意思，对于这类现象既不想有所吹嘘，也无惋惜之意。这个字眼这里是在学术意义上加以使用的，是用来形容人与人之间的对比的，这种对比的目的是在于按照人们在审美观念上或道德观念上的相对价值来分等分级，从而确定他们自己所设想的或别人所设想的相对的他们在心理上的自得程度。歧视性对比是对人们的价值的一种评价方式。

第三章　明显有闲

关于金钱的竞赛，上面已作了概括叙述，在其进行中如果不受到别的经济力量或竞赛过程中别的特征的干扰，则其直接影响所及，将促使人们趋于勤劳俭约。我们晓得，下层阶级取得财物的通常手段是生产劳动，就这个方面来说，金钱竞赛的确在某种程度上是产生了上述结果的。在一个处于农业生产阶段、度定居生活的社会里，财产的划分相当细致，其法律与习惯使劳动阶级在其生产成果中可以获得一个相当确定的份额；就这样一个社会里的劳动阶级来说，上述情况就更加确凿。这些下层阶级无论如何不能避免劳动，因此劳动至少在其阶级内部说来，并不是怎样有失身份的。还不止是这样，由于劳动是他们既有的、公认的生活方式，当他们在工作能力上有所表现而获得好评时，还存有几分竞赛下的自傲心情，因为劳动往往是他们唯一可以选择的竞赛方式。有些人只是在讲求生产效率与俭约的范围内，才有可能取得财物和展开竞赛，对这些人来说，要从事于金钱地位的竞争，在某种程度上只有从进一步克勤克俭的方面着手。但必须指出——以下还要提到——在竞赛过程中还有某些附属特征，对于不论在金钱上处于劣势还是处于优势的阶级在这些方面的竞赛，都会发挥很大的限制作用和缓和作用。

但我们目前所要讨论的是在金钱上居于优势的阶级，其情况与上述的有所不同。就这个阶级来说，勤奋与俭约这两个动机未尝不存在；但其动作受到金钱竞赛中某些附属要求的限制竟这样大，以致在这个方面的任何倾向实际上受到了抑制，任何关于勤劳方面的诱因都不能发生作用。在竞赛的这类附属要求中最有力的、也是范围最广泛的一个，是必须避开生产工作。在未开化时代，这一情况更加突出。处于掠夺的文化时期，在人们的思想习惯中，是把劳动跟懦弱或对主子的服从这类现象连结在一起的。因此劳动是屈居下级的标志，是一个有地位、有身份的男子所不屑为的。在这样的传统观念的影响下，人们感到劳动是要降低品格的，这种观念相沿至今，并没有消失。正相反，随着社会文化的演进，这一观念已成为古已有之、无可怀疑的成规，已经得到了公理的支持。

要获得尊荣并保持尊荣，仅仅保有财富或权力还是不够的。有了财富或权力还必须能提出证明，因为尊荣只是通过这样的证明得来的。财富有了证明以后，不但可以深深打动别人，使人感觉到这位财富所有人的重要地位，使人一直保持这个活跃的印象而不磨灭，而且可以使这位所有人建立起并保持一种自鸣得意的心情，在这一点上其作用也是不小的。除了最低的文化阶段以外，在一切文化阶段，一个普通的、正常的人，如果能够有一个"相当过得去的环境"，能够免于"躬亲贱役"，就会感到安慰，感到一种自尊心。不论在他的生活的物质环境方面，或日常生活的内容方面，如果被迫脱离了他那个过得去的习惯标准，这时不管他的同辈们对他的遭遇作何感想，同情也罢，蔑视也罢，他总会感到这是有损体面的。

对于人类生活方式中那种古老的理论上的尊卑之别，直到今天，在人们的观念中还保持着很大势力。因此上流社会对于粗鄙形式的劳动，很少不是本能地感到厌恶的；对于在我们思想习惯中与苦工贱役连结在一起的那类业务，我们特别地有一种逼真感觉，认为这类工作在外观上是不雅相的。一切所谓高尚风雅人士，总认为某些在习惯上必须由仆役们来做的工作，在精神上也不免是污秽的。鄙俗的环境，简陋的（即代价不高的）住宅以及粗笨的生产工作——这一切都应当毫不犹豫地给以恶评，避之若浼。这些都是跟处于高水准上的精神生活——“高超的思想”——不相容的。从希腊哲人的时代起直到今天，那些思想丰富的人一直认为要享受有价值的、优美的或者甚至是可以过得去的人类生活，首先必须享有相当的余闲，避免跟那些为直接供应人类生活日常需要而进行的生产工作相接触。在一切有教养的人们看来，有闲生活，就其本身来说，就其所产生的后果来说，都是美妙的，高超的。

有闲以及财富的其他证明的这种直接、主观价值，无疑是大部分属于从属性的，派生的。这种价值，一部分是以有闲作为博取别人敬意的一种手段时的功用的反映，一部分是借此在精神上得以获得调剂的结果。至于劳动，既已在习惯上被认为是处于劣势地位的证明，因此自然地出于心理上的武断，它也就被认为生来是卑贱的。

当掠夺阶段，特别是紧接着这一时期的、生产在准和平方式下的最初阶段，有闲生活是金钱力量的，因此也就是优势地位的最简捷、最确凿的证明；当然，这里始终是在这样的假定下说的，这些有闲者除了“闲”以外，日子也显然过得很从容，很舒适。在这个时期，财富的内容主要是奴隶，以及由于拥有财富和权力而得来的利益，其形态主要是个人的劳役和个人劳役的直接成果。因此，明显地不参加劳动就成为金钱上的优越成就的习惯标志，就成为声望所归的习惯指标；正相反，从事于生产劳动既然是贫困与屈服的标志，它同在社会上取得崇高地位这一点就冰炭不相容了。结果是，在盛行金钱竞赛的情况下，勤劳与俭约的习惯并没有获得普遍推进；正相反，这种方式的竞赛，对生产劳动的参与间接地起了消极作用。从很早的文化阶段起，积习相沿，劳动一向受到轻视；但是即使没有这样的传统，劳动由于已成为贫困的证明，也仍将无可避免地带上不光荣的色彩。按照掠夺文化的古老传统，生产上的努力对于一个壮健男子来说是不值得的，应当避开的；在掠夺的生活方式转变到准和平的生活方式以后，这一传统非但没有被丢弃，而且变本加厉。

由于生产工作已经与低人一等的观念结合在一起，有闲阶级制度即使没有跟个体所有制的初次出现同时兴起，无论如何也将成为所有制的初期发生的后果之一。应当注意到，有闲阶级虽然在掠夺文化开始时已经在理论上存在，但是随着掠夺阶段转变到下一个金钱文化阶段，这个制度有了新的、更加充实的含义。作为一个“有闲阶级”，不但在理论上存在，而且在事实上存在，这一现象就是从这个时候开始的。有闲阶级制度，也就是从这个时候起以完整的形态出现的。

在纯掠夺阶段，有闲阶级与劳动阶级之间的区别，在某种程度上只是形式上的区别。这个时候具有强健体格的男子们，对于在他们看来是低贱的那种劳役,审慎地置身事外;但他们的活动对团体的食料供应实际上有很大贡献。在继起的准和平的生活阶段,其主要特点通常是在于出现了确定的动产,动产的内容包括奴隶、牛群和牧人;这时生产事业已经有了进一步发展,社会在生活方面已经无须再倚靠打猎或其他可以列入侵占一类的任何活动。从这个时候起,有闲阶级生活的主要特征是明显地不参加一切有实用的工作。

这个阶级当处于它的生活史的这一成熟阶段时,它的正常的、特有的业务,同它在早期担任的,在形式上大致一样,仍然是政务、战事、运动比赛和宗教崇奉。有些喜欢在理论上钻牛角尖的人或者要说,这类业务也未尝不附带地、间接地具有"生产性";但是要晓得,在这里的问题上有决定意义的一点是,有闲阶级担任这类业务,其通常的、表面的动机,肯定不是在于通过生产性的努力来增加财富。在这一阶段,也像在任何别的文化阶段一样,所以要从事政治活动或战争活动,至少一部分是为了活动者可以从中在金钱上有所取得;但这种利益是在劫夺和强占的光荣方式下得来的。把这类业务作为一种工作来看,这种工作是属于掠夺性的,不是生产性的。打猎这一活动同这里所说的有些相像,但也有不同之处。当社会脱离纯狩猎时代以后,打猎逐渐分化为两种不同的业务。一方面这是一种行业,进行这项活动主要是为了利得,从这一点看来,侵占成分实际上是不存在的,或者至少不是充分存在的,因此不足以消除其作为一种营利事业的性质。另一方面这也是一种娱乐,只是掠夺冲动下的一种表现,因此并不存在任何显著的金钱上的动机,却多少含有些显著的侵占成分。我们说打猎是值得称道

的，是应当列入成熟的有闲阶级的生活方式的，所指的只是上述的后一类发展形态，它绝不沾染行业的气味。

摒绝劳动不仅是体面的，值得称赞的，而且成为保持身份的、礼俗上的一个必要条件。在累积财富的最初阶段，以财产为荣誉的基础这一观念还十分幼稚，十分含糊。这时摒绝劳动是拥有财富的习惯证明，因此也就是社会地位的习惯标志；于是由财富具有价值这一牢不可破的观念，引起了对有闲的更加牢不可破的坚持。一件事物的得以被觉察的特点，就是这件事物本身的特点。结果是，按照人类性格的既定法则，旧习惯立刻牢牢抓住了财富的这种习惯的证明方式，把它看作其本身就是极端可贵、可敬的，从而把这种观念安置在人们的思想习惯中；生产劳动则在同时、同样的演变过程中成为在双重意义上、在本质上无价值的。这种习惯势力终于使劳动在社会的眼光中不止是不光彩的，而且对一个高贵的、生而自由的人说来，简直在道义上是不允许的，是同高洁的生活不相容的。

这种禁忌劳动的倾向，对各阶级在生产事业上的分化还有更进一步的影响。当人口密度增加，以掠夺为目的的部落逐渐成长为定居的产业社会时，支配着所有制的管理机构和社会习惯，也在范围方面和巩固程度方面逐渐扩大和增进。这时要用率直的劫夺方式来累积财富已经不大可能，而基于逻辑的一致性，要通过生产途径来取得财物，对心高气傲的和两手空空的这两种人来说，又同样是办不到的。他们可走的只有两条路，不是沦为乞丐，便是贫困度日。因此明显有闲的准则，在任何场合如果能够不受阻挠地按照它自己的倾向演进，就必然要出现一种从属性的、在某种意义上说是虚假的有闲阶级；这种人一贫如洗，生活朝不保暮，但在道义上毅然不屈，认为不能在生利事业前降志辱身。有些先生们和太太们，当年也曾阔过一个时候，而今却一败涂地，这种情形直到现在也并不是不常见的。这种人对于纵然是极其轻微的体力劳动也深恶痛绝；这种牢固存在的感觉，对一切文化发达的民族以及在金钱文化上比较落后的民族说来，都是很熟悉的。有些人娇气十足，长期习惯于温文尔雅的作风，对体力劳动的羞耻感竟会那样强烈，以致碰到危急关头，甚至连自卫本能都会完全丧失。我们可以举个例，据说波利尼西亚地区的某些酋长，为了保持尊严，他们宁可挨饿，也不肯用自己的手把食物送到嘴里。诚然，这也许是由于——至少部分是由于——酋长身上有着过分的圣洁性和不能碰触的宗教禁忌，这种禁忌通过他的双手的触摸会扩展到其他东西身上，因此他所接触过的任何东西，不宜供作人类食用。但是要晓得，这种禁条本身就是从对劳动的轻视或者把劳动看成与道义不相容的这类观念而来的；因此，波利尼西亚酋长们的举动，即使从宗教意义上来解释，也可以看出，它比表面上所看到的，实在更加切合于"有闲是光荣的"这个准则。还有一个更好的或者至少是更加不会发生误解的例证：法国某国王，据说由于要遵守礼节，不失尊严体统，拘泥过甚，竟因此丧失了生命。这位国王在烤火，火势越来越旺了，而专管为他搬移座位的那个仆人刚巧不在身边，他就坚忍地坐在炉边，不移一步，终于被熏灼到无可挽救的地步。但是他虽然牺牲了，却保全了最高贵的基督教陛下玉体的圣洁，没有被贱役所玷污。

丧失了人生的意义而苟全性命，

这才是人生最大的不幸。

上面已经说过，这里使用“有闲”这个字眼，指的并不是懒惰或清净无为。这里所指的是非生产性地消耗时间。所以要在不生产的情况下消耗时间，是由于：(1)人们认为生产工作是不值得去做的，对它抱轻视态度；(2)借此可以证明个人的金钱力量可以使他安闲度日，坐食无忧。作为一位有闲的先生，他生活中的理想的一个组成部分，就是这种可敬的有闲，他要使旁观者获得印象的也就是这一部分。但他的有闲生活并不是全部在旁观者的目睹下度过的，其间有一部分势不能为公众所看到，为了保持荣誉，对于这个不能为人所窥见的部分，就得有所显示，使人信服他的生活的确是有闲的。他应当想出些办法来做到这一点，对于不为旁观者所见的那部分有闲生活，他应当有所证明。这一点只能间接地做到，办法是把他从有闲中得来的一些具体的、持久的成绩显示出来；这就同他所雇用的工匠和仆役们的情形一样，他们也是惯于把工作中一些具体的、持久的效果显示出来的。

生产劳动的持久的证据是通过劳动得来的物质产品——通常是一些消费品。就侵占活动来说，要获得些持久性成绩以便把它们显示出来，也同样是可能的，而且一般是这样做的，所显示的就是从这类活动中得来的纪念品或战利品。在演进的较后阶段，证明侵占的通常办法是用一些徽章或勋章作为侵占的习惯的、公认的标志，这类标志同时还可以表明所体现的侵占成就的大小或等级。后来随着人口密度的增加以及人事关系的日趋繁复，一切生活上的细节都经过了一番认真的安排和仔细的挑选；在这一演进过程中，纪念品或战利品的使用发展成为品级、头衔、等次、勋位等等制度，例如那些五花八门的纹章、奖牌以及种种显示尊荣的装饰，就是这类制度下的典型产物。

从经济的观点来看，在把“有闲”看做一种业务的时候，这种业务在性质上是同侵占生活密切相关的；有闲生活中所特有的而且一直是作为它的礼仪准则的那些成就，跟出于侵占的战利品，有许多相类之处。但是在更为狭窄的意义上的“有闲”与“侵占”不同，与对无实际用途的物体作表面的生产性努力的情况也有所不同，通常它并不留下物质成果。因此，“有闲”的既有成就所表现的大都是“非物质”式的产物。这类出于既有的有闲的非物质迹象是一些准学术性的或准艺术性的成就，和并不直接有助于人类生活进步的一些处理方式方法方面及琐细事物方面的知识。举例说，在我们这个时代里就有这样一些学术研究：古代语言和神秘学，合标准的文字拼法，文章构成法与诗歌韵律学，各种类型的家庭音乐与其他家庭艺术，关于服饰、家具与设备的时尚，关于各种竞技与运动比赛，关于犬、竞赛用马之类不为实用而培养的动物，等等。当初进行这些形形色色的研究时自有它们的最初动机，有关的一些知识就是在这个动机下开始取得的，这类知识也是在这个动机下开始流传开来的，这个动机跟要表明人们的时间并没有花费在生产工作上这一愿望也许全无关系；但是要晓得，除非这类研究成果经证实是可以用来作为不事生产地消耗时间这一点的适当证明的，否则就不会继续存在，就不会保有作为有闲阶级的惯有成就的地位。

就某种意义来说，这类成就也许可以认为是学术的一些支流。但除学术研究以外，还有一系列社会现象在发挥作用，使这类成就

渐渐脱离了学术领域，投入了生活习惯与技巧的领域。这些社会现象就是一般所谓仪态和礼貌、上流社会的风度、旧家的礼法等等。这类现象都是直接地、无法掩藏地显露在外面的，因此它们被人们更加广泛和迫切地用来证明通过有闲而取得的尊荣程度。这里值得注意的是，可以泛称作礼仪的上述一类表现，在以明显有闲作为荣誉标志的那种风气最盛行的文化阶段，是在人们的心目中受到高度重视的，其重视程度是超过了文化发展的较后阶段的。在准和平的生产阶段，作为一位出身高贵的未开化者，是出名考究礼仪的，在这一点上，他比后代的人有更多的表现，后世只有在仪容举止上讲究得最到家的人才勉强比得上。的确，这是人所共知的，或者至少一般看法是这样的：族长制时代过去以后，礼节越来越退化了。有许多老派的先生们，看到现代工业社会上层阶级中人的举止态度，甚至也缺乏教养，鲁莽粗鄙，而不免疾首痛心，感叹不已；至于在纯工业阶级中那种礼貌荒疏或者是所谓生活鄙俗化的现象，在那些多愁善感的人看来，已成为现代文化中的主要祸根之一。现代的人们事务纷繁，礼法在这些人手里受到了损害，足证——上述那些反对意见且不谈——礼法是有闲阶级的产物和象征，只有在身份制盛行时，才有充分发荣滋长的机会。

谈到礼貌的起源或由来，并不一定是出于那些有教养的人为了要表明在学会这件事上曾作了很长时间的自觉努力，无疑还应当在别的方面去找寻。在容态举止上要求革新、要求精益求精的直接目的，是在于要使关于求美或关于表情方面的新方式达到更进一步的有效程度。礼法的起源，大部分是出于要得到对方的敬意或对对方表示善意的愿望，人类学家和社会学家是惯于作这样的假定的，在后期发展的任何阶段，在那些彬彬有礼的人们的操行中，是很少不具有这样的原始动机的。据说所谓礼貌，部分是举止态度上的精益求精，部分是前人的动作经象征化和习惯化以后的残余，所体现的是前人对下统治、对上服役和对同辈接触的人事关系上的动作。总之，礼貌大部分是身份地位关系的表现；由它用动作来表示的关系，一方面是统治，另一方面是屈从。在现代已确立的生活方式中，凡是渗入了掠夺时期的心理习惯，因此抱有统治与屈从的精神态度的，就极端重视行动上的拘泥礼节，其刻意讲求按品级、官衔的高低、在礼仪上分别尊卑的情况，同准和平游牧文化下的未开化者的典型极为接近。关于这一精神上的残存现象，某些欧洲大陆国家可以作为很好的范例。在这些社会里，人们认为礼貌是具有内在价值的，关于在这方面的重视，也同样近似于古老的典型。

礼节在开始时是一种象征，是一种姿态，只在作为所象征的事实与性质的代表物时有其实用性；但后来发生了变化，一般不再把它看作人类交往中的象征事实。不久，在一般理解中，礼貌本身就具有一种实际效用，具有一种神秘的特性，大部分同它原来象征的事实无关。这时违礼失仪已成为人所共弃的行为，而有教养、有礼貌，则在通常理解中不仅是品质优良的表面标志，而且是心灵高洁的主要特征。破坏礼法是一件恶行，很少别的事物会那样地激起人们本能上的反感；这时遵守礼节具有内在价值这一观念已经发展到了这样的程度，以致有人如果有违礼举动，他就会被人看成一钱不值，能把违礼行动跟违礼者本人一无可取的那种感觉分开来看的人是绝无仅有的。违背信义或者还可以宽恕，破坏礼法却是罪在不赦的。“有礼方能成人。”

虽然礼貌具有这样的真实效用，但执行者和旁观者同样认为，礼节天然具有正确性这种想法只是讲究礼貌所以会成为风尚的一个近因，其真正的、经济的依据，还应当求之于有闲的荣誉性，或以非生产活动消耗时间与精力这一事实的荣誉性，因为如果没有这一点，是不会在礼貌上有高度修养的。要懂得礼节，养成习惯，必须通过长期锻炼。高雅的风度、举止和生活习惯是出身名门望族的有效证明，因为好的教养是需要时间、实践和费用的，那些把时间与精力使用在劳动上的人是不能想望的。深娴礼节是一种一望而知、不待解释的证据，它说明这位有教养、有礼貌的先生的生活，虽然外人没有完全目睹，但可以断言是可敬地消耗在一些无利可图的成就的取得上的。归根到底，礼貌的价值在于它是有闲生活的确凿证明。反过来说，因为有闲是获致金钱荣誉的习惯手段，所以凡是希望得到一个能够过得去的经济地位的人，就不得不在精通礼节上下些工夫。

以上说明，光荣的有闲生活既不能全部为外人所目睹，所以为了博取荣誉，就必须使这种生活留下些具体的、可以看得见的成绩作为确证，供人衡量，并以此为据，跟处于同阶级的有意于猎取荣誉的竞争者所展示的成绩相比较。但是仅仅由于坚决摒绝劳动，其间并没有把邀荣取宠这类事放在心上，也没有特意去模仿那种安富尊荣的气派，在这种情况下也会养成有闲的风度。尤其可能的是，这样的有闲生活坚持不变地经过若干代以后，在个人的形态上、风采上以及仪容举止上，将留下显著的、确切不移的痕迹。这类人受了累世的有闲生活的熏陶，对于礼仪的娴习已经习惯成自然；但是如果再加上对于如何取得光荣的有闲标志的刻苦钻研，则在这方面仍然可以有进一步的提高，然后在热烈的、有系统的锻炼中，把脱离劳动的这类外在标志显示出来。很明显，通过勤恳的努力，并不惜费用，可以使有闲阶级在礼仪的精通程度上大大提高。反过来说，在礼仪上所达到的精通程度愈高，对于那些没有图利或没有实用目的的礼仪规范，其娴习程度的证据愈明显，愈充分，为了取得此项成就在时间上、物力上付出的代价愈大，则所获得的荣誉也愈大。因此，在竞相争取精通礼节的情况下，守礼习惯的养成，必须费很大气力；关于礼节的种种细目，因此也就发展成为内容广博的纪律；凡是要保持相当荣誉的，就得信守这方面的种种科条。另一方面，这种明显的有闲——礼节是它的一个派生物——也因此逐渐发展成为在态度、作风方面的艰苦训练，发展成为在爱好与事物取舍的辨别这些方面的教育，例如哪些消费品是适宜的，怎样消费它们才是适宜的，都有一定的准绳。

在这方面值得注意的是，由于刻意的模仿与有系统的训练，可能使人们在体格和态度方面发生一种病态的或其他特异性的变化；人们就利用这一点来有计划地造成一个文化阶级，往往收到很圆满的效果。在这种情况下，通过了世俗的所谓趋炎附势，许多家族和宗族迅速地演变成为高门望族。这种迅速演变为高门望族所产生的结果，就其作为民族中一个有闲阶级因素的适用性来说，其适用程度实际上并不低于另一类人，这类人在金钱的属性上也许受过为期更久的锻炼，但锻炼经过没有前者那样认真。

还有一层，关于消费方面一些正规的方式方法，与时下公认的礼仪细节究竟符合到什么程度，其间是存在着可以衡量的种种等级的。对于这些细节方面的理想标准，各人的符合程度高低不同，其不同情况是可以互相比较的，并且可以按照礼貌和修养方面的累进尺度，相当准确而有效地将他们分等分级。在对这方面应给予的荣誉作出判定时，一般总是公正无私的，是以对有关事物的公认爱好准则的符合程度为依据的，当时也并不有意地顾到对方的经济地位和有闲程度。但作出判定时所依据的爱好准则，是一直处于明显有闲法则的监视之下的，而且为了进一步密切地符合要求，这类准则实际上是一直在变化中和修改中。结果是作出鉴定时的直接依据，这一次的可能跟上一次的不同，但辨别遵守礼仪程度的普遍原则和不变标准仍然是真正的、显著的虚耗时间这一要求。在这一原则的范围以内，可能有很多细节上的变化，但这些变化都是形式上的或表现上的，不是本质上的。

当然，我们在日常交际中的那些殷勤周旋，多数是敬意或善意的直接表示，如果要解释这种现象为什么会存在或者为什么会受到赞许，大都没有必要去追究关于荣誉的任何依据；但是谈到礼法，情形却不同。后者是身份、礼法的表现。对任何一个愿意留些心的人说来，这当然是十分明显的，我们对待仆役或对待其他在经济上处于依附地位的下级的态度，是在身份关系上居于上级地位者的态度；虽然态度的表现，同在粗暴统治下原来的表现比起来，一般已经大有改善，已经温和得多。同样，我们对待上级或在很多场合对待同辈，则多少带有几分卑屈的习惯态度。试看那些自命不凡的先生和太太们的傲慢神情，那样突出地显示了他们在经济地位上的独立和优越，当他们说哪些是对的、哪些是好的时候，对我们在这些方面的感觉具有那样大的说服力量，就是一个证明。

正是这种再没有比他们更高的、也很少可以和他们并肩的最高的有闲阶级，使礼节获得了最高度、最成熟的表现；也正是这一最高阶级使礼节有了定型，成为其以下各阶级的行为准则。也就是在这里最明确地表明了，礼法是有关身份、地位关系的一套规约，是与粗鄙的生产工作不相容的。一种超然自负和带有以上临下意味的谦虚态度，一种习于要求别人屈从和翛然物外、对一切未来漫不经意的态度，是一位最得意的绅士与生俱来的权利和处世原则；而且在一般人的理解中还不止此，它还被认为是最高贵品质的真正特征，低微的平民是心悦诚服的。

前一章已经提到，我们有理由相信，所有权制度是从对人，主要是对女人的占有开始的。取得这样的财产的动机显然是：(1)统治与以力服人的性格倾向；(2)利用这些人作为其所有主具有威力的证据；(3)利用他们的劳役。

个人劳役在经济发展中占有特殊地位。在准和平的生产时代，特别是在这个时代生产事业还处于初期发展阶段的那个时期，利用个人劳役，在一般情况下似乎是对人进行劫夺并据为己有的最有力动机。奴仆之所以有价值是由于他们能提供劳役。但这一动机之所以占优势，并不是由于奴仆所具有的上述其他两个效用的绝对重要性有所降低，而实在是由于生活环境的变化，使奴仆所具有的最后一种效用显得格外突出。妇女和其他奴隶，作为财富的证明或者作为累积财富的手段，都具有高度价值。如果一个部落以畜牧为主，此项财产就跟牲畜一道，共同成为博取利润进行投资的通常形式。在文化的准和平阶段，女性奴隶成了经济生活中的一个特征，这一点竟发展到了这样的程度，以致当时的人们竟把妇女用来作为一种价值单位，例如在荷马的时代就有这样的情况。凡是有这样情况的，不用说，其生产系统的基础必然是奴隶动产，而妇女则一般都是奴隶。在这样的制度下，人与人之间主要的、普遍存在的关系就是主与奴之间的关系。这时财富的公认证物就是所拥有的许多妇女，还有为主人服务、为主人生产财货的其他奴隶。

不久就发生了分工。在主人身边服务和侍应成为一部分奴仆的专门职务，而那些全力从事生产工作的奴仆，则与主人本身的直接关系越来越疏远。另一方面，那些从事身边服务、包括家务劳动的奴仆，则逐渐脱离了为利得而进行的生产工作。

这种逐渐脱离经常的生产工作的过程，往往是从主人的妻子或正妻开始的。当社会进展到习于定居生活以后，从敌对部落掳掠妇女为妻的这种办法已经难以实行，已经不再能以此作为妻妾的一个习惯来源。文化发展到这一阶段以后，正妻往往出于高贵门第，这就加速了使她脱离粗鄙工作的倾向。至于高贵门第这一概念的起源以及它在婚姻制度发展中所占的地位，这里不容深究。就这里的研究目的来说，只需说明这一点：所谓高门望族，是由于长期累积财富并与某些特权有渊源因而受到尊崇的世家。有着这样出身的女子，在婚姻中是要受到欢迎的，这是因为由此既可以同她有权势的亲属结成姻戚，而且由于她的血统已同丰盈的财货与显赫的权势连结在一起，人们觉得在这样的血统中含有高贵价值。然而她仍然是她丈夫的动产，正同她被丈夫购入以前是她父亲的动产一样；不过她是出于她父亲的高贵血统的，因此人们觉得使她从事于她的婢仆们所做的贱役，在道义上说不过去。尽管事实上她是完全隶属于其主人的，在她所属的社会阶层中，她所处的地位是次于男性成员的，但基于高贵门第是可以传袭的这一原则，她的地位高过了普通奴隶；一旦这个原则获得了习惯依据，她就在某一程度上享有了有闲特权，而有闲则是高贵门第的主要标志。在门第是可以传袭的这一原则的推动之下，作为一个妻子，如果她主人的财力允许的话，她的劳动解除的范围将渐渐扩大，直到一切劳役和手艺工作都包括在内。此后随着生产事业的发展，财富渐渐集中到了比较少数人的手里，于是上层阶级的财富的习惯标准也就有了提高。脱离手艺工作，随后又脱离低贱的家务劳动，这一点是从正妻开始的，这个趋势将逐渐演进，扩展到其他妻妾（如果有的话），并且将扩展到贴身服侍主人的其他奴仆。一般的趋势是，作为一个奴仆，跟他主人本身的关系越疏远，免除劳役越迟。

如果主人的财力允许的话，则由于对主人个人服役的重要意义日益增进，由担任这类职务的随身侍从组成的这一个阶级，将有进一步发展。主人的身体是价值与光荣的化身，关系是最重大的。由于他在社会上的声望和地位，也由于他的自尊心，他应当有得力的、专职的仆役，随时听候使唤，这些仆役侍应时应当全力从事，不容有任何别的工作从旁牵制，这是一项重大任务。这些专业化仆役的作用主要不在于实际服务，而在于外观上的炫耀。在后一意义上，我们也可以说这类仆役的存在不仅是为了摆摆架子，而且是为了使主人可以有所满足，这就是说，主人的“支配欲”借此可以有发泄余地。诚然，家具设备不断增加以后，也许需要较多的人手；但增加的设备大都是用来铺张场面的，不是供作实际享受的，因此这一点对这里的论点关系不大。这类高度专业化的人数越多，上述各种功用就越加能够更好地发挥。结果是，管理家务和随身侍应主人的那些仆从不断地增加，不断地分化，这类仆从脱离生产劳动的倾向也跟着日益演进。由于他们是被用来证明其主人的支付能力的，他们的职务内容变得越来越空虚，最后简直变成了徒有其名。就那些跟主人最贴近的、在对外接触中最显露的仆从们说来，情形尤其是这样。因此这些人的功用就大部分在于他们的明显地脱离生产劳动，在于能由此证明他们的主人的有财有势。

这种为了表现明显的有闲而特为雇用大群仆从的风气有了相当发展之后，人们逐渐感到，就外表的壮观来说，男仆胜于女仆。让男子们，尤其是那些漂亮、壮健的汉子们，来当长随等厮养之役，显然比女仆壮观，代价也显然较大。用他们来做这件工作比用女仆更合适，因为由此可以表明在时间、人力上较大的消耗。这样在有闲阶级经济中就发生了这样的变化：在族长制时代，围绕在终日忙忙碌碌的主妇左右的是一群辛勤操作的仆妇和婢女，而现在看到的却是尊贵的夫人，跟在她后面的是一群豪奴健仆。

在经济发展的任何阶段，就一切阶级和阶层说来，贵妇和仆从们的有闲，跟出于自有的权利的一位绅士的有闲不同，前者的有闲是一种职务，而且是一种外表上看来很辛苦的职务。这种职务的表现形式大都是在于侍奉主人时的不辞劳瘁，或者是在于布置屋内陈设时的殚精竭虑；因此这里的所谓有闲，指的只是这一阶级很少或绝对不参加生产工作，而不是对一切形式的劳动都避而远之。主妇或家仆担任的职务往往是够繁重的，而且它们所要达到的目的也往往被认为是对整个家庭的安乐绝对必要的。这类服务是有助于主人或家庭中其他成员的身体健康或物质享受的，就这一点来说，它似乎也可以算是生产工作；只有这种有效工作以外的残余部分，才应当看作是有闲的表现。

但是在现代日常生活中列入家务操作范围内的许多劳务，以及文明人在生活享受上所需要的很多所谓“有用事物”，实际上是属于礼仪性质的。因此按照这里使用的“有闲”这个字眼的意义，肯定应当把这类劳务看作是有闲的表现。为了使生活能过得相当好，这类劳务或许是迫切需要的，甚至为了个人享受，或许也是非此不可的；但事实尽管是这样，这类劳务仍然可能是主要或全部属于礼仪性质的。还有一层，这类劳务正是由于有了这样的性质，对我们说来才成为必要的，因为我们已经养成了需要这类劳务的习惯，已经坚信不这样做是越规违礼的。没有这类劳务我们会感到不愉快，这并不是因为缺少了它们就会直接造成身体上的不愉快；有些人的爱好可能还没有经过习惯上的好恶之别的训练，这样的人也不会因为缺少了它们而感到愤懑。情况既然是这样，在这类劳务上耗费的劳力就应当看作是有闲；当这样的有闲，由家庭中经济独立、自己当家做主的家长以外的人来表现时，就应当看作是代理性的有闲（vicarious leisure）。

在家务操作的名目下由主妇和仆役们来表现的这种代理性有闲，往往会发展成为辛苦的劳役，在博取荣誉的竞争进行得比较紧张热烈的时候尤其是这样。这是在现代生活中时常看到的情形。在这样的情况下，由这类仆役阶级担任的家务操作，也许可以比较适当地称为劳力浪费而不是代理有闲。但后一名称有个优点，它能够表明这类职务发生的缘由，并且能够清楚地指出其功用的实际的经济依据；因为这类工作可以用来表明主人或主人的整个家庭的金钱荣誉，理由是某一定量的时间和劳力是在这上面显然虚耗了的。

这样就构成了一种附属的或派生的有闲阶级，其任务是为了原始的或正统的有闲阶级的荣誉而执行一种代理有闲。这个代理的有闲阶级与纯正的有闲阶级的不同之处，在于其习惯的生活方式自有其特征。主人阶级的有闲所体现的，至少在外表上是一种任意地避免劳动的性格倾向——认为这样足以提高主人本身的福利，使自己的生活丰富多彩；仆役阶级从脱离生产劳动得来的有闲则是某种在强制下的表现，一般或根本并不是为了他们自己的享受。一个仆役的有闲并不是他自己的有闲。只要他是一个名副其实的仆人，并非同时是纯正有闲阶级中的一个次级成员，他的有闲就总是来自一种借口，即这是增进其主人生活上的丰富多彩的一种专门职务。这种从属关系的迹象，在仆人的动作和生活作风中是显然存在的。在整个拖得很长的经济时期中，当家庭中的主妇基本上还处于奴役地位时，就是说当家庭仍然以男性为主时，这位主妇的情况也往往是这样。为了满足有闲阶级生活方式的要求，作为一个仆人，不但应当表现一种卑屈逢迎的态度，而且应当表明他在这一点上是训练有素，具有实际经验的。仆人和主妇不仅应当完成某种任务，显示出一种服从的性格，同样重要的是他们还应当表明，关于服从的技术他们也是十分熟练的，对于有实效而明显的奴性的准则，能够圆熟自如地完全遵守。即使在今天，这种在形式上表现服从关系的资质和技能，仍然是构成那些高薪仆役的功用的主要因素，仍然是那些有教养的主妇的动人点缀之一。

一个得力的仆人的首要条件是他深切了解自己的地位。仅仅懂得怎样完成某些需要完成的机械任务是不够的;他首先必须懂得怎样以适当的方式来完成这些任务。家庭服役也许可以说是需要智力的职务,而不是机械的职务。于是逐渐形成了在容态举止上要求合乎礼仪的精细制度,专门规定了仆役阶级表现代理有闲时的规格方式。在任何情形下违背了这类准则是要受到责难的,这主要不在于由此显示了机械效能上的欠缺,甚至也不在于奴性态度或奴性气质上的欠缺,而归根到底是在于由此显示了特种训练上的欠缺。进行关于如何侍应主人的特种训练是费时费力的,这种训练的效果如果在仆人身上显然高度存在,那就表明,这个仆人不论现在或过去都不惯于从事任何生产工作;而这一点很久以来就是代理有闲的一望而知的确证。因此侍应工作上的谙练是有它的功用的,它不但可以满足主人对优良服务和熟练技能的本能的爱好,不但可以投合主人与赖以为生的那些人对比而感到明显优越的那种性格倾向,而且由此还足以证明,比之一个未经训练的人所表现的单纯的明显有闲,它是消耗了大得多的人力的。如果一位体面绅士的厨师或马夫,在他主人进餐或出行时侍奉得那样地不中程式,以致使人要想到他以前也许是个种地的或牧羊的,那就糟了。这样笨手笨脚的动作足以表明,主人并没有能力雇用受过专门训练的仆人来为他服务;也就是说,这位主人无力负担使他的仆役获得特种训练时在时间精力与教育方面所需支出的代价,无力培养有充分训练,能够在严格符合礼仪准则的情况下从事专门的服务工作的仆人。如果仆人的表现所说明的是他的主人缺乏资力,那就直接破坏了役使奴仆的主要实际目的,因为仆役的主要

用途原是在于证明主人的支付能力。

由上所述，或者会认为一个缺乏训练的仆役之所以使人不愉快，是因为由此直接说明了主人的吝惜费用或贪图实惠。但实际情形当然不是这样。其间的关系要间接得多。这里发生的情况同一般的情况是一样的。不论什么事物，凡是一开头在我们面前显得是很好的，不久就会引起共鸣，使我们觉得其本身就是一个很可喜的事物，然后它在我们的思想习惯上生了根，被认为是本质上不错的。但是要使行为的任何一个准则能维持不坠，就必须不断地获得构成其发展的规范的那些习惯或性格倾向的支持，或者至少不与之相抵触。代理有闲的需要，或对劳役的明显消耗的需要，是畜养奴仆的主要动机。只要这一点保持不变，就可以肯定地说，如果违背了公认的习俗，将仆役的见习期限缩短，就会使人感到难以忍受。这种对代价高昂的代理有闲的需要，会发生间接的、淘汰的作用，导使我们形成一种爱好，导使我们形成对有关这一问题的是非观念，结果是遇到了与我们的见解相左的现象就会发生反感，并把它清除掉。

随着公认的财富标准的提高，以畜养仆役与使用仆役来夸富的手段也越来越高明。占有并畜养一批奴隶，叫他们从事生产财物，其所证明的是财富与威力；但是畜养一批仆役，不让他们从事任何生产工作，其所证明的却是更多的财富和更高的地位。在这样的原则下，就兴起了一个仆役阶级，其人数越多越好，他们的唯一任务是懵懵懂懂地侍候主人，从而证明他们的主人有力量消费大量不生产的劳务。于是在这些仆役或寄食者之间发生了分工，这些人的一生是消耗在如何保持一位有闲绅士的尊荣这一点上。

结果是，一部分人为主人生产财货，另一部分人，大都以主人的妻子或正妻为首，则在明显有闲的方式下为主人进行消费，以证明主人能够经受金钱上的巨大损耗而不影响到他的富裕。

上面关于家庭劳役的发展和性质的带些理想化的概括叙述，与这里称作“准和平”生产阶段的那个文化阶段的情况最相近似。在这个阶段，个人劳役初次提高到了成为一个制度的地位，而这个制度在社会的生活方式中占有重要地位，也是在这个阶段。在文化的进程中，准和平阶段是紧跟着纯掠夺阶段出现的，两者是未开化生活中相衔接的阶段。准和平阶段的特征是形式上遵守和平与秩序，然而在这个阶段，生活中仍然充满着压制与阶级对立，还不能称为完全的和平阶段。从经济以外的观点来看，在许多用意下，或者也可以把这个阶段称为身份制阶段。这个名称很可以用来总括这一阶段人与人之间的关系的方式，以及人们处于这一文化水平时的精神态度。但是如果要说明这个时期流行的生产方式的特征，要指出经济演进中这时的生产发展趋势，则用“准和平”一词似乎比较恰当，因为它能够把这层意思表达出来。就属于西方文化的各国来说，经济发展的这一阶段大概已成过去；只有一个数字很小而情况很显著的部分是例外，在这个部分的社会中，那种未开化文化下所特有的思想习惯的蜕变只是比较细微的。

个人劳役现在仍然是具有重大经济意义的一个因素，尤其是在有关商品的分配与消费方面；但其相对重要性，即使在这个方面，也已无疑地有逊于其已经占有的地位。这种代理性有闲的最高度发展是在过去而不是在现在；现在它的最高度表现可以在上层有闲阶级中看到。谈到属于比较古老的文化阶段的那些传统、习俗和思想习惯的保存，就其得以被极度广泛地接受、得以极度有力地发展来说，现代文化受到这个阶级的帮助之处是很多的。

在现代工业社会中，有助于日常生活的享受与便利的种种机械设备，获得了高度发展。因此现在任何人，除了以早期的习惯传统遗留下来的荣誉准则为依据的人以外，已很少雇用随身侍者，甚至已很少雇用任何类型的家庭仆役。唯一例外也许是雇用服侍体力衰弱者或精神衰弱者的那类仆役。但这样的仆役实在应该列入有训练的护士一类，不应该列入家庭仆役一类，因此雇用他们只是通则的表面上的例外，而不是真正的例外。

举例说，现在一般小康之家所以要雇用仆役，其近似（表面上的）原因是，家族成员不能在胜任愉快的情况下干这样一个现代家庭所需要完成的工作。其间的理由是：(1)他们“社交上的义务”太多；(2)所需要完成的这种工作太繁重。这两个理由可以申述如次：(1)在带些强制性的礼法之下，这样一类家庭的成员，其时间与精力表面上必须完全消耗在表现明显的有闲上，即消耗在拜会亲友、旅行、体育比赛、俱乐部消遣以及妇女义缝团和各种慈善团体等类的活动上。把时间与精力使用在这方面的人，往往私下承认这一切俗套以及对衣饰和其他明显的消费的不得不加以留意，都极其可厌，但绝对无法避免。(2)在对财物必须进行明显的消费这一要求下，生活上的各种设备，如住宅、家具、古玩以及关于衣饰和饮食的各种装置等类，已经逐渐发展到这样精细繁重，以致如果没有别人帮助，就不能在合乎礼仪要求的方式下加以使用。主人出了代价雇用仆役，叫他们出力帮助，是为了完成礼仪上所要求的日常工作，然而对主人说来，同这些人亲身接触，往往是不大愉快的；

但是为了要把一部分家用器物的繁重消费事项托付给他们，对于他们的在场就不得不忍受，并给以报酬。由此可见，家庭仆役以及随身侍从这一特殊阶级的大量存在，对主人说来是一种让步，是肉体享受对金钱礼仪的精神上的需要的让步。

作为现代生活中的代理有闲的最大表现的是所谓家庭职务。在这些职务是为谁执行的这个问题上正在发生很快的变化。执行这些职务现在与其说是为了家长个人的荣誉，不如说是为了作为一个共同单位的整个家庭的荣誉——在这个团体中，主妇是在表面上处于平等地位的一个成员。一等到家庭——上述职务就是为这类家庭执行的——脱离了占有制婚姻的古老的基础，这些家庭职务当然也就不再属于原来意义下的代理有闲一类；除非这类职务是由被雇的仆役来执行的。这就是说，既然代理有闲只是在身份制或雇佣服务的基础上才有可能，则身份制关系在人类交往的不论哪一部分消失以后，在那部分生活中的代理有闲也将跟着消失。但是还应当在上列补充说明以外再加上一个补充，只要家庭制度依然存在，即使家长地位已经不再集中于一身，这种为整个家庭的荣誉而执行的非生产劳动，依然应当看作是代理有闲，不过在意义上稍有变更。在这个情况下，有闲是为“准个人的”共有家庭执行的，而不是像以前那样为唯一的家长执行的。

第四章　明显消费

上面叙述代理有闲阶级的演进及其从劳动阶级整体分化出来的过程时，曾经提到进一步的分工，那就是不同的仆役阶级之间的分工。仆役阶级的一个部分，主要是以执行代理有闲为职务的那些人，渐渐地负担起了一类新的、附属的任务——进行对财物的代理性消费。这种消费的最显著方式是他们穿特制号衣，住宽敞的仆役宿舍。还有一种同样显著而流行得更加广泛的代理消费方式，这就是主妇和家庭其余成员在饮食、衣着、住宅和家具方面的消费。

但是在经济演进过程中的某一阶段，远在主妇身份出现以前，作为金钱力量的证明的对财物的某种特殊化消费，就已经逐渐形成一种精密制度。消费上的分化，甚至在可以适当地称之为金钱力量的任何事物出现以前，就已经开始。我们可以把它追溯到掠夺文化的最初阶段；有些人甚至认为这方面的分化的开始还在掠夺生活开始以前。财物消费中这种最初的分化，与我们极为熟悉的后来发生的分化，其相同的地方在于它主要是属于礼仪的性质，不同的是前者并不以累积财富上的差别为依据。以消费作为财富的证明，应当认为是一种派生的发展。这是通过淘汰过程对于人类特性中的一个新目的的适应，而这种特性在人们的思想习惯中是原来已经存在、已经确立的。

在掠夺文化的早期阶段，唯一的经济上的分化是，由壮健男子组成的光荣的上层阶级和由劳动妇女组成的卑贱的下层阶级这两者之间的笼统差别。按照那个时候通行的典型的生活方式，消费女子所生产的事物是男子的任务。至于归妇女享有的消费，只是因其工作关系而附及的；这是使她们得以继续劳动的一个手段，并不是为了她们自己生活上的享受和充实。不事生产而从事消费是光荣的；首先这是勇武的标志，是人类尊严的必要条件，其次，这种消费行为，尤其是对比较有价值的事物的消费，其本身就是在实质上光荣的。关于高级食品、有时候还包括比较珍贵的装饰品的消费，对妇女和儿童们说来是悬为厉禁的；如果在男性中有个下层（奴隶）阶级，则这种禁律对他们也同样有效。随着文化的进一步发展，这种禁律可能转化为在严格程度上高低不等的单纯风气；但不论支持这种差别的理论基础是什么，也不论这种差别的形成是由于禁律还是比较普遍的风气，消费的这种习惯方式的特征总是不容易改变的。当达到准和平的生产阶段以后，奴隶动产的保有成为基本制度，这时在严格程度高低不等的情况下所遵守的一般原则是，卑贱的劳动阶级只应当消费为维持生存所必需的那些事物。当然，一切奢侈品和生活上的享受用品是属于有闲阶级的。在禁律之下，某些食料，尤其是某些饮料，是严格规定由上层阶级享用的。

关于饮食方面的礼仪上的差别，在酒和麻醉品的使用上最为显著。如果这类消费代价高昂，其间就含有了高贵和光荣的成分，因此下层阶级，首先是妇女，就被禁止使用，除了可以用较低代价

获得的那些地区以外。从远古时代起直到族长制盛行的整个时期，这类奢侈品的调制和供应一直是归妇女承担的职务，而享用这类奢侈品却是出身高贵、有上等教养的男性的特权。因此，由于刺激品享用过度而陷入沉醉或其他病态，反而带上了光荣的色彩，由此再进一步，它就成了在饮食上能够这样放纵的人的优势地位的标志。有些民族把那种因放纵过度而造成的病态，看作是男子汉的特有属性。甚至还有这样的情况：由于放纵过度而引起的身体上的某些病状的名称，在日常谈话中变成"尊贵"或"文雅"这类字眼的同义语。固然，只是在较早的文化阶段，这种由纵欲的恶行所造成的症状才习惯地被认为是优势地位的标志，并成为一种美德，博得社会的尊敬；但是由某些这类恶行而来的那种荣誉竟长期保持着很大势力，以致富裕阶级或贵族阶级的男性因生活放纵过度而受到的责难大为减轻。正是由于存在着这种歧视性差别，妇女、青年和下级的人们发生了任何这类放纵行为，他们受到的指责就格外严厉。这种传统的歧视性差别，即使在现今比较进步的民族中，也仍然没有失去力量。如果有闲阶级所树立的榜样对社会习俗的形成具有强制力量，这时就可以看到，关于刺激品的享用，妇女所遵守的在很大程度上仍然是传统的禁止制度。

这里所说的上层阶级妇女在刺激品使用方面受到较大禁制一节，也许会显得有些不顾常识，对事理作了过分渲染。但是任何人只要愿意留心一下就很容易看到的那些事实告诉我们，妇女对刺激品之所以有较大节制，部分是由于强制性的习俗。一般地说，凡是族长制传统——以妇女为动产的传统——色彩最浓厚的地方，上述习惯势力格外强大。根据这个传统，妇女是一种动产，只应当消费她生存上所必需的一些事物，除非她进一步的消费有利于她主人的享受或荣誉。这个传统虽然在范围上已经大有限制，在严格程度上也已大为缓和，但它的意义依然一点也没有丧失。奢侈品的消费，其真正意义指的是为了消费者本人的享受而进行的消费，因此是主人的一个标志。任何这样的消费，主人以外的别人只能在被默认的基础上进行。在一般思想习惯还受到族长制传统的深刻影响的那些社会里，我们总可以找到些对奢侈品的禁律的残余，至少对不自由的或从属的阶级来说，习惯上是不容许享用奢侈品的。有些奢侈品，如果由从属阶级来使用，显然会损害到其主人的享受和愉快，或者根据别的理由还可以把它看成是不大正当的；对于这类奢侈品来说，上面的说法更加确切。按照西欧广大的、保守的中产阶级的看法，由从属阶级来使用刺激品，即使不一定触犯禁律，也是应当受到指责的。有一点是意义十分重大、不容忽视的，这就是恰恰在日耳曼文化下具有族长制礼法的强烈的思想残余的这类中产阶级中，妇女在烟酒上是受到最大限度的禁止的。一般通则是，妇女只应当在为其主人的利益打算的情况下进行消费，这个见解一般都认为很正确而具有束缚力；不过这一通则已经在多方面受到限制，随着族长制传统的日趋衰微，限制条件也越来越多。当然，这里会出现这样的反对意见：妇女在服装和家庭装饰上的消费是这个通则的一个显著例外。但是从效果上来看，这个例外与其说是实质的，不如说是表面的。

在经济发展的初期，通常只有有闲阶级才能无限制地消费财物，尤其是一些高级的财物；就是说，在观念上只有有闲阶级才能进行最低限度生活需要以外的消费。到了后期和平阶段以后，有

了财物的私有制,有了以工资劳动或小型家庭经济为基础的生产制度,这种限制至少在形式上已经逐渐消失。但是在早期的准和平阶段,通过有闲阶级制度影响到以后的经济生活的那许多传统习惯,正在逐渐形成,逐渐巩固,在那个时候上述原则是具有作为一种习惯法的力量的。人们是把这一原则当作消费行为必须遵守的一种规范的,如果发生了任何显然的背离,就要被认为是一种反常现象,迟早要在进一步的发展过程中被清除掉。

由此可见,处于准和平阶段的有闲绅士,不仅是他所消费的生活必需品远在维持生活和保持健康所需要的最低限度以上,而且他所消费的财物的品质也是经过挑选的,是特殊化的。对于食物、酒、麻醉品、住所、劳务、衣着、装饰品、武器及其设备、娱乐品、符篆或神像等等,他都是任情消费的,是挑最好的消费的。他所消费的物品的逐渐改进的主要动机和直接目的,无疑是在于使改进了的、更加精美的物品,更加有利于他个人的享受和个人的福利。但这一点并不是消费这些产物的唯一目的。这里还存在着荣誉准则,这类改进凡是符合这个标准的,就会受到欢迎,就会延续下去。使用这些更加精美的物品既然是富裕的证明,这种消费行为就成为光荣的行为;相反地,不能按照适当的数量和适当的品质来进行消费,意味着屈服和卑贱。

这种在饮食等等方面的质量上的越来越认真的辨别和挑选,不久就不仅影响到了有闲阶级绅士的生活方式,而且影响到了他的锻炼和智力上的活动。他现在已经不仅仅是一个有成就的、勇于进取的男子,不只是一个有力量、有手腕、勇往直前的人物了。为了不被人看成是一个粗汉,他还得在爱好的培养上下些工夫,因为对消费品哪些是名贵的，哪些是凡陋的，应当能够相当正确地加以鉴别，这一点现在已经成为他的义务了。对于有闲生活中的种种事物——具有不同程度的优点的名贵食品、男用饮料和随身佩戴的饰物、合式的衣着和建筑以及武器、竞技、舞蹈、兴奋剂等等——他应当成为一个行家。审美力的养成是需要时间和精力的，在这个方面对这位绅士提出的要求，使他的有闲生活渐渐有了改变，他要在多少带些刻苦的情况下进行钻研，学会怎样在适当的方式下过他的表面的有闲生活。这位绅士必须痛痛快快地消费恰如其分的那类事物；同时与此密切相关的一点是，他必须懂得怎样用恰当的方式来消费。他必须在恰当的方式下来过他的有闲生活。这就发生了前章所指出的礼仪问题。高贵的风度和娴雅的生活方式，是应当遵守的明显有闲与明显消费的规范中的两个节目。

对有闲的绅士说来，对贵重物品作明显消费是博取荣誉的一种手段。但单靠他独自努力消费积聚在他手里的财富，是不能充分证明他的富有的。于是有了乞助于朋友和同类竞争者的必要，其方式是馈赠珍贵礼物，举行豪华的宴会和各种招待。礼物和宴会，除了出于单纯的夸耀以外，或者别有起因，但它们很早就取得了这一目的上的功用，它们的这一性质一直保持到今天；因此它们在这方面的功用很久以来就一直是这些习惯所依据的实际基础。侈靡的集会，如饮宴时分赠礼品以及舞会等类，是格外适合于这一目的的。通过这种方式，款待者愿意与之作一番较量的那位竞争者，就被用来作为达到这个目的的手段。他代他的东道主进行消费，同时对于他的东道主所无法独力进行的那些过剩的高贵事物的消费，他也是一个目击者，他还被请来目睹他的东道主在礼仪上的精通程度。

所以要举行豪华的宴会,当然还存在着别的、在性质上比较温厚的动机。节日集会的风气可能是发端于欢乐和宗教观念;在后来的演变中,这类动机也未尝不存在,不过已经不再是单纯的动机。后来的有闲阶级的举行宴会,也许仍然是在较低程度上适应宗教上的需要、较高程度上适应消遣与娱乐方面的需要的,但同时也用来适应歧视性的目的则可以断言;而且尽管在那些可公开的动机下存在着表面的非歧视性的用意,这类宴会仍然可以同样有效地适应歧视性目的。因此,这些寻欢作乐的社交活动,不论在代理性消费方面,或是在礼仪上那种艰难的、费了巨大代价得来的成就的显示方面,其经济上的效果并没有减少。

随着财富的累积,有闲阶级在职能上、结构上有了进一步发展,于是出现了阶级内部的分化,出现了一个相当精密的等级制度。由于财富的继承以及由此而来的门第的继承,更加促进了这种分化。随着门第的继承,发生了强制性有闲的继承。有些高门望族有充分力量把有闲生活遗传给后代,但遗留下来的财富也许不足以使后代维持尊严的有闲生活。留传给后代的也许只是高贵门第,却没有足够的遗产使后代可以在安富尊荣的情况下任情消费。由此产生了另一类人物,那就是贫寒的有闲绅士,这一点在上面已经附带提到。这类混血儿式的有闲绅士,只能列入等级制度中的一个分级。那些在门第上或财力上接近或在这两个方面都接近于较高级或最高级富裕有闲阶级的人,其地位即居于门第或财力较差者之上。属于较低级的,尤其是贫寒的或最低级的有闲绅士,往往通过一种投靠或效忠的方式,依附在大绅士的门下;这样他们就可以增加荣誉，从他们的保护人那里取得维持有闲生活的必要手段。于是这些人成了高级有闲者的门客、扈从或仆人；他们既由他豢养，受到他的协助，就成了他的那一等级中的寄生者，成了他的过剩财富的代理消费者。这类隶属性的有闲绅士中有许多人本身也未尝没有为数较微的独立资产，这些人几乎全然不能算作代理消费者，或者只能部分地算作代理消费者。然而成为保护者门下的食客或随从的那些人，其中绝大多数是可以无条件地列为代理消费者的。还有一点，这类人当中的很大部分以及别的一些较低级的贵族，他们自己也往往有一批为数多少不等的代理消费者，如他们的妻子、儿女、仆役、清客等等。

在这个代理有闲和代理消费的整个等级制度中有一个定则，那就是这些任务必须用这样的方式或在这样的情况下来完成：要能够向主人清楚地显示，这种有闲或消费是属于主人的，由此增进的荣誉也是对主人生效的。这些人的消费和有闲所体现的是他们的主人或保护人的投资，目的是为主人或保护人增进荣誉。至于举行盛大宴会和广赠礼物，其意义是再明显也没有的，由于这类活动是在众目昭彰之下进行的，东道主或保护人可以由此立即博得荣誉。如果有闲和消费是由仆役和扈从们代理的，则荣誉之所以会加到主人身上，是由于他们就处于主人身旁，他们的有闲和消费从何而来，别人是可以一望而知的。后来在这种方式下博取荣誉的人群日渐扩大，这就需要用更加明显的手段来表明，通过有闲的执行而取得的成效是归之于何人的，于是制服、徽章等等逐渐风行起来。穿着制服或号衣含有很明显的依附意义，甚至可以说是实际或表面的奴役的标志。穿制服或号衣的大致可以分为两类——

自由的人和奴仆，或者是高贵的和低贱的。他们所执行的职务同样可以分为高贵的和低贱的两种。当然，在实际工作中看到的这种区别并非常常是划分得一清二楚的，卑贱职务中比较上等的和高贵职务中比较下等的，往往由同一个人执行。但一般的区别不应当因此就被忽视。使事态更加纠缠不清的一点是，以所完成的外表工作的性质为依据的所谓贵与贱之间的这种基本差别，会被光荣与耻辱的一种派生的区别所掩盖，后一区别所依据的是服务对象——任务是为这一对象完成的，号衣是为他穿上的——所处的等级地位。那些当然属于有闲阶级的本分业务在性质上是高贵的，例如行政、作战、打猎、武器及其配备的管理等等；总之，一切表面上具有掠夺性的业务都属于这一类。另一方面，凡是正式属于生产类的业务总是低贱的，例如手艺或其他生产劳动、仆役工作等等。但是纵然在性质上原来是低贱的工作，如果服务的对象属于极高等级，则这一贱役也会变成极光荣的任务，例如皇室宫女、侍奉皇后的女官、为国王掌马、饲犬的官吏等等的职务，都属于这一类。上面最后提到的两种职务，牵涉到了带些一般性意义的一个原则，这就是，这类低贱职务中凡是与作战、行猎等首要的有闲业务有直接联系的，同上述情况一样，很容易带上一种光荣性。这就很可能使原来在性质上属于低贱一类的，成为极其光荣的业务。

在和平生产的较后阶段，雇用一队无所事事的武装扈从这类风尚已渐渐衰歇。代理有闲原来是由一批佩着他们的保护人或主人的徽章的随从们来表现的，后来这种有闲的表现者缩减成为穿着制服的仆役。因此制服这件东西在更高程度上成了服役的标志，或者说得更恰当些成了屈从的标志。武装扈从的制服以前总是带有一些光荣性，现在制服成了仆役的专有标志，这种光荣性就不复存在。不得不穿上制服的人，几乎没有一个不对它感到憎恶。我们离开实际的奴隶制度为期还不远，对奴役的苦痛还十分敏感。有些企业机构为它们的职工特别规定了服式，作为专用制服，对这样的情况我们甚至也有反感。在这个国家里，这种嫌恶的心情竟发展到这样的地步，以致对于必须穿着制服的那些军事方面或民政方面的政府职务，也产生一种有损体面的感觉，虽然这种感觉是比较轻微、比较模糊的。

随着奴役制的消失，依附在任何一位绅士身边的那些代理消费者，总起来说，其人数已经渐渐减少；至于依靠他生活、为他执行代理有闲任务的那些人，情形当然也是这样，也许还更加显著。这两类人的情况虽然不是始终一致的，但在大体上是一致的。作为一个从属者，最初受托执行这类代理有闲任务的是妻子或正妻；由此可以想见，在制度的后期发展中，当依照惯例完成这类任务的人为数逐渐缩减时，最后留存的就是妻子。在社会的较高等级中，代理有闲和代理消费两类职务都是大量需要的；这里居于主妇地位的人，在工作中当然还有为数多少不等的一群仆役从旁协助。但是当我们对社会的不同等级自上而下地逐步观察时，就会看到这样的一级，在那里所有代理有闲和代理消费的任务，都集中于主妇一身。就属于西方文化的各国来说，这样的情况现在可以在下层中产阶级中看到。

这里出现了一种奇妙的反常现象。众所周知的一个事实是，在下层中产阶级中，处于家长地位的已经没有伪装有闲的余地。由于环境的逼迫，有闲已经废置不用。但是中产阶级主妇，为了家庭和家主的荣誉，仍然要从事代理有闲的业务。在任何现代工业社会自上而下的社会等级中，主要事实——家主的明显有闲——的消失点比较高；就是说，这一现象不一定在最低的社会等级中才不存在。中产阶级的家主，迫于环境，不得不退而依靠自己的双手谋生，他所从事的工作往往在很大程度上带有生产性，今天的一个普通商人所处的地位就是这样。但派生事实——由主妇表现的代理有闲和代理消费，以及由仆役们表现的辅助性的代理有闲——仍然是现在的时尚，出于对荣誉的追求，这样的习俗是不容忽视的。我们时常可以看到一个男子刻苦耐劳，尽力工作，为的是使他的妻子可以在适当的方式下，为他执行当时一般要求的那种程度上的代理有闲。

在这种情况下，由妻子执行的代理有闲，当然不是游手好闲、安坐而食的那种简单表现。这时看到的几乎百不失一的情况是，这位主妇总是在这样或那样的借口之下忙忙碌碌，她所不停地忙着的或者是某种方式下的工作，或者是家务，或者是社交活动；但试分析其内容，就可以看出，这些活动除了被用来表明她没有并且也无须从事于任何生利的或有实用的工作以外，很少或根本没有其他目的。在前面关于礼仪的一段里已经提过，所谓家庭的例行事务，消耗了中产阶级主妇的时间和精力的，大部分是属于这种性质。并不是说这位主妇照料家务时，在美观与整洁方面产生的效果，不合于对中产阶级礼仪训练有素的男子们的口味；而是说，通过美观与整洁的家庭布置的效果所要迎合的爱好，是在礼仪准则的淘汰性指导下形成的，而这一准则所要求的却正是这类精力浪费的证明。我们对一些效果之所以感到愉快，主要是由于我们所受到的锻炼告诉我们，这些效果是令人愉快的。在家务部署中，关于形式与色彩的如何恰当配合，以及应当归入真正审美一类的其他布置，往往使我们煞费苦心，而且无可否认，在部署中有时也的确获得了一些具有某种真正美术价值的效果。这里所要着重说明的一点是，关于这类生活享受上的布置，主妇的努力是在传统习惯的指导之下进行的，而形成这个传统的却是明显地浪费时间与物力这一定律。如果在部署上达到了美观或舒适的境地——如果确是这样的话，这也不过是在带些偶然的情况下实现的——那么这些成就也必然是靠与浪费精力那个伟大的经济定律相符合的一些手段和方法来取得的。中产阶级的家庭陈设中，那些比较堂皇、比较“见得人面的”部分，一方面是属于明显消费项下的一些品类，另一方面是用来证明主妇执行代理有闲的一些装置。

由主妇执行代理消费的要求，甚至在金钱尺度上已经低于可以容许代理有闲的要求存在的那一点时，它依然存在。这时关于礼仪上的整洁之类的浪费精力的任何虚设行动，即使有也已经很少看到，对表面上的有闲，肯定已不存在有意识的企图；然而礼俗仍然要求主妇，为了家庭和家长的荣誉，要明显地消费些财物。因此，作为一个由古老制度演变的后果，妻子在开头时，不论在事实上或理论上，都要为丈夫做苦工，她是丈夫的动产，是为他生产、供他消费的；现在则变成了为礼仪上的要求而执行消费的人，所消费的就是她丈夫所生产的。但在理论上她仍然明明白白地是她丈夫的动产；因为经常执行代理有闲和代理消费，是无自由的仆役的一个不变标志。

这种由中产阶级和下层阶级的家庭实行的代理消费，不能算是有闲阶级生活方式的直接表现，因为属于这类金钱等级的家庭已不在有闲阶级的范围以内。我们无妨这样说，有闲阶级的生活方式在这里获得了次一级的表现。就荣誉这一点说，有闲阶级在社会结构中是居于首位的；因此其生活方式，其价值标准，就成了社会中博得荣誉的准则。遵守这些标准，力求在若干程度上接近这些标准，就成了等级较低的一切阶级的义务。在现代文明社会中，社会各阶级之间的分界线已经变得越来越模糊，越来越不确定，在这样的情况下，上层阶级所树立的荣誉准则很少阻力地扩大了它的强制性的影响作用，通过社会结构一直贯串到最下阶层。结果是，每个阶层的成员总是把他们上一阶层流行的生活方式作为他们礼仪上的典型，并全力争取达到这个理想的标准。他们如果在这方面没有能获得成功，其声名与自尊心就不免受损，因此他们必须力求符合这个理想的标准，至少在外貌上要做到这一点。

在任何高度组织起来的工业社会，荣誉最后依据的基础总是金钱力量；而表现金钱力量从而获得或保持荣誉的手段是有闲和对财物的明显消费。因此，在等级上一直向下推，在任何等级中，只要有可能，这两种手段总是流行的；在较低阶层，两种任务大部分是托付给家庭中的妻子和儿女来执行的。家庭中居于家长地位的男子，在这方面也有所表现，事实上他一般也是这样做的。但是如果再推到更下一层，当其家庭处于贫困的水平，或者接近赤贫的水平时，男子，也许还有他的子女，实际上已经不再能为保持体面而消费贵重的物品，于是女子就成了这个家庭在金钱礼仪上的实际上的唯一代表者。社会上没有一个阶级——甚至极度贫困的也不例外——对惯常的明显消费会完全断念；除非处在直接需要的压迫之下，否则对于消费的这一范畴的最后一点一滴是不会放弃的。人们宁可忍受很大的痛苦与不安，而不肯在非万不得已的情况下放弃金钱礼仪上最后剩下的一些小零小碎或最后的门面装点。世上没有一个阶级，也没有一个国家，会那样卑怯地屈服在物质缺乏的压力之下，甘心让自己不获得对这种高一层的或精神上的要求的完全满足。

根据以上关于明显有闲与明显消费发展情况的观察看来，两者所以同样具有博取荣誉这个目的上的功用，是由于两者所共有的浪费这个因素。在前一情况下所浪费的是时间和精力，在后一情况下所浪费的是财物。两者都是表明拥有财富的方法，同时两者也习惯地被认为是合二而一的。在两者之间如何抉择，只是一个作自我表现时何者更为方便、有利的问题——除非在抉择时受到了出自另一来源的别的礼仪标准的影响。在经济发展的不同阶段，为了方便与有利，人们可以选择这种方法，也可以选择那种方法。问题是他们企图说服对方时，两个方法之中哪一个具有最有效的说服力量。在不同的环境下用不同的方法解答这个问题的是习惯。

只要社会的范围还很狭小，彼此相处关系还很紧密，任何事情大家都可以共见共闻，就是说，只要个人在荣誉方面必须使自己与之相适应的人类环境，还局限于他的相熟和邻里的闲谈那个范围以内，两个方法的效用就是一样的。因此在社会发展的初期，两个方法的有效性大致相同。但是在社会有了进一步的分化，不得不同更大的人类环境接触以后，消费就比有闲更加适宜于作为礼仪表现的通常手段。到了和平经济阶段的后期,情况更加是这样。交通的发达与人口的流动,使个人的接触面有了扩大,这时他所接触到的广大群众要推断他的声望和地位,除了以他在他们直接观察之下所能夸示的财物(也许还有仪态和礼貌)为依据外,已别无其他方法。

现代工业组织,还通过另一条路线,在这一方面发生作用。由于现代工业制度下的紧张情况,个人与个人或家族与家族往往会在漠然的情况下会面,但是除了会面以外,很少别的意义上的接触。机械地说来,跟我们接近的人,往往并不是我们的在社交意义上的邻居,甚至也不是我们的熟人;然而这些人的一时的好评,仍然是有高度功用的。一个人要使他日常生活中遇到的那些漠不关心的观察者,对他的金钱力量留下印象,唯一可行的办法是不断地显示他的支付能力。在现代社会,参加大的集会的机会比较多,这时某个人的日常生活如何,在场的别人是一无所知的,例如在教堂、剧院、舞厅、旅舍、公园、商店等等场所,就有这样的情况。为了使这些临时聚合的观察者得到一个生动印象,为了使自己在他们的观察之下能够保持一种自我满足的心情,必须把自己的金钱力量显露得明明白白,使人在顷刻之间就能一览无余。因此很清楚,现在的发展趋向是,人们重视明显消费的作用甚于明显有闲。

还有一点也是显而易见的:在个人之间的接触面最广、人口的流动性最大的社会,以消费作为博取荣誉的一个手段时,它的适用性最大,以这个手段作为礼仪中的一个因素时,对它的要求也最坚决。明显消费的支出在收入中所占的成分,城市人口比乡村人口为大,前者对这种消费的要求也比较迫切。结果是,为了装点门面，虚饰外表，而过前吃后空的日子，其习惯程度前者也高于后者。于是就发生了这样的情况，例如，大家晓得，美国的农民和他的妻子儿女同一个有同等收入的城市里的手艺人的家族比起来，前者的衣着就显然没有后者的入时，容态举止也没有后者斯文。这并不是说，城市里的人对于由明显消费而来的那种自我满足，生来就有特别热烈的需要；也不是说，乡村里的人对金钱礼仪就特别看得淡些。这只是因为，这类现象所引起的反应以及由此发生的一时的有效性，在城市比较明确。因此城市里的人使用这个方法比较积极，明显消费的正常标准也在你追我赶的竞赛中提得比较高，结果为了表现一定程度的金钱礼仪，城市里的人就需要在这方面作较大的支出。他们必须与这个较高的习惯标准相适应，这一点已经成了不容推诿的义务。这种礼仪标准是随着阶级的提高而提高的，礼仪外表上所要求的那些是必须做到的，否则就要失去身份。

以城市与乡村对比，明显消费在城市生活标准中是一个比较显著的因素。在乡村居民中，储蓄和家庭享乐的作用是在某种程度上代替了消费的作用的，通过邻居们的聊天而辗转传播，前一类活动就可以在一定程度上适应在博取金钱荣誉方面的一般目的。这类家庭享乐以及从中享有的有闲——如果有这种现象的话——当然大部分也应该算是明显消费项下的节目；储蓄的情况也差不多是这样。城市中的技工阶级储蓄的数额比较小，这无疑，部分是由于这一事实，即这些人所处的环境同住在小村子里靠务农度日的那些人不同，以储蓄作为宣传手段的有效程度，在前一环境下远不及后一环境。在后一环境下，每个人的家务，尤其是财产的厚薄，别人是心里雪亮的。城市里的技工和工人阶级的接触面比较广,受到外诱的机会比较多,这一点单就其本身来说,初看起来似乎影响不大,不致因此显著降低他们的储蓄量;但就其累积的作用来说,由于礼仪上支出标准的提高,它对储蓄倾向的抑制作用不能不说是十分有力的。

城市里的机械工人、手工业者以及属于下层中产阶级的一般居民,往往喜欢在公共场所饮酒、吸烟、作小东道,这已成为一时的风气;这就是一个适当例证,足以说明在荣誉准则下产生的结果。这里可以举印刷工人为例,上述形态下的显著消费在这类人中极为风行,有时还因此产生了一些很触目的后果,受到了世人的讥议。这类工人之所以会有这样一些习俗,大都认为是由于他们在道德上有某种缺陷,或者认为是由于职业上的原因,在某种难以确定的情况下对他们发生了影响。在印刷厂里从事日常工作的那些人,其一般情况可以概述如次。他们在任何印刷厂或任何城市获得的技能,在任何别的印刷厂或别的城市差不多都可以适用;就是说,由于专门训练而形成的惯性在这里是很微弱的。并且,这种工作需要在一般以上的智力和普通知识,因此各地区之间对他们工作的需求有了任何细小的涨落,他们大都比许多别的工人容易利用机会。因此由乡土观念造成的惰性也比较薄弱。这个行业的工资又比较高,因而他们由这一地区转移到别一地区,比较地轻而易举。结果是印刷工人的流动性很大,可能大于同样范围明确的、同样庞大的任何别的工人团体。这些人经常要同一些新的伙伴打交道,虽然跟他们的关系是短促的或暂时的,可是他们在这一时的好评仍然值得重视。人类喜欢虚饰外表的性格,再加上友好的感情,就使这些人在最适于这类需要的方面,不免任情花费。这里也同

在别处的情形一样，习惯不久就会成为风气，这种风气盛行以后，就跟已有的礼仪标准融合为一。下一步是以这个礼仪标准为出发点，从这里开始一个沿着同一方向前进的新的活动；因为仅仅死守着同业中人人认为当然应该达到的那个浪费标准而不能有所发展，是一无可取的。

由此可见，印刷工人胡花滥用的风气之所以比一般人更加普遍，至少一部分是由于在这个行业中迁调比较便利，与同伴的接触往来富于暂时性。但归根到底，他们对浪费行为之所以有这样的高度需要，无非是由于显示优势与符合金钱礼仪的性格倾向；这跟法国小农民的极度俭约与美国百万富翁的建立大学、医院和博物馆，其动机实际上并没有什么两样。但是在人类性格上还存有别的、与这方面的性质不同的特征；假使明显消费准则没有被这类性格特征大大抵消，则以城市中的技工和工人阶级所处的环境来说，不论他们的收入或工资怎样高，要他们从事任何储蓄，在逻辑上是不可能的。

除了财富与财富的表现以外，还有另一些荣誉标准和多少带些强制性的另一些行为准则，其中有些是对明显浪费这个广泛的、基本的准则有加强作用或限制作用的。以自我表现的有效性为依据作一简单考察，我们可以看到，有闲和财物的明显消费这两者在金钱竞赛中，起先应当是势均力敌的。以后随着经济的日益发展和社会范围的扩大，有闲也许会逐渐被废而不用，而财物的明显消费的绝对或相对的重要性则会日益增进，直到除了生活上真正必需的以外，一切可以利用的产物都被它所吸收。但发展的实际过程与这个理想的方案有点不同。在准和平文化阶段，有闲在最初是居于第一位的，不论作为财富的一个直接说明者或作为礼仪标准中的一个因素，它所占有的地位都远在财物的浪费性消费所占的地位之上。从那个时期以后，消费的势力逐渐增进，到现在它无疑已占据首位；不过距离上面说的除最低生活需要以外全部生产都被它所吸收的情况还很远。

以有闲作为博取荣誉的一个手段，其最初的占有优势是起源于工作有贵贱之别那种古老的看法。有闲之所以可贵，有闲之所以必不可少，部分是由于它表明了对贱役的绝无沾染。阶级有贵贱之别的古老的划分办法，其依据是工作有贵有贱的歧视性区别；在准和平阶段的初期，这种传统的区别发展成为有强制性的礼仪准则。这时以有闲作为财富的证明仍然有充分效用，其有效程度并不亚于消费，这就更加助长了它的优势。当人类的环境还比较狭小，情况还比较稳定，当个人还处于这样一个文化阶段时，有闲在轻视一切生产劳动这一传统的支持下，其有效性实际上竟这样显著，以致产生了一个很大的贫困的有闲阶级；而且在有闲观念的影响下，甚至产生了一种使社会的生产事业局限于适应最低生活需要的生产范围的倾向。这种生产事业受到极端抑制的局面之所以能终于避免，是由于奴隶的劳动，他们在比出于博取荣誉的要求更加严格的强制下进行工作，被迫生产出超过工人阶级生活需要最低限度的产品。利用明显有闲作为博取荣誉的基础，以后之所以会相对地衰落，部分是由于以消费作为财富的证明的有效程度有了相对的增长，部分是由于另外一种势力，这种势力与明显浪费的风气不同，在某种程度上甚至是跟它相对立的。

这个相反的因素就是作业本能。如果没有别的方面的阻力，

这一本能会使人重视生产效能，重视对人类有用的任何事物。它使人们反对物质的浪费或精力的浪费。人人都具有作业的本能，即使处于逆势环境，这一本能也依然存在。因此某一项支出，不管它在实际上怎样地具有浪费性，也至少总要找到些似是而非的托词，说出一种表面的目的。在特殊情况下，这个本能会转变成为对侵占和阶级贵贱之间的歧视性区别的爱好，其情况在前面一章里已经指出。作业本能与明显浪费准则发生抵触时，它的表现主要不是在于对实际效用的坚持，而是在于对那些显然无实用的事物始终感到憎嫌，感到丑恶。它在性质上既然是一种本能的爱好，因此它的指导作用，就会主要地、直接地对它的要求有显然的违背。但是这种感觉只是在反省以后才会发现，因此当对它的要求有了实际的违背时，它的反应比较迟钝，作为一种拘束力时，这种力量也比较薄弱。

只要一切劳苦工作全部或通常是由奴隶们来完成的，则生产劳动的卑劣性将在人们的心目中经常存在，使作业本能无法在生产事业的有实用这个方面认真发挥作用；但是当以奴隶与身份制为特征的准和平阶段转变到以工资劳动与现金支付为特征的和平阶段时，这个本能逐渐抬头了。这时在它的积极作用下逐渐形成了人们关于何者为有价值的观点，至少它成了自我满足的一个辅助准则。一切无关的考虑这里且搁开；有些人（成年人）或者全无打算，不想在任何方面有所成就，或者对于与人生实用有关的任何事物全不介意，像这样的人毕竟是极个别的。作业本能的倾向，也可能在很大程度上被向往光荣的有闲和避免粗鄙的劳动这些具有更加直接的拘束力的动机所掩盖，因此只能在一种伪装的形态下出现；例如“社交义务”，半艺术性或半学术性的研究，住宅的经营与装饰，妇女义务缝纫或服装改良方面的活动，考究穿着，玩纸牌、划船、打高尔夫球以及其他种种娱乐的精通等等，都是这类表现。但是在环境压迫下从事这类无意义的活动，并不等于作业本能已不复存在，正如让母鸡伏在一窝瓷制的蛋上，并不等于说这只母鸡这时已经丧失了孵卵的本能一样。

现代有闲阶级从事某种活动，往往在表面上并非一无目的，同时它对于不论与个人利益还是集体利益有关的任何生产行为则竭力避免，这就是现代有闲阶级与准和平阶段的有闲阶级的不同之处。上面说过，在较早时期，占压倒优势的奴隶制和身份制，除以掠夺为目的者外，对于其他任何方式的努力一概加以排斥。那时还有可能以武力侵略敌对部落和在自己部落内对奴隶阶级进行镇压作为日常工作；这就使有闲阶级的活动力有了出路，而不必用之于实际上有用或者甚至表面上有用的任何工作。狩猎活动在若干程度上也起着同样作用。当社会发展到和平的生产阶段以后，土地受到了进一步的充分利用，行猎的机会大大减少，只剩下了一点残迹，于是过剩的精力要从事有目的的活动，就不得不另找出路。这时强迫劳动已不复存在，对生产劳动的耻辱感已经没有以前那样敏锐，于是作业本能就逐渐抬头，有了进一步坚定和有力的表现。

关于哪一条是有闲阶级最适当的路线，这一点曾经发生若干变化。精力的发泄，以前是以掠夺活动为主，现在部分转向到了表面上有用的活动。那种显然无目的、无意义的有闲已渐渐受到轻视，尤其是平民出身的广大的有闲阶级，对于那种安闲度日、悠然自适的传统作风是格格不入的。但是对任何带有生产劳动性质的工作一概加以鄙视的那个荣誉准则依然存在；这一准则对于有实用的或有生产性的任何工作，除偶尔作片刻的尝试以外，是不容许沾染的。结果是有闲阶级执行的有闲发生了变化；但变化的主要是形式而不是实质。上述有关有闲的两种要求相互间存在着矛盾，这种矛盾是靠了掩饰和作伪获得调和的。于是兴起了种种繁交缛礼和礼仪上的社交义务，出现了许多组织，它们的名称总是富丽堂皇，就其名称来看，总是以在某些方面有所改进或改良为目的的。人们忙忙碌碌，此来彼往，谈得非常热烈，到头来他们自己可能根本就不曾考虑到，所谈的内容究竟有些什么实际的经济价值。同这类像煞有介事的活动密切交织在一起的，虽然不能说一定，但通常总有个一本正经的目的，作为活动的相当显著的内容和努力的方向。

在代理有闲这个范围较窄的领域内，也发生了同样的变化。作为一个主妇，在族长制全盛时代是逍遥坐食，一无所事，以此来度过时光的，到了和平阶段的后期，就得忙于家务操作了；关于这方面的演变的一些显著特征，上面已经提到。

在明显消费的整个演变过程中，不论从财物、劳务或人类生活方面来看，其间一个显著存在的含义是，为了有效地增进消费者的荣誉，就必须从事于奢侈的、非必要的事物的消费。要博取好名声，就不能免于浪费。仅仅从事于生活必需方面的消费是一无可取之处的，除非是同那些连衣食都不周的赤贫者作对比，不过在这样的对比中涉及的只是极无聊、极不够味的一种礼仪水平，谈不到什么消费标准。但是就生活标准来说，除富力以外，还有可能在别的方面，例如在道德、体格、智力、审美力等等方面的表现，作歧视性对比。这些方面的对比现在都很通行，而且它们往往跟金钱的对比结合得这样密切，以致与后者很难辨别。时下就智力和审美力或美术的精通程度这些方面的表现进行评比时，情况尤其是这样，因此往往会将实际只是金钱上的那种差别，理解为智力或审美力上的差别。

使用“浪费”这个字眼时，从某一方面看来，含义是不大高妙的。在日常谈话中使用这个字眼，是含有贬损或轻视之意的。这里所以使用这个字眼，只是由于没有更好的词来适当地形容同一范围内的一些动机和现象，并不含有那种对人力或物力作不正当消费的憎恶或丑化的意义。从经济理论的立场来看，上述消费与任何其他消费比起来，在正当程度上并没有什么高下之别。这里之所以称作“浪费”，是因为这种消费从整体说来，并无益于人类生活或人类幸福，而不是因为从实行这种消费的各个消费者的立场说来这是浪费或精力的误用。就各个消费者说来，如果他愿意这样消费，这种消费与其他可能不会受到浪费的非难的那类形式的消费相比时对他的相对效用问题就算解决了。不论消费者所选择的是哪一形式的消费，也不论他作出选择时所追求的目的何在，由于他的偏爱，那种消费对他就有了效用。从各个消费者的观点来看，在纯经济理论范围内是不会发生浪费问题的。因此这里使用“浪费”作为一个术语，并不含有贬责消费者的动机，或他在明显浪费准则下所追求的目的之意。

但值得注意的是，在别的依据下，在日常生活用语中，“浪费”

这个字眼是含有贬责浪费这一特性的意义的。这一常识意义本身所体现的就是作业本能的一种暴露。这种一般性的对浪费的憎恶说明,一个寻常的人为了求得自己心地的安宁,就有了一种要求,要求能够从一切的人类努力和人类享受中看到整个人类生活与福利的提高。任何经济事实,如果要取得绝对的认可,就必须经得起考验,证明它具有非个人性质的效用,就是说,从全人类的立场来看,它是有效用的。一个个人与别一个人对比下的相对利益或竞争利益,是不能满足经济的道德心的,因此竞争消费是得不到这种道德心的认可的。

严格地说,除了基于歧视性的金钱上的对比所作出的消费之外,别的消费都不应当列入明显浪费范围。但是我们将任何某一项目或因素列入这一范围,并不一定要由执行这项消费者本人承认这是上述意义下的浪费。时常会遇到这样的情况,生活标准下的某一因素,在开始时根本是属于浪费性的,而结果在消费者的理解下却变成了生活必需品,其必要程度可能并不亚于消费者的习惯支出中的任何别的项目。有些支出项目有时就是属于这一类的,可以用来作为这一原则适用情况的说明,举例说,如地毯与挂毡、银制餐具、服务员的侍应、大礼帽、硬领、各种贵重饰物和服装等等。这类事物的使用习惯一旦形成就具有了必要性,这种必要性对这类事物的是否列入浪费(按照这个字的学术意义来说)范围,实在并没有多大关系。要确定某一消费是不是属于这里所说的浪费范围,关键问题是在于它是否直接有助于整个人类生活的提高,是否在非个人性质的意义下,有助于生活过程的推进。因为这一点是在作业本能下作出判定的基础;而这个本能乃是有关经

济真理或经济适性的任何问题的最高法院。这是关系到由冷静的常识来作出判断的一个问题。因此问题不是在于在个人习惯与社会风尚的现有环境下，某一项消费是否有助于某一消费者的满足或其内心的安宁，而是在于，除了已有的爱好，除了习惯与传统礼仪的准则以外，其结果对生活的享受或充实是否真正有利。尽管是一种惯常的消费，如果它所依据的习惯是起源于歧视性的、金钱上的对比，如果没有金钱荣誉原则或相对的经济成就的支援，就不会形成这样的习惯的话，那么这种惯常的消费就必须列入浪费范围。

这是显而易见的，当我们将某一消费事物列入明显浪费范畴时，这一事物并不一定是绝对属于浪费性的。同一事物，其性质可能是既有用也浪费的，对消费者所发生的效用，可能是在实用与浪费两者的多种变化的比率下组成的。在消费品、甚至生产品效用的构成中，这两种成分往往是结合在一起的；虽然，一般地说，在消费品中占优势的总是浪费成分，而供作生产用的商品则情况相反。有些物品，即使初看起来好像是徒供观瞻、全无实用的，也总可以在其中找到某些至少是表面的实用目的。另一方面，即使是专为某种工业操作制造的机器或工具，以及供人们在生产中使用的极粗陋的用具，在细察之下，也往往可以找到些明显浪费的痕迹。如果看到任何商品或劳务的根本目的和主要成分是明显浪费——不管这一点是怎样显而易见——，就断定它绝对不存在任何实用性，这总是危险的；另一方面，对于任何基本上属于实用的产物，如果贸然断定浪费因素同它的价值毫无直接或间接关系，那也是危险的，不过危险性稍差而已。

第五章　金钱的生活水准

任何现代社会中的大部分人之所以要在消费上超过物质享受所需要的程度，其近因与其说是有意在外表的消费上争雄斗富，不如说是出于一种愿望——想在所消费的财物的数量与等级方面达到习惯的礼仪标准。指导着这个愿望的并不是一个严格不变的标准，并不是说一定要达到这个死板的限度，超过了这一点就别无更进一步的动机。标准是有伸缩性的；尤其是如果金钱力量有了任何增长，只要有足够时间使人得以习惯于这种增势，使人在随此增势而来的新的、规模更大的消费中获得了便利，标准是可以无限制提高的。由俭入奢易，由奢入俭难；要从已经达到的消费标准后退，这件事比较为了要适应财富增加而改变已习惯的消费标准不知要困难多少。有许多惯常的支出，经分析以后证明差不多是纯粹浪费性的，因此也就是纯粹荣誉性的，但是一旦纳入了礼仪消费标准，成为生活方式中一个必要的组成部分以后，要中止这类消费，那就要感到莫大困难，其困难程度正不亚于放弃直接有助于物质享受的那类消费，甚至不亚于放弃对生活与健康十分必要的消费。这就是说，那些提供精神福利的显然是浪费的荣誉性支出，跟许多适应物质福利或仅仅维持生活的“下一层”需要的支出比起来，可能有更大的必要性。大家都晓得，要从一个“高的”生活水准

退下来，其困难正不亚于从一个已经比较低的水准再降低一步；虽然在前一情况下所涉及的是精神上的困难，而后者可能要牵涉到物质享受方面的实际削减。

在明显消费方面后退是困难的，而要作新的进展却比较容易，实际上后者的出现几乎是自然而然的。偶然也会发生这样的情况，增进明显消费的条件已经具备，而事实上却无所增进，这在一般理解下是反常而需要加以解释的，有了这样的缺点的人，也难免被人指责为寒酸、小气。反之，经济情况有了好转而对刺激反应迅速，则被一般人认为是正常现象。这就是说，通常促使我们努力争取的消费标准，并不是那个已经达到的、平淡无奇的支出规模，而是刚巧为我们力所不及的，或者是需要加一把劲才能达到的理想境地。这里的动机是竞赛，是一种歧视性对比下的刺激力，它促使我们努力赶到我们惯于把自己列入其同级的那些人的前面去。在日常谈话中往往有这样的说法，每个阶级所羡慕的、所要争取列入的总是刚好比它高一级的那个阶级，至于比它低的或远在它之上的那些阶级，一般都是置之度外，不作较量的；这里所阐述的实际上就是这一论点。这就是说，决定我们在消费上的礼仪标准的，同在别的目的上的竞赛一样，是在荣誉上高于我们一等的那些人的习惯。在这样逐级上推的情况下，尤其是在阶级差别不十分明显的社会里，一切荣誉和礼仪方面的准则以及一切消费标准所依据的习尚和思想习惯，都可以通过带几分含糊的分等分级，逐级追溯上去，一直追溯到社会地位最高、财力最雄厚的阶级——富裕的有闲阶级——的习尚和思想习惯。

怎样才算是正派的、光荣的生活方式，这一点大体上是要由这

个最高阶级来决定的；这个社会改进方案，在最高的、理想的形式下是怎样的，通过教导和示范来说明这一点，是这个阶级的任务。而较高级的有闲阶级，只有在一定的物质限制之下，才能行使这种准祭司式的职权。它对于这类礼仪上的任何要求，不能随心所欲地使大众的思想习惯来一个突然的改变或逆转。要使任何改革深入群众，要改变他们的思想习惯，是需要时间的；要使在社会地位上离开这个发光体比较远的那些阶级改变习惯，就需要更多的时间。人口的流动性越小，各阶级之间间隔越远，差异越明确，则进度越慢。但是如果假以时日，那么关于社会的生活方式上的形态和细节等问题，这个阶级的自由裁决力是大的；不过对于关系到荣誉的重大原则，它所能实现的改革，只是限于可容许的狭小的差度之内。它作出的一些榜样和警戒是有威力的，这种威力一直贯串到在它下面的一切阶级；但是当它拟定教条，作为博取荣誉的方式方法，传给下面各阶级、从而构成各阶级的风俗习惯和精神态度时，这种威力是一直在明显浪费准则的淘汰性指导之下发生作用的，同时又受到作业本能的不同程度的调节。在明显浪费和作业本能这两个规范以外，还有一个属于人类性格的重大要素——掠夺意志。就其普遍程度和心理内容来说，它位于上述两个规范之间。至于这一要素怎样影响到众所公认的生活方式的构成这一点，随后再讨论。

由此可见，荣誉准则对某一阶级的生活方式要有所规定或限制，就必须同那个阶级的经济环境、传统习惯和精神上的成熟程度相适应。这里应格外注意的是，某一礼仪上的习俗，在开始时不论具有怎样高的权威，也不论它怎样切合荣誉的基本要求，如果随着

时间的推移，或者是在其势力下推到较低的金钱阶级的过程中，发现它与文明民族礼仪上的根本依据——即在金钱的成就方面作歧视性对比这个目的上的适用性——相背驰，它就绝不能持续存在。

显然，这些消费准则，对于任何社会或任何阶级的生活水准的决定，是具有很大关系的。反过来，同样明显的是，任何时期或任何一个社会中通行的生活水准，对于荣誉消费将采取什么形式以及这一“高一层的”需求将在什么程度上支配人们的消费这些方面，也有很大的关系。就这一点来说，已有的生活水准所发挥的控制作用主要是消极的；它的作用几乎完全在于，阻止已经习惯的明显消费标准再向后退。

所谓生活水准，本质上是一种习惯。它是对某些刺激发生反应时一种习以为常的标准和方式。从一个已经习以为常的水准退却时的困难，是打破一个已经形成的习惯时的困难。水准有所提高比较地轻便自如，这一点说明生活过程是一个活动力开展的过程，不论何时何地，只要自我表现所受到的阻力有了减退，活动力就会毫不犹豫地向新的方向开展。但是沿着这一个阻力低的路线进行的表现习惯一经确立，即使环境发生了变化，外界的阻力显然有了增长，它仍将向它惯常的出路寻求发泄机会。那种被称为习惯的、沿着某一方向的表现变得更为轻快自如时，它就可以大大抵消客观环境对沿着这一方向的生活开展的阻力的增长。个人的生活水准是由种种不同的习惯或表现的习惯方式和习惯方向构成的，它们彼此之间关于在逆势环境下的坚强不屈程度，关于在某一方向下寻求发泄机会的迫切程度，是大有高下之别的。

用现代经济理论的术语来说，这就是，人们总是不愿意削减任何方面的支出,但对于某些方面的削减,其为难情况比其他方面更甚;因此对于任何惯常的消费虽然总是在勉强的情况下放弃的,但其中总有某些方面的消费格外不愿意放弃,纵容或放弃也是极度勉强的。在各种消费品或消费方式中,消费者抓得最牢的,通常是所谓生活必需品或最低限度生活资料。所谓最低限度生活资料,当然不是在质和量上都固定不变的、一宗有严格限度的商品定额;这里为了讨论的方便,不妨假定,为了维持生活,所需要的是一个相当固定的消费总量。万一消费必须不断缩减,可以说,这个最低限度通常总是最后才放弃的。这就是说,在通常情况下,支配着个人生活的那类历史最悠久、最根深蒂固的习惯——关系到他作为一个有机体的生存的习惯——是最顽固、量难避免的。此外还有更高一层的需要,是个人或民族随后形成的习惯,这些习惯的形态比较不规则,也没有一定的在缓急程度上的高低可说。这类高一层的需要当中有一部分,例如某类刺激品的习惯使用、超度灵魂的愿望、博取荣誉的盼切等等,有时候其地位还可能居于低一层或更加带有基本性的要求之上。一般说来,习惯形成愈久,愈不容易打破;与生活过程中原有的习惯形态配合得越密切,这种习惯的顽固性就越强。一种习惯,如果对于跟它的活动有关的或在活动中已经发挥作用的那些人类性格上的特征或倾向,已经在生活过程中有了广泛、深刻的影响,或者是已经与民族的生活历史密切结合,这种习惯就更加巩固,更加有力。

各色各样的人有各色各样的习惯,养成这些习惯的难易程度彼此不同,放弃它们的难易程度也彼此不同;这一点说明,各种习惯的养成,并不单是一个经过时间长短的问题。决定支配着任何个人的生活方式的究竟是哪一类习惯的,不仅是习惯养成的时间的长短,而且同样重要的是性格上的遗传特征。在任何社会里,在其遗传特征中普遍存在的性格类型,或者换句话说,在其种族中占优势的性格类型,在决定社会在日常生活过程中表现的范围和方式上具有很大的力量。出于遗传的性格特征,会怎样迅速地、明确地影响到个人习惯的构成,可以举例来说明。例如有些人有极端严重的饮酒无度的习惯,这种习惯的养成,有时候是极其容易的。又如,有些人在宗教信仰上有天赋的特性,因此这种习惯的养成,对这部分人来说,同样是极其容易的,也是无可避免的。有些人格外容易习惯于所谓浪漫的恋爱的那种人类环境,这一点也具有与上面的例子大致相类的意义。

各人的禀赋不同,因此各人的生命活动力向某些方向开展的难易程度也彼此不同。有些习惯与人们的特有禀赋或比较强烈的性格特征或比较容易表现的方向是一致的,因而它们同人们的幸福有重大关系。构成生活水准的某些习惯是有相当韧性的,而确定这种韧性的是上述遗传特性的作用;这一点说明,人们放弃有关明显消费的任何支出为什么会感到极度为难。作为这类习惯的依据的一些特性或性格特征是含有竞赛因素的;而这类竞赛性的、也就是含有歧视性对比作用的倾向,是自古以来就存在的,是人类性格的普遍特征。这种性格特征很容易在任何新形态下有力地活跃起来;而且在任何新形态下一经找到了惯常表现的机会,就极其有力地扎下了根。当一个人已经养成了在某一类型的荣誉消费中寻求表现的习惯,当某一类型或某一方向下的活动,在这些活跃的、影响深远的竞赛倾向的支配之下,对某一类刺激力量已经惯于作出反应，这时要他放弃这类习惯，他是会极端不愿意的。另一方面，不论什么时候，如果财力有了增长，使个人能够向更大的规模和更大的范围开展他的活动过程，则民族中的那些历史悠久的性格倾向将发挥作用，将从中决定生活应当向哪个方向开展。有些性格倾向，在某种有关的表现形态的领域中原来已经很活跃，并且得到了现时的、公认的生活方式所明白表示的意向上的协助，而使之得以实现的物质资料和机会又都是现成的——这样一类性格倾向，当个人的综合力量有了新的增长而急于表现时，在形成其表现的形态与方向方面，有着格外重大的作用。具体地说，在任何社会，如果明显消费是生活方式中的一个因素，当个人的支付能力有所增长时，这种增长所采取的形式，势必是属于某种公认的明显消费形式。

除了自卫本能以外，竞赛倾向大概是纯经济动机中最强烈的，而且是最活跃、最持久的。在工业社会里，这种竞赛倾向表现在金钱上的竞赛上；就现代西方文明社会而言，实际上这等于是说它表现在明显浪费的某种形态上。因此当现代社会的生产效能或商品产量，除供应最基本的物质需要以外还有剩余时，明显浪费方面的需要是随时准备吸收这个余额的。在现代情况下，这样的结果假使没有发生，那么之所以会出现这种矛盾，通常的原因总是在于个人财富增进的速度过高，消费的习惯没有能赶上；或者是由于这些人愿意把明显消费方面的增进推迟一步，至于为什么要这样做，一般总是由于要储备力量，提高作出总的支出时的炫耀效果。当生产效能提高，可以用较少的劳动取得同样的生活资料时，社会中那些勤劳的成员所全力以赴的总是要在明显消费方面获得更高的成效，而不是松下劲来，把前进的步子放慢。当提高了的生产效能使生产上的紧张有了缓和的可能时，事实上并没有缓和下来，只是把生产的增量用来适应明显消费方面的需要，这种需要是可以无限扩大的，按照经济理论上的一般说法，这是属于高一层的或精神上的需要。詹姆斯·穆勒说得好，"所有已有的机械发明，是否已经减轻了人类的辛勤劳动，迄今为止还是个疑问。"他所以能这样说，主要就是由于在生活水准中存在着这样一个因素。

某个人的生活水准应当是怎样的，这一点大部分决定于他所隶属的那个社会或那个阶级所公认的消费水准。所以会这样，直接原因是他时刻要注意到这个水准，习惯成自然，这个水准已与他的生活方式合而为一，因此使他有了深刻印象，认为执行这个消费水准是对的、好的；间接原因是公众方面的坚决态度——遵守公认的消费水准是一个礼仪上的问题，因此不遵守这个水准是要受到轻视、受到排斥的。接受并执行社会上通行的生活水准是既愉快又适宜的一件事，为了个人享受，为了生活舒畅，是非做到不可的。任何阶级的生活水准，就明显浪费这一因素来说，一般总是高到尽其收益力所能及的程度的，不仅如此，它还一直倾向于进一步提高。其对人们的活动发生的影响是，导使他们倾其全力，在专一的目的下从事于猎取尽可能多的财富，对于没有金钱利得的工作则一概拒绝。对消费的影响是，使消费集中于某类事物，这类事物对于要博得其好评的那些观察者说来，是最明显、最容易看到的；至于不涉及时间方面与物质方面的荣誉性消费的那类性格特征，则由于弃而不用，已渐就湮没。

这种对于可见的消费这方面的偏重所造成的结果是，多数阶

级的成员的家庭内部生活,同他们在大众面前公开的那部分生活比起来,前者多比较简陋,后者多比较奢华。另一个相因而生的结果是,人们往往把自己的私生活隐蔽起来,不让外人窥见。就可以私下进行而不至于受到指摘的那部分消费来说,他们的生活是与左近的人完全隔绝的。因此在多数工业发达的社会里,人们的家庭生活是处于不公开状态的;也因此,出于比较深远的渊源,那种对自己的私生活讳莫如深的习惯,已经成为一切社会中上层阶级的礼仪上的一个显著特征。那些对荣誉性消费要求格外迫切的阶级,其人口出生率都很低,这也未尝不是起源于以明显浪费作为生活水准的基础这一点的不容忽视。生下了一个孩子,要在很体面的方式下扶养他,由此涉及的明显消费、也就是由此增出的开支是很可观的,这就造成了生育上的一个强大阻力。谈到马尔萨斯的限制人口主张,这也许是最有实效的一点。

上面谈到生活水准中荣誉消费这一因素在两个方面发生的后果,一方面是物质生活与物质享受的比较暗藏的部分支出的紧缩,还有一方面是生育的节制;以这两点而言,表现得最突出的似乎是从事于学术研究工作的那些阶级。一般都认为他们的特点是具有高人一等的天赋与稀有的造诣,因此总是习惯地把他们列入高于按照其金钱力量所应列入的那个社会等级。在这种情况下,他们的礼仪的消费水准就提到了与上述看法相应的高度,结果留下来可供生活上其他方面使用的剩余部分就异常狭小。出于环境的压力,他们自己对礼仪消费怎样才算是恰当的、算是适合身份的这个方面的习惯看法,以及社会在这个方面对他们的瞩望,在水准上都是非常之高的;以他们的富裕程度和收益力来计量,与名义上社会地位同他们相等的那些非学术阶级对照，这个水准肯定是过高的。在任何现代社会，如果学术研究工作不是像教士那样成为一种独占性职业的话，从事这类研究工作的人，就难免要同财力在他们之上的一些阶级相接触。这些在财力上占上风的阶级所通行的高度的金钱礼仪水准，不断地渗入学者阶级，而且渗入以后，其严格程度几乎一点也没有减轻；结果使这类学者阶级的明显浪费方面的支出在其资力中占到了较大的比率，其比率之大是再没有别的阶级比得上的。

第六章　金钱的爱好准则

上面曾一再说明，虽然消费的约束性规范大部分是出于明显浪费的要求，但绝不可认为消费行为所依据的动机，在任何情况下必然是毫无掩饰的单纯形态下的这一原则。在通常情况下，消费者的动机不外是一种愿望，他所希望的是与已有的习俗相一致，避免受人白眼或引起指摘，在所消费的物品的品种、数量与等级方面，在时间与精力的使用方面，要能与公认的礼仪准则相适应。在一般情况下，在消费者的动机中，这种力求符合习尚的观念是存在的，尤其是在众目昭彰之下进行消费时，这种观念简直是具有直接拘束力的。有些消费事物是不大会被外人注意到的，如内衣、零件、某些食品、厨房用具以及别的一些供实用而不是作陈设之用的家具等等；但即使在这类消费中，也往往可以看到相当显著的从俗性的浪费因素。我们如果仔细考察这类物品，就可以看出，其中足以增加其成本从而提高其商业价值的某些特征，并没有相应地提高其适用性，而原来在表面上的目的是专门供实用的。

在明显浪费定律的淘汰性监视之下，产生了一种公认的消费准则，它的作用是使消费者在对物品的消费上，在时间与精力的使用上，能够保持高价与浪费的一定标准。这种传统习俗的发展对经济生活有直接影响，对于行为的其他方面也有间接的、远一层的

影响。有关生活表现的任何一个方面的思想习惯,是必然要影响到生活的其他方面的是非和善恶的习惯看法的。在构成个人意识生活内容的那个思想习惯的有机复合体内,经济利益并不是孤立的,并不是与其他利益分得清清楚楚的;比如它与荣誉准则的关系,上面已经提到了一些。

在生活中,在对物品的消费行为中,哪些是正派的,光荣的,指导这方面思想习惯的形成的是明显浪费原则。在这样的指导过程中,这一原则势必侵犯到别的一些行为的规范,而这类规范与金钱荣誉准则却根本没有什么关系,它们只是直接地或附带地具有某些经济意义。因此,荣誉浪费的准则对责任观念、审美观念、效用观念、宗教或教仪配合方面的观念以及科学真理观念,都会发生直接或间接的影响。

荣誉消费准则与道德行为准则往往是互不相容的,关于这方面的一些特点或特殊情况,这里实在没有什么深入讨论的必要。那些以维风励俗为己任,看到了任何离经叛道的情况就要从旁劝告、指责的人,对这方面的问题早已给予充分注意,并作了充分阐述。在现代社会,如果其社会生活的主要的经济与法律上的特征是私有财产制,则财产的神圣不可侵犯,就成为道德规范的显著特征之一。这个私有财产不可侵犯的习惯,实际上已经受到了另一习惯——即为了以明显消费博取荣誉而追求财富的习惯——的蹂躏;要获得人们对这一论点的认可,是无须反复申论或仔细解释的。多数对财产的侵犯,特别是那些大规模的侵犯,就属于这一类。由于侵犯的结果,侵犯者获得了大宗财产,如果单以纯道德规范为依据,他的这种侵犯行为是应当受到严厉惩罚或谴责的,但通常情况却并不是这样，这也已经是一个众所周知的事实。犯了这样的罪行，获得了大宗财富的这个窃贼或骗子手，他的运气比那些小偷好，一般都可以幸逃法网；而且通过增加的财富，通过他对这项财富的大大方方的花费，还可以博得好名声。当他消费他的不义之财时，态度上的雍容大雅是极其容易博得在礼仪上修养有素的人们的同情和钦佩的，这就大大减轻了出自道德观点的对他的鄙视感。值得注意的另外一点——同我们所讨论的问题有更直接的关系的一点是，如果一个人对财产的侵犯行为，其动机是为了要使他的妻子和儿女能够过“礼仪上过得去的”生活，是为了要供应在这方面所需的手段，那就很容易获得我们大家的谅解；如果再加上做妻子的是“从小就习于奢华生活的”，其罪行就更容易掩饰过去。这就是说，如果侵犯行为的目的是在于，使他的妻子得以代其执行金钱礼仪标准所要求的、那一定量的时间上与物质上的代理消费，我们就会很容易宽恕这种侵犯行为。就这一情况来说，对于在惯常程度上的明显浪费这一习惯的认可，是冲淡了反对侵犯所有权的习惯的；这一点有时候甚至会发展到这样的程度，以致对某一侵犯财产的行为究竟为功为罪，竟难以肯定。当侵犯行为含有很显著的掠夺或盗窃成分时，情况尤其是这样。

关于这一论题，这里无须再深究下去；但不妨再说明一点，所有环绕着所有权不可侵犯这一概念的一大堆道德观念，其本身就是传统地歌颂财富这一现象的心理上的沉淀物。还应当认清，这种被认为神圣不可侵犯的财富之所以获得重视，根本就是由于要通过对它的明显消费来博取荣誉。

关于金钱的礼俗与科学精神或学术研究方面的关系，将在另一章作比较详细的探讨。至于关系到金钱礼俗的宗教或正确教会仪式这些方面的观念,也将在另一章里附带论及,这里也无须深究。然而这种荣誉性消费的习惯,对于宗教事物怎样才算正确、才算有价值这些方面的一般爱好的形成有很大的关系,因此明显浪费原则对一般宗教信仰的某些方面的作用,这里仍然值得一提。

显然,有很大一个部分所谓宗教信仰上的消费,例如宗教建筑物、教士法衣以及属于这一类的其他事物的消费,是可以用明显浪费这个准则来说明的。即使在近代,对于神的崇奉,已经比较不重形式而偏重精神上的虔诚,但是在这方面的建筑物以及其他应用道具,也大都刻意修饰,力求精美,其间含有很大的浪费支出成分。庄严华丽的教堂,会引起一个信徒怎样的陶醉心情和出世之感,这一点是稍作外表观察和内心反省——两者都可以适用——就可以体会得到的。反过来说,如果在神圣的所在看到了任何贫寒、简陋或龌龊的迹象,则身临其境者将感到怎样难堪,也就不难想象。任何宗教信仰上的用品,在金钱代价上应当无所吝惜,在这一点上应当使人无可指摘;这类用品在美感或适用性方面尽可以容许有所出入,而上述要求是不能违背的。

值得注意的另外一点是,在任何社会,特别是在住宅方面的金钱礼仪标准还不很高的地区,当地教堂比一般信徒所住的屋子,在华丽程度上,在建筑和装饰的明显浪费程度上,总要高出一筹。一切教派,不论是基督教或非基督教,情况几乎都是这样,尤其是那些历史比较悠久的、比较成熟的教派,这方面的情况更加突出。可是教堂方面对于信徒们的个人享受,一般简直是不加考虑的。的确,以教堂的富丽与一般信徒住宅的简陋对照起来看,不但前者对后者的物质福利极少贡献，而且大家都有这样一种看法——按照真美善的正确而开明的观念，教堂的一切支出，凡是可能有助于信徒们的享受的，都应当明确避免。在教堂的布置或陈设中，如果含有任何供世人享受的成分，也至少应当在庄严的外貌下，小心翼翼地加以掩蔽或伪装。近代的一些最负盛名的教堂建筑，总是力求壮观，费用多少在所不计，然而对外表庄严这一原则竟贯彻到这样的程度，简直使那里的一些设备成了抑制肉欲的工具，特别在外表上看来是这样。那些对宗教上的消费抱有高超见解的人，看到这种由庄严性的浪费所造成的苦恼，很少不加以衷心赞许，很少不认为这才是真正尽善尽美的。宗教信仰上的消费本质上是一种代理性消费。宗教上的消费以庄严为前提这一准则所依据的是，由明显浪费而来的金钱的荣誉；作为这一准则的后援的是，代理消费不应当显然有助于代理消费者的享受这一原则。

一切圣所——教堂、庙宇等等——都是为神而设的。但是有些教派设置圣所时，并不以为神是实际在场亲自享用那些为他而设的奢华设备的；在这样的情况下，这类圣所及其附属物就不免要在奢华的气氛中含有若干重庄严而不重物质享受的成分。有些教派，对圣所设备的性质在这一点上的看法略有不同，在它们的想象中，神的生活习惯比较进一步地近似于尘世中族长制下的统治者的生活习惯，在这样的情况下，它们认为神是要亲自享用为他而设的消费品的，因此这些圣所及其附属物的部署，在式样上就比较地近似于供尘世中的主子或物主在明显消费方面使用的事物。否则，如果把宗教上的设备看作只是在敬神的仪式上使用的，就是说，是由神的仆人代他执行消费的，那么这类设备就具有了专供代理消费使用的一类事物的性质。

在上述后一情况下，圣所及其附属物的设置，其意并不是在于增进代理消费者的享受或生活上的丰富多彩，或者至少不应造成这样一种印象，以为就这类设备而言，消费的目的是在于消费者的享受。因为代理消费的目的并不是在于提高消费者本人的生活的丰富程度，而是在于提高为之执行消费的那位主人的金钱荣誉。因此，大家晓得，教士们的法衣总是代价很高、非常华丽的，而穿着却并不舒服。有些教派并不认为为神服役的那类人是以神的伙伴的资格来服役的，这些人的服装总是但求庄严而不顾到舒适与便利，而一般都觉得是应当这样的。

在宗教上的礼仪消费标准的建立过程中，浪费原则所侵入的，还不只是有关教会仪式上的适用性这类准则的领域；它还影响到了手段和方法，它牵涉到了代理消费，也牵涉到了代理有闲。作为一个教士的最高风度是有闲，超然物外，一切都看得很淡，对于尘世欢乐应当是一无沾染、六根清净的。当然，随着教派的不同，这些要求的宽严也不同，但是在信仰神人同形同性说的一切教派的教士或僧侣的生活中，时间上的代理消费这一特征，总是显而易见的。

在宗教崇奉的外表细节上，也处处可以看到代理有闲这一准则的存在，对一切旁观者来说，这一点是一经指出即可了然的。一切教会仪式都具有逐渐成为一种定型演习的显著倾向。这种定型化的演进，在比较成熟的教派中最为显著，其教士在生活和服装上的表现也比较庄严、华贵和严肃；那些比较后起的教派在教士生活、教士服装和教堂这些方面的好尚还不十分严格，但是从它们举行礼拜的方式方法中也可以看到这种定型化趋向。教派成立的年代越久，越巩固，在其仪式的奉行中那种照例行事的机械成分也越大，而这种刻板的表演却是极其适合正派信徒们的口味的。仪式的举行既然会演变成为例行故事，这就清楚地说明，为之举行仪式的那位主子，对于他的仆人们的实际服役并没有需要，他所需要的是高出于这种世俗需要之上的。他们都是无用的仆人（unprofitable servants），正是由于仆人的不发生作用，在主子方面才有了光荣的含义。这里已经可以不言而喻，就这一点来说，一个教士的职务同一个跟班的职务是极其相像的。从教士和跟班那里看到的都只是机械地执行职务，显然的呆板作风，而这一点同事态也正相配合，是足以使我们感到愉快的。教士执行他的职务时，不应当使人看上去好像他是善于完成这件工作的，因此不应当有轻快的作风或敏捷的操作。

信徒们是生活在金钱荣誉准则的传统之下的，因此人们认为神所具有的那种性格倾向、好尚和生活习惯，必然与信徒们的这种传统有明显的、不可分割的关系。由于这种关系渗透在人们的思想习惯中，于是信徒们对神的观念以及人神关系的想法，就染上了明显浪费原则的色彩。当然，这种金钱美感的洋溢在比较幼稚的教派中最为显著，但这一现象在一切教派中也是到处可见的。一切民族，不论处于哪一文化阶段或哪一文化程度，对于他们所崇奉的神的个性和习惯环境都感到缺乏可靠情报，都不得不设法在这方面有所弥补。当他们乞助于想象，以丰富并充实他们对神的仪表和生活作风的写照时，他们就不期然而然地把他们理想中的高尚、伟大人物所具有的那些特征，归之于神。人们在祈求与神相交时所采取的方式方法，是尽可能同化于当时人们心目中对神的理想的。一般认为，按照某种公认的方式，并且在一般人所理解的同神的性格格外相投的物质环境之下，向神通诚，是最能邀荣取宠、从而获得最好效果的。当然，逢到与神交通的场合，在仪态方面和设备方面的这种一般公认的理想标准，大部分是由，在一切隆重的社交中，人类的动作和环境怎样才算是真正尽善尽美这个方面的一般理解所构成。但是，分析礼神的动作和态度时如果认为金钱荣誉准则下存在的一切迹象都直接地、单纯地起因于金钱竞赛的基本规范，那是一种误解。还有一层，如果像一般人所想象的那样，认为神是非常密切地注意到他的金钱地位的，认为他所以要避开并疾视一切肮脏的环境，只是由于这些环境不符合金钱标准，那也是一种误解。

然而，尽管从各方面作了考虑，看来还是难以否认，我们对于神的属性的见解，以及我们对于向神通诚的方式和环境怎样才算恰当这些方面的见解，的确是直接或间接受到金钱荣誉这一准则的实际影响的。我们觉得凡是属于神性的，必然是一种格外宁静的、有闲的生活习惯。一个虔诚的说教者，不论什么时候，为了宣传教义或唤起信教热忱，在他的屋子里挂起诗意的图像时，在观众心头浮起的，必然是笼罩在非常强烈的财力与权力气氛之中的一位主人，四周围绕着许多随从。在神像的这类通常写照中，这一群侍从的任务是执行代理有闲，把他们的时间和精力大部分花费在非生产性的对神的德性与功绩的颂扬上；充满于整个写照的是绚烂夺目、十分珍贵的一些金银财宝。不过，金钱准则的侵入，只有在宗教上的想象比较粗鲁的表现中，才会达到这样极端的程度。

从南方黑人的宗教图像中，我们看到了一个极端例子。南方黑人认为，只有黄金差堪作为他们的宗教画家的背景，不能再降格以求；由于他们深信金色的璀璨可爱，这种色彩竟充满整个画幅，使人看了眼花缭乱，使比较爱好朴素的人简直难以忍受。这固然是一个比较突出的情况，然而金钱可贵这一观念之深入人心，它之支配人们关于宗教上的设备怎样才算恰当的看法，人们谈到教仪恰当性的标准时总不免以金钱可贵这一标准作补充，这大概是任何教派所不能免的。

与此类似，一般还存在着这样一种同情的感觉：作为神的仆人不应当从事任何生产工作，任何对人类有实用的工作，都不应当在神灵之前或圣所的境域以内进行；晋谒、朝拜的时候，应当把那种亵渎神圣的产业气味从身体上或衣服上清除掉，穿上考究一些的、平时不轻用的盛服；休假日是专门供颂扬圣德或与神灵交通用的，人人在这个日子应当撇开对人类有用的一切俗务。即使是关系比较疏远的一般信徒，也应当每隔七天抽出一天来执行代理有闲。

在人们关于宗教仪节以及对神的关系究竟怎样才算是恰如其分这类自发观念的表现中，金钱荣誉准则的有效存在是再明显也没有的——不论这类准则对宗教见解的影响是直接的，还是隔一层的。

金钱荣誉准则对消费品的美感与适用性方面的一般观念也有类似影响，而且影响更加深远，更有决定性作用。人们对实用品或美术品的审美观念和实用观念，大部是受金钱礼仪的要求的影响的。有些物品之所以很受欢迎，使人乐于使用，是由于它们具有明显浪费性；这类物品是浪费的，就其表面的用途说来实在是不适用的，然而正是由于这一点，才使人感到它们具有大致与这种不适用成比例的适用性。

有美术价值的物品，其效用同它的代价的高低有密切关系。举一个平凡的例子就可以说明这种关系。一只手工制的银汤匙的商业价值大约是十元到二十元，它的适用性——按照这个字眼的原意——通常并不大于一只同样质料的机制汤匙，甚至也不大于以某种“贱”金属如铝为原料的机制汤匙，而后者的价格则大约不过一角到二角。手工制银匙，就其表面用途来说，还往往不及机制铝匙的切于实用。当然，这里的反驳意见是极现成的：这样来看问题，即使没有忽视前者的主要用途，也至少忽视了它的主要用途之一——手艺品能迎合我们的爱好，满足我们的美感，而以贱金属为材料的机制品，则除了毫无情趣地供实用以外是别无可取的。这些当然都是事实，但仔细想一想就会明白，这种反驳意见与其说是确凿无疑，不如说是似是而非的。情形看来是这样的：(1)尽管制成两种汤匙的两种不同材料，在其使用目的上各有其美感与适用性，而手艺品所用的材料，价值高于贱金属约百倍以上，但以实质与色彩的真正美感而言，前者并不见得大大地超过后者，以机械的适用性而言，前者更没有显著地优于后者；(2)假定某种被认为手工制品的汤匙，实际上是出于仿造，不过仿造得非常精巧，在外貌上同真的手艺品一模一样，只有经精于此道者细察才能识破，假使这一作伪情况一旦被发觉，则这件物品的效用，包括使用者把它当作一件美术品时所感到的满足，将立即下降大概80%—90%，或者还不止；(3)假使这两种汤匙，即使对于一个相当细心的观察者来说，在外表上彼此也显得非常相类，除了分量轻重显然不同外简

直没有什么别的破绽，而只要机制的那个汤匙本身不是件新奇物品，只要它可以用极低的代价购得，它就不能由于形式上、色泽上相同这一点而抬高价值，也不能由此显著提高使用者的“美感”的满足程度。

上述关于汤匙的情况是一个典型例子。我们从使用和欣赏一件高价的而且认为是优美的产品中得来的高度满足，在一般情况下，大部分是出于美感名义的假托之下的那种高价感的满足。我们对于优美的物品比较重视，但所重视的往往是它所具有的较大荣誉性，而不是它所具有的美感。在我们的爱好准则中，明显浪费要求一般并不是有意识地存在的。虽然是这样，它仍然作为一个有拘束力的规范存在着；它有选择地形成我们的审美观念，告诉我们怎样才算是美的；它支配着我们的辨别力，告诉我们，哪些才可以正正当当地承认它们是美的，哪些是不可以的。

就在这一点上，美感和荣誉感两者相交，混而为一；因此就某一个具体例子来说，要区别适用和浪费两个因素是极其困难的。往往会有这样的情况：某一件物品，原来是用来适应明显浪费的荣誉性目的的，但同时又是件美术品；施工的目的原来是在于前者，前者的效用也是由此而来的，结果却在物品的形式和色彩方面赋予了美感，这是常有的事。使问题更加复杂的是，有许多物品，例如供装饰用的宝石、金属以及某些别的材料，它们之所以能成为明显浪费品，所以能具有这样的效用，是由于它们原来是美术品，原来具有美术品的效用。例如黄金，原来是具有高度美感的。有许多——即使不是大多数——非常宝贵的艺术品，虽然往往不能十全十美，但在美术上是有真正价值的。某些衣饰用的材料，某些风景画，以及许多别的事物，情形也是这样，不过在显著程度上差些。这类物品之所以可贵，在于它们具有美术上的真正价值，否则人们就不会这样重视，求之不得的人就不会这样其欲逐逐，已经据为己有的人就不会这样洋洋得意，夸为独得之秘。然而这类事物对占有者的效用，一般主要还不是在于它们所具有的真正美感，而是在于占有或消费这类事物可以增加荣誉，可以祛除寒酸、鄙陋的污名。

这类物品除了别的方面的适用性之外，其本身是美的，是具有在这一点上的效用的；由于这个原因，如果能够把它们据为私有或由一己独占，对占有者说来是有价值的，因此它们就成为珍贵的所有物而受到重视，它们还可以在占有者独有的享受中满足其金钱上的优越感，在他们欣赏时满足其美感。但是这些物品之所以能引起独占欲望，或者是所以能获得其商业价值，其所具有的“美感”——就这个字眼的本意而言——与其说是基本动机，不如说是一个诱发动机。“一切珠玉宝石在官能上的美感是大的，这些物品既稀罕，又值价，因而显得更加名贵，假使价格低贱的话，是绝不会这样的。”的确，这类美丽的物品，除了作为明显浪费的对象具有其荣誉性之外，在一般情况下是不大会引起占有欲并加以使用的。大多数这类物品——其中有一部分个人装饰用品不在此例——除可用以增加荣誉外，也可以适应其他用途，不管占有者的想法是不是这样；而且，即使就个人装饰品来说，其主要用途固然是在于使佩带者或占有者与无法获得这类装饰品的人们比较时可以增加光彩，上述的一点也仍然是有效的。一种美术品在艺术上的适用性，是不会由于“占有”这个事实而大大提高或普遍提高的。

到目前止，由我们的讨论得出的一个通则是，任何贵重品，要引起我们的美感，就必须能同时适应美感和高价两种要求。但情形还不止是这样。除此以外，高价这一准则还这样地影响着我们的爱好，使我们在对美术品的欣赏中把高价和美感这两个特征完全融合为一，然后把由此形成的效果，包摄在单纯欣赏美术这个名义之下。于是高价特征逐渐被认为是高价品的美感特征。某一物品既然具有光荣的高价特征，就令人觉得可爱，而由此而来的快感，却同它在形式和色彩方面的美丽所提供的快感合而为一，不再能加以区别；因此，当我们说某一物品——例如一种服装上的饰品——"十分可爱"时，如果把这一物品的美术价值分析到最后，就会发觉，我们的意思是说，这件物品是有金钱上的荣誉性的。

这种高价因素与美术因素的互相混合，大概在衣着与家具这类物品中表现得最为明显。谈到服装，在式样、颜色、材料以及一般效果方面，怎样才算是合于时尚，决定这一点的是荣誉准则，违反了这个准则就触犯了我们的爱好，并与审美的真理相背离。我们对于时新装束的赞美，绝不能看作是纯粹出于虚伪。对于正在风行的那些事物，我们总是一见就觉得合意，而且在多数情况下，这种态度是完全真诚的。试以衣料为例，如果时尚的是细致光洁而颜色素净的料子，那么那种粗线条的、色泽浓艳的料子，这时就不会合我们的口味。同样漂亮的一顶女帽，属于本年型的，对于我们感性的投合力量，毫无疑问，比属于去年型的要大得多；如果经过了二三十年，再回过头来评一评这两种女帽所具有的真正美感究竟孰高孰下，我敢说是非常困难的。还有，绅士们的大礼帽和漆皮靴都是精光烁亮的，而磨旧了的袖子，我们可以说也同样有一种光泽，单就其与人体外形的配合来说，前者未必比后者具有更高的真正美感；然而无可怀疑，一切西方文明社会里有教养的人，都会本能地、绝无虚饰地断然认为前者是美的现象，后者则是不堪入目、大煞风景的，避之唯恐不及。如果在审美观念以外别无其他迫切理由，则是否有人会愿意戴上像文明社会中的高礼帽那种东西，实在是一个极端可疑的问题。

由于重视物品的高价特征这一习惯有了进一步的巩固，由于人们已经惯于把美感与荣誉两者视同一体，大家逐渐形成了这样的观念：凡是代价不高的美术品，不能算作美的。这就发生了这样的情况，例如，有些美丽的花卉，习惯地被看成是惹厌的莠草，有些栽培起来比较容易的花卉，由买不起花卉中的珍品的下层中产阶级把玩、欣赏；有些人则认为这类品种俗不可耐、不屑一顾，这些人境况比较好，买得起珍贵的品种，他们对于花匠手里的产品的金钱上的美感是有高度训练的；此外还有一些花草，以真正的美感来说并不见得高于上述各种，但培植的时候花的代价很大，这就获得了某些爱花成癖的人的激赏，这些人的爱好是在高雅环境的严格指导下成熟起来的。

社会阶级不同，爱好也不同，这种情况，在许多别的事物——如家具、住宅、公园、私人花园——的消费中，也同样可以看到。这种对于哪一类物品算是美的见解的分歧，并不是由于单纯的美感所据以形成的规范有所不同。这并不是因为审美方面的禀赋彼此有什么生来的差别，而实在是因为在荣誉准则上存在着差别，这个准则指定，哪些事物确实属于某一消费者所属的那个阶级的荣誉消费的范围。这是礼仪传统上的差别，这类传统告诉我们，哪些嗜好品和美术品是可以消费而不致损及消费者的身份的。除了由于别的方面的原因而略有变通以外，这类传统是相当严格地由阶级的经济生活水准决定的。

日常生活中有许多奇妙的例子足以说明，在一些日常用品方面，金钱荣誉准则在各阶级之间是怎样地不同，习惯的审美观念，在表现上跟没有受过金钱荣誉准则熏陶的那种观念是怎样地不同。例如，西方各民族对于浅草平铺的庭院或有这类设备的公园是衷心爱好的。有些社会内的组成分子以长颅金发型种族占显著优势，上述一类庭院或公园就格外投合这些社会里的富有阶级的口味。单就其作为一个统觉的对象来说，草地当然具有美感因素，因此无可置疑，它对一切民族，一切阶级，几乎都具有直接吸动人的力量；但在长颅金发型的人们的眼中，与多数别种的人不同，它似乎显得格外悦目。这一种型的人，对于青青照眼的一片平芜，比其他种型的人有进一步深切的爱好，这一点跟这一种型在气质上的其他特征是分不开的，这些特征说明，他们在过去一个长时期中曾经是一个畜牧民族，居留在卑湿地带。如果一种民族的遗传性格是看到一处保护得很好的草原或牧场就会眉飞色舞，那么它感到修剪得平平整整的一片草地格外动人，这正是意中之事。

由此可见，从审美的目的说来，草地应当是一个牧牛场。在今天的某些情况下，尽管要求在环境的安排上不惜费用，不容掺入任何寒酸气，但在草地上或私人场地上看到一头牛，还是长颅金发种人所憧憬的田野风光。结果是，在这样的场合以牛作为点缀品时，所用的牛一般总是属于高贵品种。不过以牛作为景色中的点缀，总不能免于伧俗和小家子气，这是这一生物在装饰用途上始终存在的缺陷。因此在任何情况下,除非经四周富丽环境的衬托足以抵消这种俗陋气氛,否则以牛作为一个宠物,是必须避免的。有时候人们感到为了充实牧场的布置,必须有一些吃草的动物,假使这个想法过于强烈、难以抑制,他们就往往用一些不十分适当的别的生物如鹿、羚羊或其他同样格格不入的兽类来代替牛的位置。这类代用品,虽然在西方人士的畜牧眼光中没有牛那样动人,但在这样的场合还是差强人意的,因为它们的代价既高,本身又一无所用,从而具有荣誉性。不论从事实还是理论上来说,它们都不能做粗笨生活,都是不能生利的。

公园当然与草地属于同一范畴;同草地一样,它们充其量不过是牧场的仿造品。当然,这样的公园最好是用作牧场,草地上的牛群本身就足以大大增进景色的美丽,对于见到过保养得很好的牧场的人,这一点是不用细说的。但值得注意的是,作为一般爱好中金钱因素的一种表现,对公共场地作这样的布置却是很少见的。熟练的工人,在有经验的管理者的监督之下,所能尽力做到的是,使这类场地相当近似于一个牧场,但其结果必然在牧养的艺术效果方面具有一些缺陷。但在普通人看来,如果让一群牛公然在公共娱乐场地出现,使俭朴与生产的气象表现得那样淋漓尽致,那简直是恶劣得难以忍受。使用这种布置方式,代价比较低廉,因此也违反了礼仪上的要求。

关于公共场地的布置,还有一个特征,也含有与上述同类的意义。这个特征是,一方面要刻意表现奢华,另一方面又要装得简单朴素,好像还含有些实用意味。某些私人园地,如果其管理人或所有人的爱好是在中产阶级的生活习惯下形成的,或者是在上等阶级的上一代的传统下形成的，就会具有这样的外貌。有些园地的布置是与有教养的现代上流社会的爱好相适应的，在这些情况下，上述特征表现得没有那样明显。有教养的人们的爱好，在上一代与这一代之所以有所不同，是由于经济情况的变化。这样的差别，不但可以在娱乐场地的公认标准方面看到，也可以在其他方面看到。在这个国家，也同多数别的国家一样，在最近半个世纪以前，能够拥有那样多的财富因此可以不再顾到节俭的那种人，在居民中还是极少数。当时由于交通工具不完备，这些人分散在各地，彼此之间没有实际的接触。因此，关于“不必顾到代价是否高昂”的那种爱好的态度，还没有获得发展的基础。有教养的人们对于世俗的讲求俭约是一味憎恶，没有别的想法。这个时候，按照单纯的审美观念，对代价低的或朴素的环境偶尔表示赞美，这样的态度是缺乏“社会认可”的，而“社会认可”是要有了为数很多的意趣相同的人才能实现的。因此，这时的上流社会还没有确切地认为园地管理方面可能有的非浪费现象可以轻轻放过。结果是，关于园地布置在外貌上的理想标准，有闲阶级与下层中产阶级之间在见解上并没有什么显著分歧。两个阶级都唯恐出现金钱上的坏名声，它们同样是在这一点上建立其理想标准的。

今天这两个阶级在上述理想标准上的分歧已经渐渐明显。作为有闲阶级的那个部分，脱离生产工作，在金钱上无所顾虑，这样的情况已经持续了一代或一代以上，因此在爱好问题上，这个阶级现在已经壮大到足够构成一种舆论，并使之维持不坠。同时其成员的流动性也有了提高，因此在其阶级以内实现“社会认可”比前方便。就这个得天独厚的阶级内部说来，“无须再顾到节约”已成为极其平凡的一件事，其作为金钱礼仪的基础的效用已经大部分丧失。因此现代上流社会的爱好准则所着重的并不是在于不停地炫耀豪富或严格避免省俭朴素的外观。结果在社会地位和智力水平较高的这类人士中，在公有和私有园地的布置方面，就出现了偏重乡野和天然风味的倾向。这种偏好大部分是一种作业本能的显露，由此形成的结果在坚定程度上高低不一。这种偏好，很少是在全无做作的情况下出现的，有时候会转化成某种伪装下的朴素形态，跟上面所说的情况并没有多大区别。

中产阶级也存在着这类爱好，他们在园地布置方面喜欢大体上可供实用、使人会立即想到某些直接的、非浪费的用途的一类设计；但是当然，所有这类设计，必须完全处于荣誉性的不求实利这一原则的指导之下，这一点是牢不可破的。于是由这一点出发，使用了种种手段和方法，来伪装一些有实用事物的适用性；例如朴素的短篱、桥梁、凉亭、帐篷以及类似的点缀品，都是在这样的方针下设计的。又如，有些外貌质朴的短篱和格子墙用铸铁作材料，在平坦的地面上铺上一条迂回曲折的车道，这跟着重实用上的美感的原来用意看来是极端相反的，这些都是在事物的实用性上矫揉造作的一些具体例子。

至于上层有闲阶级，他们在爱好上这时已经有了进一步的发展，不再局限于这类金钱美感下的伪适用性的变形了，至少在某些方面是这样。但是后起的有闲阶级和中下层阶级的爱好，所要求的仍然是以金钱的美来补充艺术的美，甚至对由于天然具有的美质而受到赞赏的那类事物，也有这样的要求。

大家对于花草的加工修剪以及公园中从俗的花坛布置都极为

欣赏;上述的一般爱好,从这些方面的表现就可以看出。最近的哥伦布博览会[①]故址改建工程,充分显示了中产阶级重视金钱的美有过于艺术的美的这一爱好倾向,就这一点来说,这件事也许是一个极其恰当的例证。这个例证足以说明,即使在一切奢华的浮面表现都已尽力避免的情况下,荣誉性浪费的要求仍然有力地存在着。假使主持这一改建工作的人不受金钱爱好准则的支配,则这一工作实际达成的艺术效果,也许同我们所看到的将大相径庭。在工作进行时,即使城市居民中的上层阶级也从旁赞叹不置;由此说明,就这一事例而言,这个城市的上中下各阶级之间,在爱好上即使有些差别也是很细微的。在这个金钱文化发展上具有代表性的城市的居民的审美观念中,明显浪费这个伟大的文化原则是被小心翼翼地保持下来,唯恐稍有背离的。

对自然的爱好,其本身也许就是从上层阶级的爱好准则得来的;这种爱好,在金钱的美感准则的指导下,有时候会有意料不到的表现,这在一个粗心大意的旁观者看来也许会觉得有些离奇。例如,这个国家曾提倡在缺少树木的地区广泛植树,这原是公认为很好的一个措施,但在树木繁盛的地区,这一措施已经演变成为荣誉消费中的一个项目;我们常常会看到,在树木茂盛地区,一个村庄或一个农户,会把当地原有的树木通通砍掉,随即在道旁或院子里重新种上某些外来品种的树苗。还有这样的情况,整片的橡、榆、栂、桦、白胡桃、山毛榉等树木被清除掉,为的是让出地位来换

① 哥伦布博览会于 1893 年 5 月至 11 月举行于芝加哥,以纪念哥伦布发现美洲大陆四百周年。——译者

上枫、槭、柳、白杨等树苗。人们认为，凡是适应装饰与荣誉目的的事物都应当具有一种高贵气象，而让一片原来存在的、不费什么代价的树木矗立在那里，是不符合这方面的要求的。

金钱荣誉对爱好的普遍存在的影响，在时下流行的关于动物的美的标准中也同样可以看到。牛在一般审美的等级中应当居于什么地位，这个爱好准则在这里起了什么作用，上面已经谈过。还有别的一些家畜，只要在生产目的上对社会是显然有用的，例如猪、绵羊、山羊、驮马、各种牲畜、家禽等等，情况也大致相类。这些动物属于生产品性质，各有它们的用途，并且大都是能生利的，因此一般不能说是具有什么美感。至于通常不适用于生产目的的那些驯化动物，如猫、狗、骏马、鸽、鹦鹉及其他笼鸟等等，情况就不同了。这些动物一般是属于明显消费项目下的，因此它们在本质上具有荣誉性，可以恰当地认为是美的。上等阶级对这类动物是一向宠爱的；那些在财力上较差的阶级，对于这里所说的两类动物，却觉得在美感上并没有什么高低，觉得在它们的美与丑之间无须划出一条严格的金钱界线；对处于最上层有闲阶级中的少数来说，由于那个摒绝俭约的严格准则已经渐渐失去效力，因此他们在这一点上的态度跟上述后一类阶级的倒有些相类。

谈到具有荣誉性而且据说是很美的那些驯化动物，还有一些在另一依据下的优点应当提到。鸟在驯化动物中是属于荣誉性一类的，它之所以能够在这一类占一席地，完全是由于它的非生产性质。除鸟以外，驯化动物中格外值得注意的是猫、狗和供驰骋用的骏马。猫的荣誉性比上述其余两者要差些，因为它的浪费性差些，有时甚至还有些实际用途。而且以猫的特性来说，同荣誉性目的也不相适应。它是在平等的关系上与人相处的，对于一向被看作价值、荣誉和声望上的一切差别的基础的身份关系，它全然无所关涉，对于它的主人与其周围的人们之间的歧视性对比，它也不能积极地有所贡献。不过就上述最后一点而言，像安哥拉猫（Angora cat）那种稀罕的产物，可算是个例外，由于代价高昂，是略有些荣誉上的价值的，因此就在金钱的基础上博得了可以称美的权利。

狗这样东西一无实用，而且在性格上别有禀赋，因此是有它的优点的。它往往被特别看成是人类的朋友，它的智慧和忠诚常常受到赞扬；这就是说，它是人们的忠仆，其服从性是无可怀疑的，而且善于体会主人的心情。这些特点使它与人类的身份关系极相配合，就这里所讨论的意义来说，都应当算作有用的特点；此外还有一些别的特点，则在审美价值上没有上面那样明确。它本身在驯化动物中要算是最龌龊的，习性是最淘气的；但足以弥补这些缺点的是它对主人的忠顺和谄媚，是它随时准备伤害一切别的人或进行捣乱。这样它就使我们的支配欲有了发挥余地，从而博得我们的欢心。它也是消费中的一个项目，一般是不适用于生产上的；这一点使得它的主人把它看成一种能增进荣誉的东西，并使自己在主人的屋檐下占到一个巩固地位。在我们的意念中，狗总是和打猎活动联系在一起的，而打猎却是件侵占性工作，是光荣的掠夺性冲动的表现。

狗既已居于这样的有利地位，于是不管在它的形态上和动作上可能具有什么样的美感，也不管它可能具有什么样的值得称许的智力特征，人们总是习惯地一概加以肯定，并加以夸大。甚至被狗迷们培育成的那些奇形怪状的变种，也有许多人会真心赞赏，认

为它们实在是美的。这些变种的狗——其他变种动物的情形也是这样——的等级(从它们的审美价值来看),大体上是按其符合某种畸形的要求下的怪异程度和变幻程度来定的。就这里研究的意义来说,这种以外形结构的怪异和变幻为依据的有等差的效用,其根源实在是出于这类品种的比较稀少,因此也就是其代价的比较高昂。一些畸形的狗,像现在供男用和女用的一些流行品种,其商业价值是以其高昂的生产成本为依据的,对其主人而言,则其价值主要在于它们可以被用作明显消费中的一个项目。荣誉的浪费可以通过一只奇形怪状的狗而获得反映,因此这只狗间接地有其社会价值;于是在说法上和概念上略作转换,它就变成了宠物,就被说成是美的了。由于对这类动物不管怎样地加以殷勤爱护,也不会寓有利得或实用的意义,因此豢养它们就具有了荣誉性;由于这样的习惯是有荣誉性的,是不会受到轻视的,于是它逐渐发展成为一种顽强的日常嗜好(这种嗜好还富有仁慈意味)。由此可见,在对于玩赏动物的钟爱中,浪费准则作为一个规范是相当淡远地存在着的,而指导和形成对事物的感情和选择的,就是这个规范。下面我们还会看到,关于人对人的钟爱,情况也有些相类,虽然在这一情况下,上述规范发挥作用的方式有些不同。

谈到以驰骋见长的骏马,其情况与上述的狗的情况很相类。总的说来,这种马是代价很高的或浪费性的,在生产目的上是无效用的。如果说它可能具有什么生产上的用途,从而增进社会的福利或改进人类的生活,那么它作出贡献的方式就在于力量的显示和行动的敏捷,可以满足人们的审美观念。这当然是一种实质上的有用性。马与狗不同,它并不具有与狗同等程度的屈从主人的精神特质；但是它能够有效地餍足主人的激动感情，能够转变周围的“有生”力量，供它自己利用和支配，并通过这些力量表现它自己的坚强个性。一匹骏马至少有可能成为程度高低不等的一匹竞赛马，这就对它的主人格外有用。骏马的功用主要在于作为一种竞赛工具时的效用；对于马的主人来说，如果他自己的马能够在竞赛中出人头地，他的进攻和胜利的欲望就获得了满足。马在这方面的用途并不是生利性的，总的说来是浪费性的，而且这种浪费相当贯彻，又十分明显，这就使这样的用途有了荣誉性，使骏马占有了强固的假定的荣誉地位。还有一点，专供竞赛用的马，作为一种赌博工具，就其用途而言也同样不是生产性而是荣誉性的。

从审美的角度来看，骏马是交了运的，因为在金钱荣誉准则之下，人们对它所可能具有的任何美感或适用性，可以尽量加以赞赏，并认为这是合情合理的。它的种种长处是获得明显浪费原则的支持的，是有支配与竞赛的掠夺倾向为其后盾的。况且，马是一种俊美的动物。不过有些人是竞赛马的狂热者，有些人的审美观念在马迷们作出的判定的精神压迫之下，已经暂时处于麻痹状态；不属于这两类、在爱好上没有受到这方面的影响的那些人，对竞赛马却看不出有什么特别的美点。对于在爱好上没有受过上述锻炼的一个平常的人说来，最俊美的倒似乎是，同饲育者选择淘汰过的竞赛马比起来体质变化较少的那种形式的马。然而，一位作家或演说家——特别是那些才力极其平庸的——为了辞令上的需要而对动物的美德和适用有所渲染时，往往喜欢以马为例，而且还往往特意说明，就所举的例证而言，他所指的是竞赛马。

还应当注意，谈到对各种各样的马和狗在不同程度上的爱好，即使是一个在这类爱好上没有什么特别研究的寻常的人，也可以从他的爱好中看出有闲阶级的荣誉准则在另一条比较直接的路线下发生的影响。例如在这个国家，有闲阶级的好尚在一定程度上是以英国有闲阶级中流行的或认为在那里流行的一些风俗习惯为准绳的。这一情况在对马的方面比对狗的方面更为显著。就马来说，尤其是供乘用的马——所适应的目的，充其量只是在于浪费性的夸耀——一般总以为英国的气味越浓厚越美。就荣誉性的习尚这一点来说，英国的有闲阶级是这个国家的上层有闲阶级，因此它是它以下的各级的榜样。这种在审美统觉的方式方面以及爱好见解的形成方面的模仿，不一定是出于一种伪装的偏爱，至少不是出于一种伪善的或勉强的偏爱。在这个基础上形成的偏爱是一种严肃、认真的判定，其情形正同在别的基础上形成的一样；所不同的在于这种爱好是在荣誉上合式的而不是在美感上真实的爱好。

应当指出，模仿还不只是在于对马的本身的美感这一点上。所要模仿的还有装饰用的马具和骑乘的技术；怎样才算是正确、美观的骑乘姿势和步法，也是由英国的习尚来决定的。要晓得，在金钱的美感准则之下，决定何者为合式、何者为不合式的环境有时是在极其偶然的情况下构成的。为了说明这一点，这里不妨指出，这种英国式的、拙劣的骑乘姿势和必然会形成这种姿势的特别窘促的步法，是旧时代的遗风，那个时候英国的道路还很糟，到处是水潭和泥淖，马在比较从容的步法下简直无法越过。马跑路的时候本来是可以采取比较像样的步法的，马的习性本来是宜于在坚实开阔的地面上自由驰骋的；但是由于在上一世纪的大部分期间，还无法让一匹马在这样的情况下通过英国的道路，今天在骑术上坚持正派作风的人骑一匹截短尾巴的矮脚马，就不得不在极其不自如的姿势下，学着那种窘促的步法。

爱好准则被染上了金钱荣誉准则的色彩的，还不只是在消费品——包括驯化动物——方面。在人体美方面也有一些相类的情况。出于世俗的传统，对于成年男子的那种威严（有闲）的姿态和魁梧的仪表，一般是有所偏爱的；为了避免任何可能引起的争论，这里不准备着重在这方面的探讨。这些特征已经在某种程度上被认为是人体美的因素。但是除此以外，还有某些女性美的因素也属于这一题材，其特征十分具体、突出，因而值得在这里仔细评述。这差不多是一个通则，当社会还处于那样的一个经济发展阶段，上层阶级对妇女所重视的还只是她们所提供的劳务时，作为女性美的典型的总是那种四肢壮大的健妇。品评的根据主要是体格，面部形态只是居于次要地位。荷马的诗里所描写的少女，就是早期掠夺文化下的这种女性美典型的一个显著例证。

在随后的发展过程中，当属于上层阶级的主妇的职务，在惯常方式下，逐渐转变成只是执行代理有闲时，女性美的典型就发生了变化。这个时候的女性美典型所含有的一些特征，经假定是应当出于一贯严格执行有闲生活的结果，或者是与这种生活相调和、相一致的。在那种环境下所公认的女性美典型，可以从骑士道时代的诗人和作家对美女的描绘中找到。在那个时候，一般都认为有身份妇女应当处于永久受保护地位，审慎避免一切实用工作。由此产生的骑士制下的或浪漫主义的女性美典型，所着重的主要是面容，所仔细玩索、刻意品评的是五官的秀丽、手足的纤巧、身段的苗条，尤其是那袅袅的细腰。在那个时候的带些诗情画意的想象中，以及现代饶有骑士时代思想和感情的那些浪漫主义的向往者的意念中，女性的腰肢已经纤细到了弱不禁风的地步。这样的一个典型，在现代工业社会很大一部分人士的心目中依然存在；但应当指出，在经济与文化最不发达、身份制与掠夺制的残余保留得最多的那些现代社会里，它的地位最为巩固。这就是说，把这种骑士时代的典型保留得最完整的，是实质上现代化成分最少的那些现存社会。这种多愁善感式的或具有浪漫主义色彩的女性美典型，在欧洲大陆各国的富裕阶级的爱好中仍然活跃地存在着。

在工业发展达到了较高水平的现代社会中，其上层阶级已经累积了那样大的财富，因此那个阶级的妇女早已不屑于从事任何粗鄙的生产工作。这里妇女作为一个代理消费者的身份，在一般人的爱好中已经渐渐失去其地位；结果是女性美典型有了复古倾向，人们所重视的不再是娇娇怯怯的、柔弱得可怜的那种风度，而是近于古代的一种类型，在这一个类型下，妇女的两手两脚和身体的其他部分并不是像不属于自己所有的那样形同虚设的。在经济发展过程中，属于西方文化各民族的女性美典型，从天然姿态的妇女转变到在姿态上矫揉造作的名媛贵妇，现在又渐渐回到原来的典型，所有这些转变都是服从于金钱竞赛的变动的。有一个时期，金钱竞赛所要求的是壮健的奴隶；在另一个时期它所要求的是代理有闲的明显执行，也就是在生产工作上显然无能的表现；现在的情况已经开始发展到不必提出后一要求的地步，由于在现代工业的高度效能下，妇女的有闲在荣誉尺度上已经有可能下降到那样低，因此它已经不再能用来作为最高金钱等级的明确标志。

关于明显浪费这一规范对女性美典型所起的作用，除了上述

的一般性支配作用外，还有一两个细节值得特别提出，由此足以说明，这一规范对于男子对妇女的美感，在细节上具有怎样有力的约束力量。上面已经提到，当经济发展还处于那样的阶段，明显有闲作为显示荣誉的一种手段还受到高度重视时，典型的女性美所要求的是小巧的手脚和轻盈的腰肢。这些特征，以及往往会随之而俱来的体格上一些有关的缺陷，足以表明，处于这样情况下的女子不能从事生产劳动，势必游手好闲，由她的所有人抚养。她是没有实际效用的，是浪费性的，因此在作为金钱力量的证明上是有价值的。于是处于这个文化阶段的妇女，就想到了怎样来改变她们的形体，来进一步配合经过锻炼的时代好尚的要求；而在男子方面，在金钱礼仪准则的指导下，也会感到这种人为的病态的确是动人的。在西方文化下的各社会，女子束腰曾经成为极其广泛而持久的风气，中国女子的缠足也是这样，这些都是有关这一方面的例子。对于一个没有养成这种爱好的人说来，两者都是毁伤肢体的行为，无疑会引起他的恶感。对这类现象安之若素，是需要风俗习惯的陶冶的。然而，当这类现象作为在金钱荣誉准则认可下的光荣项目，已经渗入男子们的生活方式以后，对这些人说来，这类现象足以动人心目，就不再有发生疑问的余地。到了这个时候，这类现象就成了金钱上与文化上的美感中的项目，并起作为典型女性美的因素的作用。

当然，这里所指出的事物的审美价值与其歧视性的金钱价值之间的关系，在一个评价者的意识中是不存在的。如果某个人，在作出爱好上的判断时，经过仔细思考，认为考虑中的那个美的对象是浪费性和荣誉性的，因而可以有理由看作是美的，那么，这种判

断就不是真实的爱好的判断，就不是这里所要讨论的。关于荣誉性与所了解的对象的美这两者之间的关系，这里着重的是荣誉对一个评价者的思想习惯所起的影响。他对于与他有关的各种对象，是惯于从种种不同的方面——经济的、道义的、审美的或荣誉的——来构成他的价值判断的。但是当他从审美的立场来对某一对象进行评价时，他的评价的高低将受他在任何别的立场上对这一对象所持的赞赏态度的影响。荣誉立场与审美立场的关系格外密切，因此谈到从不同的立场来进行评价，荣誉立场上的评价格外会影响到审美立场上的评价。审美目的上的评价与荣誉目的上的评价，两者并不是像理想的那样可以划分得清清楚楚的。在这两种评价之间特别容易引起混淆；因为对荣誉性对象的价值，在日常语言中。向来是不使用专门形容词来加以区别的。结果是，惯于用来表示审美范畴或审美因素的那些辞，其间就含有金钱价值上的这个未指名因素；随着语言上的混淆，势所必然地发生了观念上的相应的混淆。于是在一般人的理解中，荣誉上的要求就同审美观念上的要求混而为一；于是不带有荣誉的公认标志的美，根本不被认为是美的。但金钱荣誉的要求与本意上的美感的要求，两者并不是十分一致的。因此，如果将在金钱上不适合的那个部分从我们的环境中除去，则美感因素中与金钱要求不符合的那很大的一个部分，将相当彻底地受到排除。

爱好的基本规范也许远在这里所讨论的金钱制度出现以前就已存在。因此，由于人们思想习惯过去的淘汰适应，有时候最能满足美感方面的大部分要求的，倒是一些代价不高的设计和结构，这些设计和结构率直地显示了所要完成的任务和达到目的的方法。

这里对现代心理学论点再作一些观察也许是适当的。形式的美似乎是一个统觉敏捷不敏捷的问题。或者还可以把命题推得更广些。如果将列为美感因素的那些联想、暗示和“表现”抽出，那么任何已被看到的事物的美感，其意义就是，心意将依照这一事物所提供的方向积极发挥其统觉活动。但是统觉活动所循以积极发挥或表现的方面，就是长期、严密的习惯锻炼使心意向之倾注的那些方向。就美感的这些主要因素而言，这种习惯锻炼是那样地悠久和严密，因此它所导致的，不但是对于那一统觉形式的偏爱倾向，而且还有生理结构和生理机能上的适应性。如果经济方面的考虑参与了美感的构成，它是作为对于某一目的的适应性的暗示或表现，是作为对生活过程显然能有所帮助的东西而参与的。最有助于任何事物的这种经济上的方便或有用性的表现——我们可以把这叫作事物的经济的美感——的是关于它的任务和它对于生活各种物质目的的有效性的简洁而明确的暗示。

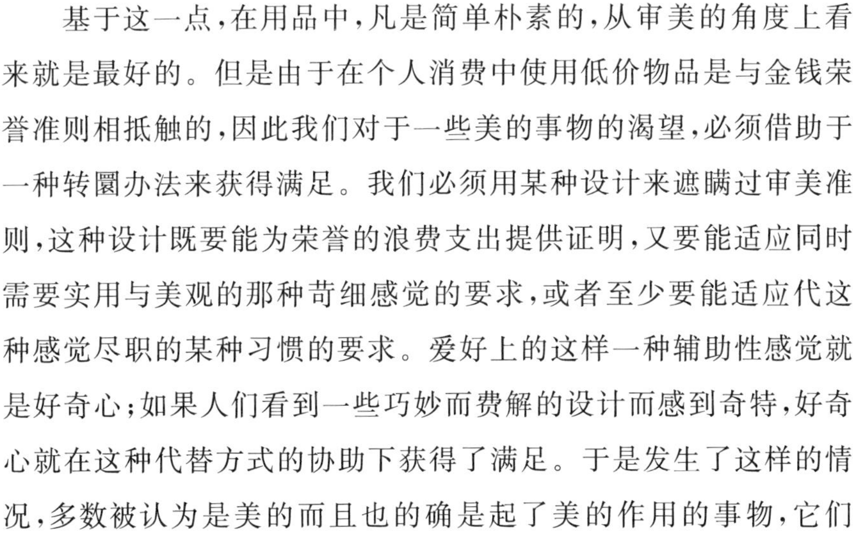

基于这一点，在用品中，凡是简单朴素的，从审美的角度上看来就是最好的。但是由于在个人消费中使用低价物品是与金钱荣誉准则相抵触的，因此我们对于一些美的事物的渴望，必须借助于一种转圜办法来获得满足。我们必须用某种设计来遮瞒过审美准则，这种设计既要能为荣誉的浪费支出提供证明，又要能适应同时需要实用与美观的那种苛细感觉的要求，或者至少要能适应代这种感觉尽职的某种习惯的要求。爱好上的这样一种辅助性感觉就是好奇心；如果人们看到一些巧妙而费解的设计而感到奇特，好奇心就在这种代替方式的协助下获得了满足。于是发生了这样的情况，多数被认为是美的而且也的确是起了美的作用的事物，它们在设计上表现了很大的技巧，并且存心是要迷惑观者的——是要通过一些看上去不可能或不大相干的表现或暗示，使观者感到惊讶或疑惑的——同时却显出了这样的形迹，即在这类事物上消耗的劳力，是超过了获得表面的经济目的上的最大效能所需要的那份劳力的。

这一点可以用取自我们日常习惯和日常接触范围以外的、也就是我们的倾向范围以外的一些例子来说明。例如夏威夷产的那种奇特的羽毛制的大氅，波利尼西亚群岛产的那种著名的摆件雕柄手斧，就是这方面的例子。这些东西无可否认是美观的；不但在形式、线条和色彩的配合上惹人喜爱，而且在设计和结构上也表现了高度的技巧和创造才能。同时这些东西又显然是不适合于任何其他经济目的的。但是，在劳力浪费准则的指导下，这类巧妙的惑人的设计上的演变结果，并不处处是这样圆满的。往往会造成的结果是，一切经得起仔细探索的美观表现或适用表现的因素完全受到抑制，为在明显的愚蠢支持之下的聪明误用和劳力浪费那些迹象所代替；以致日常生活中处于我们周围的许多事物，甚至许多日常的服装用品和装饰品竟糟到那样，假使不是迫于习惯传统是不容存在的。例如在住宅建筑、家庭工艺品或摆设以及各种服饰中，尤其是在妇女用与教士用的服饰中，都可以看到这种以机巧与花费代替美感与适用的情况。

审美准则所要求的是属类的表现。基于明显浪费的要求而来的“好奇心”侵犯了这个审美准则，因为由此使我们所爱好的事物具有一堆特异性的集合体的外貌；而且这种特异性是在高价准则的选择监督之下的。

这种在设计上的对明显浪费目的的淘汰适应过程，以及以金钱美感代替艺术美感的倾向，在建筑事业的发展中特别显著。如果有人要把美感因素与荣誉因素分开来，他们要在现代文明的私人住宅或公用大厦中找出一处比较看得上眼的建筑物是极其困难的。在我们城市里的那些上等出租房屋和公寓，它们的门面式样形形色色，千奇百怪，但尽是些不堪入目的愚蠢设计，给人的印象是徒然浪费而不舒适。作为一个美的对象来看，这些建筑物的两侧和没有窗户的后墙，由于没有给艺术家碰过，倒往往是全屋最精彩的部分。

上面谈到了明显浪费定律对爱好准则的影响，关于物品对于审美以外的其他目的的适用性，我们的观念，也受这一定律的影响，不过二者的关系略有不同。生产物品和消费物品，是使人类生活得以获得进一步发展的一个手段；物品的效用首先在于它能够作为达到这个目的的手段。而这个目的首先是绝对意义下的个人生活的充实。但是人类的竞赛倾向利用了对物品的消费作为进行歧视性对比的一个手段，从而使消费品有了作为相对支付能力的证明的派生效用。消费品的这种间接的或派生的用途，使消费行为有了荣誉性，从而使最能适应这个消费的竞赛目的的物品也有了荣誉性。高价品的消费是值得称扬的；物品的成本如果超过了使之具有那个表面的机械目的的程度，那么含有这种显著的成本因素的物品就是有荣誉性的。因此，物品所具有的非常华贵的标志，也就是它很有价值的标志，说明这种物品的消费在适应间接的、歧视性的目的方面，是具有高度效能的；反之，如果物品在适应所追求的机械目的时显得过于俭朴，没有贵贱的差别来据以进行

自满的歧视性对比，那么，它就具有耻辱性，因此是不动人的，不美的。这种间接效用，使“上等”物品的价值大大提高。要投合有教养的、高雅的“效用感”，物品总得含有一些这种间接效用。

人们也许在开始时只是对俭约的生活有反感，因为这样的生活表明没有多花费钱财的能力，从而表明在钱财上缺乏成就，但结果却形成了对低价物品发生反感的习惯，认为低价物品是本质上不光荣的，是生来无价值的。随着时间的推移，一代一代地相继地接受了这一荣誉消费的传统，同时对于消费品的传统的金钱荣誉准则，每一代又作了进一步的加工和巩固；直到今天，我们对于一切低价物品都是不足取的这一点，已经相信到这样的程度，因此对“低价无好货”这一谚语，已经不再有丝毫怀疑。这种拥护高价、反对低价的习惯，在我们的思想中已经这样根深蒂固，因此在一切消费中，总是本能地坚决要求至少附有某种程度的浪费因素；对于某些消费它们的时候是完全隐秘的，其间一点没有夸耀之意的物品，情况也不例外。即使在我们自己家里的私生活中，如果日常进餐时用的是手工制的银餐具（虽然其艺术价值往往可疑）、手工绘的瓷器、精细的上等台布，我们就会真诚地、一点不带疑惑地，觉得兴头要高些，这种情形是人所共有的。当我们在生活水准的这个方面已经养成习惯，认为应当是这样的以后，如果有了任何退步，就会觉得非常难堪，简直是有损人类尊严。在同样心理的支配下，近十几年来的风气是，人们觉得餐室中蜡烛的光线比任何别的照明都悦目。目前在那些高雅人士看来，烛光比用油、煤气或电发出的光线，格外柔和，格外不刺目。然而三十年前的情形就不是这样，因为在那个时候，或在最近以前，蜡烛是供家庭用的最低价的照明

设备。即使现在，除用于仪式上的照明以外，也没有人认为蜡烛这件东西在别的场合也同样可用或同样有效。

有一位现在还活着的大政治家把这里所说的总结成一句真言，叫做“衣贱人也贱”；这句话的说服力量，大概是没有人会感不到的。

人们对物品所注意的是它所具有的浪费性标志，对一切物品所要求的是它们能够提供间接的或歧视性的某种效用，这样的习惯足以导使计量物品效用的标准发生变化。消费者评价商品时，对商品所含有的荣誉因素和纯物质的效能因素并不是分别看待的，两者混合起来构成了物品的不经分析的、综合的适用性。在这样形成的适用性标准下，凡是仅仅具有在物质上满足的力量的物品，是不会被认为合格的。物品还须把它的荣誉因素显示出来，才能使消费者满意，被消费者接受。由此造成的结果是，消费品生产者在生产中总是注其全力于如何适应在荣誉因素方面的这一要求。他们这样做时是非常机敏，非常容易见效的，因为他们自己也谨守着同样的物品价值标准，如果看到在出品的最后一道工序中缺乏正常的荣誉因素，他们自己也会由衷地感到懊丧。因此现在任何行业所供应的物品，已经没有一件不含有一定程度的荣誉因素。假使一个消费者，有着像第欧根尼（Diogenes）[①]那样的脾气，在他的消费中要坚决摒绝一切荣誉或浪费因素，那么对他的即使极其琐细的消费品需求，现代市场也无法供应。的确，即使靠他

① 第欧根尼（公元前404—前323年），古希腊犬儒派哲学家。他极度轻视安乐，坚决排斥一切生活上的传统习惯，甚至藏身在木桶里，以桶为家；他认为只有极度简单朴素的生活才是合乎道德的生活。——译者

自己的双手来直接供应他本人的需要，要使他自己完全摆脱这方面的时下的思想习惯，这一层纵然不是绝对不可能，他也将感到非常困难；要在他亲手制作的、供一天消耗用的一些生活必需品中，不本能地或无心地混入一些浪费劳力的荣誉性或半装饰性因素，简直是办不到的。

买主们在零售市场选购日用品时，主要注意的是物品的外貌和制作技巧，而不是其实际适用性的任何标志；这一点是人所共知的。要使制出的物品得以行销，除了在物品的实用性上致力，还必须尽很大的努力使物品具有适度的高价标志。这种使显然的代价高昂成为适用性的一个准则的习惯，当然使消费品的总成本有所提高。这种习惯使我们把物品的价值与物品的成本视同一体，从而使我们对低价物品经常持防御态度。消费者通常不断努力的，总是如何在尽可能便宜的情况下获得适用的物品，但是习惯要求的代价显然高昂，已经成为物品适用性的保证和它的组成部分，从而使他对于不含有这一主要因素的物品，一概认为不合格而不得不加以拒绝。

还有一层，消费品的那些特征中的一个很大部分——一般人所理解的所谓适用性标志，也就是这里所说的明显浪费因素——所以能投合消费者的心理，除了高价这一点以外，也还有别的原因。这些特征即使未必有助于物品的实质上的适用性，通常也总有一些显明的技巧上的表现；而作为荣誉的适用性的任何标志，最初之所以会逐渐风行，其后之所以能保持它作为物品价值中一个正常的组成因素的地位，大部分原因无疑就在这里。有效技能的表现，只是在这样的情况下才使人感到悦目；虽然就远一层的、这里暂不作考虑的一些结果而言，这种技能表现并无实用。欣赏一件精巧的工艺品是可以使审美性得到满足的。但是这里仍然需要附带说明，这种精巧工艺的表现，或者说是采取某种达到目的的手段时的机巧和有效的表现，如果没有能得到明显浪费准则的认可，就休想长期地博得现代有文化的消费者的赞许。

这里所提出的论点，与机器制品在现代经济中所占的地位正相印合。适应同一目的的机器制品与手工制品之间的主要差别，通常在于，从适用的基本目的说来，前者更加适当。机器制品比较完善，是比较完善的适应目的的手段。然而凭了这一点，并不能使它免于受到憎嫌或轻视，因为它经不起荣誉浪费的考验。手工劳动是一个比较浪费的生产方式，因此用这种方式生产的物品，在金钱荣誉的目的上具有较大的适用性，因此手工的标志渐渐成了荣誉的标志，具有这种标志的物品，在等级上高于同类的机制品。一般的、虽然不是必然的情况是，手工劳动的荣誉标志在于它在外形上的某些不够完善与不够匀整——它们表明人工在工作实践中的缺陷。因此手工制品的优越性的根据，实在是它在一定限度上的粗率。这个限度绝不能过宽，使制品显得简陋草率，因为简陋草率是低价的标志；但也不能过窄，使制品显得与只有机器才能达到的精确度几乎没有什么差别，因为这也是低价的标志。

手工制品之所以可贵，之所以能博得高雅人士的垂青，是由于它具有荣誉的粗率一类的迹象，而对于这类迹象的鉴赏是一个具有如何精确的识别力的问题。我们可以称这类识别力为对物品的“相术”，掌握这种“相术”是需要这方面的正确思想习惯的锻炼的。供日常使用的机制品，正是由于它具有高度的完善，往往为一般粗俗的、下层阶级的人士所赞赏，所爱用，这些人对于文雅消费方面的细节是不十分在意的。从讲究仪式的角度看来，机器制品居于劣势地位；这一点说明，任何使物品在技巧和制作上臻于完善的大规模的技术革新，其本身并不足以使一切消费者乐于使用，更不能持久地博得他们的欢心。一切革新必须获得明显浪费准则的支持。物品在外貌上的任何特征，其本身不论怎样惹人喜爱，在实际使用方面不论怎样配合口味，如果与金钱荣誉这一规范显有抵触，是不会得到宽容的。

消费品由于"平凡"，或者换句话说由于生产成本低微，而在礼仪上居于劣势或在礼仪上不够格——这一点许多人是看得很认真的。对机制品的反感，大都可以说是对这类物品的平凡性的反感。所以说它平凡，是因为消费它们是多数人力所能及的。对这类物品进行消费是不含有荣誉成分的，因为它不能适应同别的消费者作有利的歧视性对比的目的。因此对于这类物品，不要说消费，就是看一看，也怕沾染上那种低生活水准的肮脏气味，避之唯恐不及，在一个敏感的人看来，这类贱品是极端使人扫兴，极端可厌的。有些人在爱好上态度十分固执，而对于爱好的种种不同见解的依据，又并没有加以区别的才能、习惯或动机，对这些人说来，荣誉观念的表达，跟审美观念和适用观念的表达，已经合而为一(其情况上面已经提到)；在这种情况下形成的混合评价，可能是对事物的美感的见解，也可能是对事物的适用性的见解，这要看评价者的倾向或利益，使他了解事物时的意向是在这个方面还是那个方面而定。因此常见的情况是，把低价或平凡这类标志看成是艺术上不够格的明确标志；并以此为根据制定了怎样才算是适合于审美要

求的准则，和怎样才是不合于审美要求的准则，以之作为爱好问题的指导原则。

上面已经指出，在现代工业社会，那些低价的、因此也就是不适合礼仪要求的日常消费品，大都是机器产品；以机器制品与手工制品比较，前者在外貌上的一般特征是制作的高度完善和设计的具体实践方面的高度精确。因此发生了这样的情况，手工制品的显然可见的有欠完善既然是荣誉性的，这一点从美感方面、或适用性方面、或两者合并的方面看来，就成了优越的标志。因此就出现了对缺陷的颂扬，其中约翰·拉斯金(John Ruskin)[①]和威廉·莫理斯(William Morris)[②]是此说的当时最热烈的代言人；他们关于制作无须完善与劳力浪费的倡议，就是根据这个理由提出并且从那个时候起不断获得推进的。也因此出现了回到手工业和回到家庭工业的倡议。但是如果显然比较完善的那些物品其代价不是较低的话，这类人的上述那些推论和活动是不可能发生的。

当然，这里所要说的或所能说的，只是关于这一美术学派的学说的经济价值方面。不能把以上所说的一些理解为对这一学派存有任何轻蔑之意，这里主要只是对这一学说在消费以及消费品的生产上所发生的影响加以叙述。

爱好的这种发展倾向对生产方面的影响，似乎可以在出版事业中找到最显著的例证，而出版事业也正是莫理斯自己晚年所经营的；当时的凯尔姆司各脱(Kelmscott)印刷所的出品，固然特别

① 拉斯金(1819—1900)，英国美术批评家，文学家。——译者

② 莫理斯(1834—1896)，英国美术家，诗人。——译者

足以与这里所提出的论点相印证，但即使就现代的美术精装本而言，在式样、纸张、插图、装订材料和封面设计等各方面，情况也大体相类，不过与这里提出的论点印证起来，它们在显著程度上略差些。这种书刊装帧工作，过去由于工具不完备，所需材料不凑手，不得不在那种为难的情况下勉强挣扎；现在这一行业，为了求其出品精美，却力求其出品在若干程度上与往时无法避免的欠缺情况相近似。这类出品，由于需要手工协助，代价比较高，而且在使用上也不及专为适用而制出的那些书籍方便。购买这类出品，可以表明购者不但具有任意挥霍的高度支付力，而且具有浪费时间与劳力的条件。就是由于这个原因，今天的印刷商有了“复古”的倾向，他们宁可使用带些陈旧的、比较不醒目的字体，使版本与“现代的”相较，有一种朴拙的外貌。甚至有些研究科学的期刊，本来它们除了把有关的科学题材作最有效的传达以外，表面上应当没有什么别的目的，但也屈从于金钱美感的要求，特地把一些科学论文用旧式字体刊出，而且用的是直纹纸，页面的边缘是不切齐的。有些其表面目的还不只是在于将有关内容作有效传达的书刊，它们在这方面的做作的变本加厉，就更不用说了。这里看到的是更加古拙的字体，印在手工制的直纹毛边纸上，四周的空白特别宽阔，书页是不切边的；总之，书本的装帧显得质朴、笨拙，古色古香，而这些都是煞费苦心、刻意经营而来的。至于凯尔姆司各脱印刷所的做法，假使专从纯适用性这个角度来看，简直达到了荒唐的地步，它所发行的供现代使用的书籍，其文字却用古旧的拼法，用黑体字印出，用柔皮为背缀，还要加上皮带。还有一个足以抬高这类精装本的声价、巩固其经济地位的特点是，其发行数量总是不大的，充其量也是有限制的。发行数量的有限是一种有效保证——虽然这种保证方法是有些粗鲁的——表明这个版本是珍贵的，因此是奢华浪费的，它能够增进消费者的金钱荣誉。

有些人爱书成癖，对书别有雅好，觉得这类罕贵版本格外动人；当然，这种爱好并不是出于对这类版本代价高昂与高度朴拙的有意的、自觉的赞赏。这里的情况同手工制品优于机器制品的情况相类，偏爱的自觉依据是由代价高昂与外形朴拙而感觉到的本质上的优点。有些人认为在外貌上和制作过程一味仿古的那类书籍具有高度优点，并且认为优点主要是在于审美方面的高度效用；但也常常会有这样的情况，有些爱书成癖的人还深信这类精装本作为纪录文字的工具，也的确具有较大的适用性。就这类“退化的”精装本的高度审美价值来说，有此癖好的人们的主张大概是有些理由的。设计这类精本时人们全力注意的是它的美感，结果他们往往获得相当成功。但这里着重的一点是，当设计者进行工作时，他所依据的爱好准则是在明显浪费定律的监视下形成的准则，而这个定律对于不符合它的要求的任何爱好准则，是要有选择地加以排斥的。这就是说，这类退化的精本也许是很美的，但设计者工作时的活动范围，是由非审美性一类的要求所决定的。结果其产品即使是美的，它也必须具有代价高昂和不适于表面用途的特点。然而就书刊设计者的立场来说，这种强制性爱好准则并不是完全由第一形态下的浪费定律形成的，在一定程度上，它是在与掠夺性格的第二表现形态相符合的情况下形成的，这个表现形态是对古老的或已成陈迹的事物的崇拜，这一形态的特殊演变之一，我们叫作拟古主义。

在美学理论中，要将拟古主义或厚古薄今与审美准则两者之间划一条界线，即使不是完全不可能，大概也是极度困难的。从审美的方面来说，并没有作出这种区别的必要，而且实际上这种区别也许不一定是存在的。从爱好的理论方面来说，对于古风崇拜的一种公认的典型的表现，不论这一典型是依据什么理由获得公认的，也许最好是把它看成一个审美因素；至于这一典型是否恰当，则不必加以根究。但这里的研究目的是在于确定在公认的爱好准则下存在的经济依据是什么，是在于确定它在物品的分配与消费方面有些什么意义；就这一研究目的来说，则作出上述区别，并不是与问题无关的。

机器制品在文明社会的消费体系中所占的地位，足以说明明显浪费准则与消费的礼俗这两者之间存在的关系的性质。不论是关于美术和爱好本身的问题，或者是关于对物品的适用性的流行观念，明显浪费准则并不能作为革新或创造中的一个原则。它并不涉及未来趋向而成为一个有创造作用的原则，它并不能引起革新，也不能使消费增加新项目或使成本增加新因素。作为一个原则，可以说，在某种意义上它是一个消极性而不是积极性的定律。它是一个制约性的而不是开创性的原则。任何习惯或风俗，由它直接发动的情况是很少见的。它的作用只是淘汰性的。明显浪费对于变化与发展并不直接提供依据；但是在别的依据下可能产生的这类革新要想继续存在，则符合明显浪费要求是一个必要条件。消费的一切习惯、风俗和方式在任何情况下兴起以后，都得受到这个荣誉规范的淘汰作用的支配；它们对于这一规范的要求的符合程度，是它们与别的同类的习惯和风俗相竞争时是否适于生存的关键所在。如果其他情形相同，则同类的消费习惯或方式，其浪费性越是显著，在这个定律下的生存机会就越多。明显浪费定律并不能据为变化的起源；但是只有在这个定律支配之下适于生存的形式才能持久。这个定律的作用是在于保存它所认为适当的事物，而不是在于开创它可以接受的事物。它的任务是对一切事物加以检验，凡是同它的目的相适应的就抓着不放。

第七章　服装是金钱文化的一种表现

我们在上面提到了一些经济原则，这些经济原则应用到生活过程中某一方面的日常事实时的情况是怎样的，在这一点上举出例证加以详细说明，也许是一个可取的办法。就这一目的来说，作为说明的一个范例，再没有一种消费比服装方面的消费更适当的了。在服装的设计中，虽然别的一些有关的金钱荣誉准则也起着相当作用，但其间表现得格外突出的是明显浪费通则。要证明一个人的金钱地位，别的方式也可以有效地达到目的，而且别的方式也是到处在使用，到处在流行的；但服装上的消费优于多数其他方式，因为我们穿的衣服是随时随地显豁呈露的，一切旁观者看到它所提供的标志，对于我们的金钱地位就可以胸中了然。还有一点也是的确的，同任何其他消费类型比较，在服装上为了夸耀而进行的花费，情况总是格外显著，风气也总是格外普遍。一切阶级在服装上的消费，大部分总是为了外表的体面，而不是为了御寒保暖，这种极其平凡的情况是没有人会否认的。如果我们在服装上没有能达到社会习惯所决定的标准，就会感到局促不安，这种感觉的敏锐程度，大概是没有别的方面的感觉可以比得上的。人们在浪费的消费方面为了力求保持认为适当的那个标准，有时候宁可在享受上或生活必需品方面忍受很大的困苦，这种情形在多数消费项目中都在所难免，但在服装方面表现得格外显著；因此在严寒时节为了力求显得漂亮，宁可穿得单薄些，这已是司空见惯的事。在现代社会，有关服装的各种用品的商业价值所含的绝大部分成分是它的时新性和荣誉性，而不是它对穿衣服的人的身体上的机械效用。服装的需要主要是“高一层的”或精神上的需要。

谈到服装的这种精神上的需要，并非完全甚至也并非主要是出于在消费上大事夸耀的自然的性格倾向。明显消费定律在这里同在别处一样，对服装的消费起着支配作用，其方式主要是在隔一层的情况下通过爱好准则与礼仪准则的形成来发挥作用。在通常情况下，那些穿的人或买的人所以要求服装要具有明显浪费成分，其自觉动机是在于同已有的习尚相一致，是在于同公认的爱好标准与荣誉标准相适应。问题还不只是在于为了避免由于在服装上使人刺目或受到指摘而引起的耻辱——虽然这一点本身也是一个非常重要的动机——而必须服从礼俗的指导；此外还有一层，在服装方面，高价与奢靡的要求在我们的思想习惯中已经这样根深蒂固，因此任何与这个要求相抵触的服装，会使我们本能地感到厌恶。无须通过思索或分析，我们就会直接感到凡是低价的总是没有价值的。人须衣装，“衣贱人也贱”。“低价无好货”这句话在各种消费行为中都适用，但就服装而言，它具有更大的说服力量。不论从爱好或适用的角度来看，在“低价无好货”的信条下，代价低的服装用品总是一概被认为是劣等品。我们对于事物的美观与适用的感觉深浅大体上是随其代价的高低为转移的。除了少数无关紧要的例外，我们总觉得代价高的、手工制的服装用品，在美观上和

适用上比代价低的仿造品要好得多，即使仿造品模仿得十分高明，这个观念也不会改变——因为仿造品之所以会使我们发生反感，并不是由于它在形式上或色彩上，或者在视觉效果的任何方面有什么欠缺。仿制品也许与真品惟妙惟肖，非经最精密的检验不易察觉；然而一经察觉，它的审美价值和商业价值都将一落千丈。不但如此，被识破的服装上的伪制品，其审美价值的降落程度，大体上将同伪品代价低于真品代价的程度保持同等比例；这个说法或者不大会引起异议。仿制品在审美立场上失去了地位，因为在金钱的等级上它的地位是低的。

服装具有证明支付能力的职能，但它在这方面的职能还不只是在于表明消费者的绰有余力，能够在满足物质享受以外对有价值的物品作进一步的消费。对物品的单纯的明显浪费，在效果上、在满足程度上是有一定限度的；它是金钱成就的适当的直接证明，因此也是社会价值的适当的直接证明。服装的作用还不止是如明显浪费所提供的那种浅露的、直接的证明，它还有比较微妙的、影响更深远的潜在作用。如果从衣着上除了能够证明穿的人财力优厚、可以任情花费以外，还可以证明他（或她）并不是一个要依靠劳力来赚钱度日的人，衣着作为社会价值的一种证明的作用就会大大提高。因此我们如果要求衣着能有效地适应目的，那么应当注意的不只是它的代价高昂，而且应当使一切旁观者一看就知道，穿着这样衣服的人是不从事任何生产劳动的。我们在服装制度上精益求精，到现在已经在深可赞佩的情况下同它的目的充分相适应，在这一演进过程中，上述的附属性证明作用是受到了应有的注意的。我们对于一般所认为优美的那类服饰加以仔细考察以后就可以看出，设计者在每一个细节上的用意是在于要引起一种印象——穿着这类衣服的人并不习惯于从事任何有实用的劳动。如果在服装上显露了穿的人从事体力劳动的痕迹，或者有了污损，那就不用说，这样的衣服是谈不到优美，甚至也谈不到合式的。一件整洁的外衣之所以悦目，即使不完全是、也主要是由于它含有一种暗示，一种有闲的暗示，它说明这件外衣的主人是与任何工业操作没有接触的。一双锃亮的漆皮鞋，一件洁白无瑕的衬衣，一顶精光耀眼的圆柱体的礼帽，再加上一根精致的手杖，为什么会有那样的魔力，可以衬托出一位绅士的派头，大大提高他原有的威严，大部分的原因是在于由此突出地表明了一件事实——有着这样穿戴的人是绝不可能直接插手于任何对人类有用的工作的。高雅的服装之所以能适应高雅的目的，不只是由于其代价高昂，还由于它是有闲的标志；它不但表明穿的人有力从事于较高度的消费，而且表明他是单管消费、不管生产的。

衣服对于其使用者的摒绝生产工作具有一种证明作用，就这一点而言，妇女的衣服比男子的有更进一步的表现。男子的大礼帽固然妨碍工作，而式样优雅的女帽却更明显地使工作完全陷于不可能，这一归纳结果是不待深论的。女用的鞋还特为添上了高跟，为的是由此提供的风流姿态可以表明一种强制执行的有闲；穿上了这种高跟鞋，即使要从事最简单、最必要的体力劳动也将感到极度困难。此外如作为妇女服装的特色的长裙以及其他种种宽衣垂饰，情况也是这样，甚至更加显著。我们特别喜爱那种贴地的长裙，其真正原因是在于它的代价高，在于它能使穿的人步履维艰，从而使她无法从事任何有用的劳动。女子的头发留得极长，原因也在这里。

但是女性的服装,不仅在脱离生产这一点上的证明比现代男性的服装有更进一步的表现,而且还有它所专有的、高度显著的一种特征,在性质上与男性在这方面的任何习惯根本不同。这种特征表现在服装的某类设计上,在这类设计中,女用胸衣是一个典型例子。从经济理论上来说,胸衣实在是对身体的毁伤行为,穿着胸衣的目的是在于降低使用者的活力,使她永远地、显然地不适宜于工作。诚然,胸衣足以减损人体美,但它使穿的人明显地表现出浪费性,表现出一种柔弱风度,从而在荣誉上有所增益,这就使得失之间可以相抵。我们大致可以肯定,从事实上来看,妇女服装的女性特征已经演变到具有这样一种性质,即通过妇女特有的服装,对有用的劳动提供进一步有效的阻碍。关于男女服装间的差别,这里只是简单地指出了一个显著特征;至于发生这种差别的原因,下面将加以分析。

到此为止,我们是把明显浪费这个广泛原则作为服装的一个伟大的、最有力的规范的。除此以外,还有一个附属于这个原则、作为这个原则的推论结果的明显有闲原则,在起着一种辅助规范的作用。在服装结构中,这一规范所起的作用是表现在形形色色的式样的设计上,这种设计要能表明穿的人并没有从事生产劳动,只要方便,还要能表明穿的人实际上无法从事生产劳动。在这两个原则以外还有一个第三个原则,也具有几乎同样严格的约束力量,这是任何人稍微思索一下就可以想到的。服装不但在高价上和不方便上必须有明显的表现,而且必须考究时新。关于时新式样的不断变换这一现象,迄今为止,还全然没有得到满意的解答。

装束必须入时，必须合于最近的、公认的式样，这是一个不容违反的严格要求。同时，这种公认的时新式样应当随时随刻不断变化。这些都是每个人极其熟悉的。但是关于这种变化或新陈代谢的理论，直到现在还没有产生。我们当然可以说这一个崇尚新奇的原则是明显浪费定律的另一个推论结果，这个说法既毫无矛盾，也完全真实。很明显，如果每一件外套只能容许在一个短促的时限内适用，如果在上一个期间流行的衣服在本期没有一件可以容许继续使用，则服装上的浪费支出将大大增加。这个说法自有其一定的正确性，但只是一个消极的推论。它主要是使我们有理由相信，明显浪费规范对一切衣着发挥着一种有控制作用的监视力量，因此服装式样上的任何变动必须合乎浪费原则的要求；但是流行式样发生变化和人们接受这种变化的动机何在，它没有能解答，为什么人们对某一时期流行的某一式样要在我们所看到的那样迫不得已的情况下亦步亦趋，它也没有能作出解释。

要找到一个能够说明服装式样不断发明和不断革新的动机的创造性原则，就得追溯到衣服创始时原始的、非经济的动机——装饰的动机。关于这个动机在浪费定律的支配下怎样和为什么能获得发展，我们不准备深入讨论。我们可以概括地说，在服装式样上相继而至的每一次革新，总是为了实现某种表现形式的一种努力，总是为了要在形式、色彩或效果上使新的表现形式比原有的进一步投合我们的口味。人们一直在努力的是寻找一些能够进一步适应我们的美感的事物，式样的不断变化就是这方面不断努力的表现。但每一次革新总是要服从明显浪费规范的淘汰作用，因此能够实现革新的范围是有限的。一切革新比被它顶替的原有式样，不但在美观程度上必须有所增进——或者实际上也许是在丑陋程度上有所减低——而且必须与公认的浪费标准相适合。

乍看起来,对服装的美化既然作了这样的不断努力,它就应当逐渐接近艺术上的圆熟境地。我们也许会自然而然地指望时新式样会指向一个明确趋向,沿着某一服装类型的路线不断前进,从而越来越与人们的体格相适合。我们甚至会觉得未尝没有切实的依据可以存着这样的指望,以为经过这许多年来的巧妙发明和努力,今天在服装式样上应该可以达到比较完善的程度和比较稳定的状态,跟永远站得住的艺术上的理想境地应该极为接近。但事实并不是这样。假使我们断言,今天的服装式样,以真正适合于人类体格这一点来说,的确优于十年前、二十年前、五十年前或者一百年前的式样,这样的结论是非常冒险的。另一方面,如果断言两千年前流行的式样,比今天花了最大代价、用尽了最大心力制成的式样还要高明,还要适合人体,这样的说法却不会受到反驳。

由此可见,以上关于服装的时新式样的解释还不够全面,我们还得作进一步的探讨。世界上有某些地区,在服装上已经有了比较稳定的式样和类型,这一点是众所周知的;例如日本、中国以及别的一些亚洲国家,又如希腊、罗马以及别的一些古代东方民族,都有这样的情况,此外现代欧洲差不多每一个国家的农民在这方面的情况也是这样。按照一些有资格的批评家的论断,这些国家或民族的服装,大都比现代文明服装那些变化不定的式样高明,从适合人体和艺术性方面来看,前者也多超过后者。同时,至少就一般情况来说,前一类服装所含有的明显浪费成分也比较少;就是说,在前一类的服装结构中比较容易看出的,不是奢华浪费的夸耀而是别的一些因素。

这类比较稳定的服制大都具有相当严格的、狭隘的地方色彩，随着地区的不同而有细微的、有系统的差异。采用这类服装的民族或阶级，其富裕程度必然比我们差，以通行这类服装的国家、地区和时期而言，其时其地的居民，或至少其阶级，总是比较纯一、比较稳定、比较安土重迁的。这就是说，这类经得起时间与前途考验的稳定的服制是在这样的环境下产生的，在这个环境下，明显浪费规范表现得不像现代文明都市那样有力；那些文明都市中的居民比较富裕，流动性也比较显著，今天考究式样时新的人主要就是他们。采用比较稳定、比较艺术化服制的那些国家和阶级处在这样的地位上：在那里彼此之间的金钱竞赛主要表现在明显有闲方面的竞争上，而不是物品的明显消费方面的竞争上。因此我们可以这样说，在一般情况下，物品明显浪费原则的势力最巩固的那些社会，像我们自己所处的社会那样，其服制式样总是最不稳定，也是最不合适的。这一点说明了一个事实，即奢华浪费与艺术化服制两者是居于对立地位的。就实际情况来说，明显浪费规范同衣服必须美化或必须适宜的要求是不相容的。服装式样为什么要一刻不停地变化，可以从这一对立状态求得解释；不论是浪费准则或审美准则，都不能单独地解释这个问题。

荣誉标准所要求的是，服装应当能表示浪费支出；但一切浪费总是同天然的爱好相抵触的。前面已经指出，根据心理学定律，一切男子——女子也许更加如此——对于不论在劳力上或消费上的不求实际总是感到厌恶的，正同曾经一度宣扬的所谓自然厌恶真空的情形一样。但明显浪费原则所要求的是显然的不求实际的支出；由此形成的服装上的明显浪费因此是在本质上丑恶的。于是出现了这样的情况：服装上的一切革新，在增出的或变更的每一个细节上，为了避免直接受到指责，总要表明它是具有某种表面目的的；同时在明显浪费的要求下，革新的这种表面目的又不能表现得过火，无论如何，不能超出类如显而易见的托辞这个限界以外。即使在花样的翻新上诡谲变幻到极点，也总得以某种表面用途为托辞，越出这个常规的情况即使有也是很少见的。然而服装在时样的细节上的这种浮面的适用性，其出于假托的情况总是显而易见，其本质上的不求实际总是表现得十分露骨，使人们感到难以忍受，不得不另翻花样，从更加新的时样中求得安慰。但进一步的新样仍然必须符合荣誉浪费和不求实际的要求。于是人们对于新样的不求实际不久又会感到可憎，其可憎程度同它的前身并不相上下。这时在浪费定律的支配下我们可以采取的唯一补救办法是再度革新，是向同样不求实际和同样站不住脚的某种新结构求取安慰。这就是衣着刻刻翻新而新样又为什么在本质上那样丑恶的原因所在。

对时新式样不断变换作了这样的解释以后，我们还得将日常事实与这一解释相印证。日常事实中有一点是人所共知的，在任一时期流行的式样总是人人喜爱的。一个新样的出现，总会博得一时的合意，至少当它作为一个新奇事物的资格还没有丧失时，人们总觉得新样是漂亮的。时兴的式样总是动人的。这一点部分是由于人们看到新样与旧样有所不同会产生一种轻松感觉，部分是由于时兴的式样含有荣誉性。上一章已经指出，荣誉准则在一定程度上控制着我们的爱好，因此在这一准则的指导下的任何事物，当其新奇性尚未消逝以前，或其荣誉性尚未移转到适应同样一般目的的别一新奇结构以前，在我们看来总是适当的，是可以接受的。我们对任何一个时期风行的式样所感到的美或“可爱”，只是片时的，假性的；这一点说明，所有这些层出不穷的时样，没有一个是经得起时间的考验的。即使当时认为是最精最美的新样，过了几年或十几年以后再回过头来看一看，纵然它不一定不堪入目，也会使我们大吃一惊，觉得是奇形怪状的。我们对于任何最新事物的一时的爱慕，并不是从审美观念出发而是别有所依据的，一等到我们固有的审美感占了上风，我们对于这个新型设计就要感到难以接受，它的寿命就要在这个时候终止。

在审美性上的反感，其发展过程是多少需要些时间的，时间的长短，要看在某一具体情况下某一新样本质上的丑恶程度而定。按照时新式样的可厌性和不稳定性的这种时间关系，可以作出论断，即新样接替旧样越快，这种新样同正常爱好的抵触越大。由此我们可以推定，社会，尤其是社会中的富有阶级，在富裕和流动性方面、在人类相互接触的范围方面越向前发展，明显浪费定律在服装上的势力将越巩固，审美观念则将更加陷于停滞状态，更加受到金钱荣誉准则的抑制，这时时装将变换得更快，而一个接着一个出现的新样也将越来越变得光怪陆离，越来越使人难以忍受。

关于这里提出的服装理论，至少还有一点有待研究。以上所述，大都对男子与女子的服装两者都适用；虽然所述各点，在现代社会似乎在女子的方面格外显著。但是有一点，女子服装的情况跟男子的根本不同。就女子的服装说来，其显然格外突出的一个特征是，证明穿的人并不从事也不宜于从事任何粗鄙的生产工作。

女子服装的这一特征是有其重要意义的，它不但可以使服装理论臻于完整，而且可以印证上面已经提到的过去和现在的妇女经济地位。

在前面有关代理有闲和代理消费问题的研究中谈到妇女的地位时我们已经看到，在经济发展过程中，为家主执行代理消费已经逐渐成为妇女的职务；妇女的服装就是按照这个目标设计的。情况演变的结果是，显然的生产劳动特别有损贵妇的身份，因此在妇女服装的设计中必须费尽心力使观者明确认识到一个事实（实际上往往是虚伪的），即穿这种衣服的人并不惯于也不可能惯于从事有实用的工作。按照礼俗的要求，有身份的妇女应当谢绝生产劳动，在有闲态度上应当表现得比属于同一社会阶级的男子更加彻底。我们看到一位出身名门的、有教养的女子迫于生计而从事有实用的工作，总不免愤愤不平。这不是“妇女干的事”。她的活动范围是在家庭以内，她应当在那里起“美化作用”，应当是全家的一颗明星。至于男主人则一般总不会被说成在家庭中处于这样的地位。这一特点，加上礼俗要求妇女不断注意衣着和其他装饰上的炫奇斗富这一事实，格外有力地证明了上面提到的观点。我们的社会制度是继承族长制而来的，因此证明家庭的支付能力，特别成为妇女的职能。依照现代文明的生活方式，家庭的荣誉应当由属于这个家庭的妇女来特别关怀；而这种荣誉主要是通过荣誉消费和明显有闲获得证实的，因此关于这些方面的如何进行就列入了妇女的活动范围。在理想的生活方式下——在较高金钱阶级的生活中就有这样的倾向——对物质与劳力的明显浪费这方面的注意，应当经常地成为妇女的唯一经济职能。

当社会还处于妇女还是在十足意义上的男子的财产那个经济发展阶段时，明显有闲和明显消费是她们必须执行的任务的一个部分。那个时候妇女既非居于自主地位，由她们执行的明显有闲和明显浪费，其荣誉当然应当归之于她们的主人而不是她们自己；因此家庭中的妇女越是奢华浪费，其不生产性越是显著，越能适应提高家庭或其家长的荣誉这个目的，她们的生活也越加值得称道。这一情况愈演愈烈，结果妇女不仅要在有闲生活的证明方面有所提供，而且要使自己处于对一切生产活动全然无能的境地。

就是这一点使男子的服装不能同女子的齐头并进具有充分理由。明显浪费和明显有闲是有荣誉性的，因为这是金钱力量的证明；金钱力量是有荣誉性的或光荣的，因为归根到底，它是胜利或优势力量的证明；因此任何人，当他代表他自己的利益而作出浪费或有闲的证明时，不能采取这样的形式或趋于这样的极端，使他自己显得无能或处于显然的不舒适、不自如状态；那种情况所表明的将不是优势力量而是劣势地位，那样做也是作茧自缚，会破坏他自己的目的。因此不管在哪里，只要浪费支出和避免劳动的表现，在正常或一般的情况下达到了这样的地步，以致表明了显然不舒适状态或自动引起的体力上的无能，就可以由此直接断定，这个人之所以执行这种浪费支出，忍受这种体力上的无能，并不是为了她自己在金钱荣誉上的利益，而是为了她与之有经济依赖关系的另一个人的利益；那种关系，从经济理论上来看，分析到最后，必须归之于奴役的关系。

现在试将这一归纳结果应用到妇女的服装方面，作一具体说明。所有那些高跟鞋、长裙、胸衣、不切实用的女帽以及不顾到服

用人的舒适的一般现象，是一切文明妇女服装的显著特征；这些作证的事实足以说明，在现代文明的生活方式中，在理论上妇女仍然处于经济上依赖男子的地位，在高度理想化的意义下，或者可以说她仍然是男子的动产。妇女之所以要执行这样的明显有闲，要这样打扮，老实说，就是因为她们处于奴役地位，她们在经济职能的分化中接到的任务是，为她们的主人的支付能力作出证明。

就这些方面来说，妇女的服装与家庭仆役、特别是穿制服的仆役的服装，有显然相类之处。两者在不必要的靡费这一点上同样有用尽心机的表现，两者同样有显然不顾服用人身体舒适的倾向。不过主妇的服装蓄意要做到的，即使不一定是在于要显出穿的人的孱弱之躯，也至少是要衬托出她的娇惰风度，而这一点是仆役的服装所望尘莫及的。这是在情理之中的；因为在理论上，按照金钱文化的理想方式，主妇是家庭中的首要奴仆。

除了这里所看到的这类仆役以外，至少还有一类人物，他们的服装跟仆役阶级的很相类，而且有许多特点是与妇女服装表现出女性风度的那些特点相一致的。这就是教士阶级。教士的法衣，有力地、突出地显示了表明奴仆身份与代理性生活的一切特征。法衣这件东西，看上去绚烂夺目、光怪陆离，而且非常不方便，至少在表面上看来，简直使穿的人要不舒适到感觉痛苦的地步，这一点比教士的日常服装表现得更加显著。教士照说是要戒绝一切生产劳动的，他在大庭广众之中是要带着些冷静、沉闷的脸色的，这同一个训练有素的家庭仆役的神气也很相类。还有，教士的脸是应当修得光光的，家庭仆役也是这样。教士阶级在态度上、装束上与仆役阶级所以会这样相像，是由于两个阶级在经济职能上的类似。

从经济理论上说，教士所处的正是一个随身侍仆的地位，据理而言，他是神的随身侍从，他所穿的就是神给他的制服。他的制服非常华贵，这是应当的，因为只有这样才能恰当地显出他那位崇高的主人的尊严。设计制服时对服用人身体的舒适很少顾到，或者简直完全不顾，这也是理所当然的，因为穿着制服是一项代理消费，由这种消费而来的荣誉是归之于那位不在场的主人的，不是属于仆人的。

妇女、教士和仆役同男子二者在服装上的分界线，实际上并没有被始终一致遵守；但在一般的思想习惯中始终存在着相当明确的这样一个分界线，这一点可以说是没有争执的。当然，也会有一类放荡不羁的人——而且这类人是不在少数的——出于从服装上追求无上荣誉的狂热，会越过男女之间在服装上的假设界线，把他们自己打扮成那种模样，以致亵渎了人类的清白之躯；但每个人都会清楚地认识到，男子作这样的装束是脱离常轨的。我们惯于说某人的装束“有女人气”，也常常会听到这样的批评——某人打扮得那样考究，看起来倒像是个穿得很体面的跟班。

在这一服装理论上，还存在着某些表面看来不符合之处，值得予以进一步的详细考察，尤其是因为这类情况，在服装的后期或较成熟的发展阶段，已经成为相当明显的趋向上的特征。例如胸衣的风行，看来就好像是这里引证说明的通则的一个显然例外。但经进一步考察就可以看出，这一显然的例外实际上是证实了这一通则，即，服装中任何一个因素或特征之所以能风行，是由于它具有作为金钱地位的证明这一效用。我们都知道，在工业比较发达的社会，胸衣的使用只是限于界线相当明确的某些社会阶层。比较贫困的阶级，尤其是乡村妇女，平时并不使用这件东西，只是逢到节日，作为一件奢侈品，偶尔一用。属于比较贫困阶级的妇女不得不艰苦操作，在日常生活中用这件东西来折磨肉体，借以装点有闲的门面，对她们说来并没有什么好处。至于在节日中使用，这是出于对上层阶级的礼仪准则的模仿。在最近一两代以前，除了必须从事体力劳动的和贫困的阶级以外，凡是处于这些阶级以上的、社会上有相当地位的妇女，哪怕是最富裕、最尊贵的妇女，仍然认为胸衣是一件不可须臾离的东西。只要那些富裕得足以免除必须从事体力劳动的污名的人们还不是一个大的阶级，可是人数也不少，足以形成一个自负的单独的社会集团，而其中群众又可以在这一阶级内部为一些只是由于这一阶级的一般看法而得到推行的特殊行为准则提供基础，那么，在这种情况下，上述的通则就是有效的。但是现在一个十分庞大的有闲阶级已经成长起来，它拥有的财富已经这样多，以致这时如果对它进行必须从事体力劳动这样的诽谤，已经毫无意义，对它一无所损；在这种情况下，在这一阶级以内，胸衣这件东西就在很大程度上变成了废物，可以弃之如敝屣。

由此可见，以胸衣的解除作为上述通则的一个例外，与其说是实际的，不如说是表面的。现在仍然重视胸衣的是，有着较低工业结构——比较接近于旧式的、准工业类型的结构——的那些社会的富裕阶级，和工业比较发达的社会中那些后起的富裕阶级。后者对于由金钱等级较低的前期沿袭下来的、那种平民化的爱好准则和荣誉准则，还没有来得及放弃。例如，在某些最近暴发起来的美国城市的上层阶级中，就往往还保有胸衣的残余。可以说，胸衣主要盛行于由较低的金钱文化水平走向较高的金钱文化水平那个动荡的过渡时期，这个时期也可以说是一个尽力装腔作势、攀高向上——如果这类形容词只是用作学术上的专门名词，不含有任何丑化意义的话——的时期。这就是说，在一切向来有使用胸衣的风气的国家，只要它的使用能够表明穿的人在体格上的无能，从而适应作为荣誉有闲的证明这一目的，它就会继续存在。当然，关于别的一些足以在外观上显然降低个人工作效能的毁伤肢体行为和衣着上的设计，上述通则也同样适用。

关于明显消费方面的种种事项，情况也有些相类，上述通则同样适用。近百年来有一种很明显的趋向，尤其是在男子服饰的演变中，有些消费的方式和有闲的象征已经不复存在，这类事物必然要使使用人感到麻烦，在过去也许很能适应需要，但在今天的上流社会如果继续使用，将成为一种额外负担——如涂粉假发和金线带的使用以及经常修面的风气，都是这类例子。近年来修面的风气在上流社会又有些恢复的样子，这或者是出于对仆役们的习尚的一时模仿，相信这个习惯同我们祖父一辈的头上的假发一样，不久会成为陈迹。

这些，以及与之相类的一些事物，在使用者方面实际上全无意义，而这一点又表现得非常浅露，毫无遮掩，使一切旁观者一望而知。为了改变这种情况，逐渐使用了表现同样事实而比较巧妙的方式；这些方式在高明的、属于比较小范围的一些人的有经验的眼光里还是同样明显的，而人们所要博取的也主要是这些人的好评。如果一个要从事自我表现的人所要夸耀的对象是社会中的广大人群，而这类人对于财富与有闲的一些细微曲折、变化巧妙的证明方式，如何觉察，如何欣赏，并没有经过训练，则那种比较早期的、粗率的自我表现方式还有其存在依据。当富裕阶级有了充分发展，形成一个广大集团（这些人对于消费方面比较精深微妙的种种窍门是有充裕时间来深入钻研的）以后，自我表现的方式就有了由粗到精的变化。“过火的”服装表明穿的人所要配合的是流俗的口味，于此道研究有素的人对它是要引起反感的。对于一个有高度教养的人来说，只有与他属于同一上层阶级的成员才是他所注意的. 只有这些人在有经验的辨别力下所给予他的好评和敬意，才是有实际重要意义的。由于富裕的有闲阶级已经发展得十分庞大，属于有闲阶级的个人跟同阶级的各成员之间的接触已经越来越广泛，就荣誉上的目的来说，已经足以自行构成一个人类环境，这就发生了一种倾向，把居民中比较微贱的分子排出组织以外，甚至根本就不把他们当作其意见是赞可还是反对应当加以探求的旁观者。所有这一些演变的结果是，在服装表现方面的方式方法的精益求精，设计上的越加巧妙和服装在象征表示的方式上的趋于精神化。大家晓得，关于礼俗的一切事项，上层有闲阶级是居于权威地位的，随着他们在表现方式上的改进社会的其他部分也逐渐有了相应的改进。随着社会在财富上、文化上的进展，证明支付能力的方式越来越精微巧妙，作为一个观察者必须具有进一步高明、精确的辨别力。这种对于自我表现的媒介物的进一步高明、精确的辨别力，实际上是高度金钱文化中一个极其重要的因素。

第八章　工业的脱离与保守主义

人类在社会中的生活，正同别种生物的生活一样，是生存的竞争，因此是一种淘汰适应过程；而社会结构的演进，却是制度上的一个自然淘汰过程。人类制度和人类性格的一些已有的与正在取得的进步，可以概括地认为是出于最能适应的一些思想习惯的自然淘汰，是个人对环境的强制适应过程，而这种环境是随着社会的发展、随着人类赖以生存的制度的不断变化而逐渐变化的。谈到制度，不但其本身是精神态度与性格特征的一般类型或主要类型所由形成的淘汰适应过程的结果，而且它也是人类生活与人类关系中的特有方式；因此，反过来说，它也是淘汰的有力因素。这就是说，变化中的制度也足以促进具有最相适应的气质的那些人的进一步汰存，足以使个人的气质与习性，通过新制度的构成，对变化中的环境作进一步的适应。

促进人类生活与社会结构发展的那些力量，无疑是可以最后归纳为人类本身和物质环境两个方面的；但就这里的研究目的来说，最好把这些力量大体上说成是这样一种环境，这种环境部分是人的，部分是非人的，和这样一种人类，这种人类在体格和智力的构成上多少是有些确定的。但是总的或一般的来说，这样一种人类还是多少有些变化不定的；当然，主要是在顺应的变化可以获得

汰存这一通则之下变化不定的。这种顺应的变化的汰存，也许主要是种族类型上的汰存。任何社会，如果其居民是由多种不同的民族混合组成的，则其中在体格上和气质上比较顽强、比较稳定的那几个种型，在社会生活史上的任一个时期，就会有这一个或那一个种型上升到统治地位。一般形势，包括在任一个时期通行的制度，总是会使某一性格类型比其他性格类型格外有利于生存和统治；而这样汰存下来的民族，他们在继续保持过去遗留下来的制度并加以发扬光大时，将在很大程度上按照自己的爱好来改变这类制度。但除了在性格和气质比较稳定的若干种型之间进行的淘汰以外，在占优势的某一个或某几个种型所特有的性格倾向的一般范围内的那些思想习惯，无疑也在经历一个持续的淘汰适应过程。由于在比较稳定的各种型之间进行的淘汰，任何民族的基本特征可能产生一种变化；而在同一种型范围之内，由于在某些细节上的适应，由于在任一个或任一类社会关系所特有的种种习惯观念之间进行的淘汰，也会产生一种变化。

然而就这里的研究目的来说，关于适应过程的性质这一问题——不论问题牵涉到气质或性格比较稳定的各种型之间的淘汰，抑或主要是人们的思想习惯对变化中的环境的适应——还是次要的，主要问题是在于如何通过这一方式或那一方式使制度变化和发展。制度必须随着环境的变化而变化，因为就其性质而言它就是对这类环境引起的刺激发生反应时的一种习惯方式。而这些制度的发展也就是社会的发展。制度实质上就是个人或社会对有关的某些关系或某些作用的一般思想习惯；而生活方式所由构成的是，在某一时期或社会发展的某一阶段通行的制度的综合，因此从心理学的方面来说，可以概括地把它说成是一种流行的精神态度或一种流行的生活理论。如果就其一般特征来说，则这种精神态度或生活理论，说到底，可以归纳为性格上的一种流行的类型。

今天的形势是要构成明天的制度的，方式是通过一个淘汰的、强制的过程，对人们对事物的习惯观念发挥作用，从而改变或加强他们对过去遗留下来的事物的观点或精神态度。人们是生活在制度——也就是说，思想习惯——的指导下的，而这些制度是早期遗留下来的；起源的时期或者比较远些，或者比较近些，但不管怎样，它们总是从过去逐渐改进、逐渐遗留下来的。制度是已往过程的产物，同过去的环境相适应，因此同现在的要求绝不会完全一致。出于必然的事理，这种淘汰适应过程是绝不能赶上社会在任一个时期所处的不断变化中的形势的；因为不得不与之相适应从而进行淘汰的一些环境、形势和生活要求天天在变化；社会中每一个相继而起的形势才告成立，它就开始变化，成为陈迹。发展过程向前跨进一步，这一步本身就构成了形势的一种变化，要求作新的适应，它也就成了下一步调整的出发点，情形就是这样无止境地演变下去。

应当注意到，虽然今天的制度——也就是当前的公认的生活方式——并不完全适应今天的形势这种说法是听来使人生厌的陈词滥调；可是也还有一种倾向，这就是，人们对于现有的思想习惯，除非是出于环境的压迫而不得不改变，一般总是要想无限期地坚持下去。因此遗留下来的这些制度，这些思想习惯、精神面貌、观点、特质以及其他等等，其本身就是一个保守因素。这就是社会惯性、心理惯性和保守主义因素。

社会结构要变化,要发展,要同改变了的形势相适应,只有通过社会中各个阶级的思想习惯的变化,或者说到底,只有通过构成社会的各个个人的思想习惯的变化,才会实现。社会的演进,实质上是个人在环境压迫下的精神适应过程;变化了的环境,同适应另一套环境的思想习惯已经不能相容,这就要求在思想习惯上有所改变。至于这一适应过程是一个持久存在的各种型之间的淘汰与生存过程,还是一个个人对已有特性的继承与适应过程,就这里的讨论目的来说,并不一定是一个具有重要意义的问题。

社会发展,特别是从经济理论的立场来看,是"内部关系在大体上很明确地向外部关系调整"的不断的、有增无已的接近;但这种调整绝不会确定完成,因为由于"内部关系"的变化,"外部关系"也在不断变化。接近的程度可高可低,这要看作出调整时的便利程度而定。不管怎样,人们在为了符合改变了的形势的要求而调整思想习惯的时候,总是迟疑不决的,总是有些不大愿意的,只是在形势的压力之下,已有的观点已经站不住的时候,才终于这样做。制度与习惯观念因环境改变而作出调整,是对于外来的压力的反应,其性质是对刺激的反应。因此,实现调整的迅速与便利,也就是说社会结构发展的能力,在很大程度上是决定于任一个时期的形势对社会中各个成员发生影响的直率程度;所谓直率程度指的也就是,各个成员在环境的拘束力之前的暴露程度。如果社会中的任何部分或任何阶级,对环境所起的影响的任何主要方面,处于有所荫蔽的地位,那么社会中的那个部分或那个阶级的观念和生活方式适应改变了的一般形势的过程将比较迟缓;它将对社会的转变发生在这一程度上的阻滞作用。富裕的有闲阶级，对于促进变化与调整的经济力量，就是处于这样的有所荫蔽的地位。还有一层，有助于制度调整的一些力量，尤其是在现代工业社会的情况下，说到底，差不多完全是属于经济性质的。

任何社会的结构如果是由所谓经济的制度组成的，就可以看作一个工业的或经济的机械结构。这类制度，就是在社会的生活过程中接触到它所处的物质环境时如何继续前进的习惯方式。在某一已有的环境下，如果发挥人类活动力的某些方式已经具体形成，则社会的生活在这类习惯方向下将有相当圆熟的表现。这时社会将利用环境的力量，使生活能够按照从过去学来的、现在已经与这些制度合而为一的一些方式继续下去。但是，当人口有了增加，人们支配自然力量的知识和技巧有了扩大和提高以后，那些集体中各成员之间的关系的习惯方式，以及推进整个集体的生活过程的习惯方式，就不再能产生跟以前同样的结果；由此造成的生活条件，也不再能在以前那样的情况下或以前那样的效果下在各个成员中分配。如果一个团体在以前的情况下进行的那种生活方式，在当时的环境下，就那个团体的生活过程的效率或便利程度而言，曾经获得在大体上尽其力可以达到的最高成就；那么在这个时候，同样的、没有改变的生活方式，在改变了的环境下，就不再能产生以前那样的尽其力可以达到的最高成就。在人口、技能和知识有了改变的情况下，按照传统方式进行的生活的便利程度，也许并不低于在以前的情况下的便利程度；但大致的情况总是这样，这时如果能改变方式来适应改变了的情况，就会减少便利程度降低的可能。

集体是由个人组成的，集体的生活是至少在表面上各不相谋的情况下进行的各个个人的生活。集体的公认的生活方式所体现的是，集体中各个人对人类生活怎样才是正确、善良、合宜和美化的见解上的一致。由于应付环境的方式有了变更，生活条件就须重新分配；就生活的便利程度而言，这一重新分配的结果并不是整个集体的一次均等变化。情况变更以后，整个集体的生活的便利程度也许会有所提高，但重新分配通常会产生的结果是，集体中的某些成员在生活的便利或充实程度上有所降低。在人口、专门技术或工业组织等方面有了进展以后，至少对社会中某些成员来说，如果他们要想便利地、有效地投入改变了的工业方式，就得改变他们的生活习惯；这样，关于生活习惯何者为善、何者为美的一些固有观念，他们就不再能保持。

任何人，如果必须改变他的生活习惯，改变对他的同辈们的习惯关系，就会感到新形势要求下的生活方式同他所习惯的传统的生活方式两者之间的矛盾。对于改造已有的生活方式具有最活跃动机的，最容易被说服去接受新标准的，就是处于必须改变生活习惯这种地位的个人；而只是出于生计上的需要，人们才会处于这样的地位。环境对一个集体施行压力，促使集体的生活方式进行调整时，是以金钱的迫切要求这一形式向集体的成员进行冲击的。外在的力量，大部分会表现为金钱的或经济的迫切要求这样一个形式；只是由于这个缘故，我们才说，足以使任何现代工业社会进行制度上的调整的那些力量，主要是经济的力量，或者说得再明确些，这些力量所表现的形式是金钱的压力。这里所考虑的这样一种调整，实质上就是人们关于何者为善、何者为美的观念上的变化，而借以引起人们对何者为善、何者为美的见解的变化的手段，则主要是金钱的迫切要求下的压力。

人们对于生活中何者为善、何者为美的观念上的任何变化，充其量也只是在迟疑、勉强的情况下实现的。当发生了朝向所谓进步的方面的任何变化时，情况格外是这样；这就是说，发生的变化如果是同古老的状态——我们可以把这个状态看作是在社会进化过程中任何阶段下的一个分歧点——相背驰的，它的实现将更加迟疑不决。开倒车，重新接近一个民族过去久已习惯的观点，这样的变化总是比较容易的。如果当初发生与过去的观点相背离这一现象，并不是主要由于气质跟早期观点不相投的种型的替换，恢复到原来的观点会格外顺利。

在西方文化史中，紧接现代的前一个文化阶段是这里提到过的所谓准和平阶段。在这个准和平阶段，身份制是生活方式中的显著特征。当时表现得格外突出的是统治与个人服从的精神态度；今天人们对这一点是如何地余情未断，已经可以不言而喻。这种精神态度，与其说已经被与后期发展下的迫切要求完全相一致的思想习惯所彻底清除，不如说是在今天的经济的迫切要求下，还处于未确定的中止状态。属于西方文化下的人民的一切主要民族，在其生活史上，在经济发展的过程中，掠夺阶段与准和平阶段的持续时间似乎很长。因此，那些文化阶段所固有的一些气质和性格倾向已经达到了那样的牢固程度，当任何阶级或社会跟有利于保持后期发展下的思想习惯的那些力量的影响隔得很远时，就会无可避免地发生迅速恢复符合前阶段的心理素质的一些显著特征的倾向。

这一点是人所共知的，个人或者甚至为数众多的一群人，如果与高度工业文化隔离，接近较低的文化环境或比较不发达的经济处境，他们就会很快地显露出恢复掠夺类型所特有的那些精神特征的倾向。看来属于长颅金发型的欧洲人，同西方文化下的别的种型比较，似乎更加容易转向未开化意识。在近代移民史与殖民史中，关于小规模的这样的复归倾向，有过很多的例子。盲目的爱国主义是掠夺文化下的一个极其突出的特征；这一特征的存在也往往是现代社会的复归倾向的一个最显著标志；除那种唯恐触犯这一主义的情况当作别论外，这里也许可以引美国殖民地的情况，作为这种复归倾向的一个例子，这虽然不是一次性质十分广泛的复归倾向的表现，但规模异常之大。

在任何现代的、高度组织下的工业社会，有闲阶级对于那些经济的迫切要求下的压力，总是处于有所荫蔽的状态。这个阶级对于生活资料的竞争，没有别的阶级那样迫切、紧张；由于它处于这样的优越地位，可以想象得到，当形势要求在制度上作进一步发展，对改变了的工业局势作重新调整时，它的反应在社会各阶级中总是最迟钝的。有闲阶级是一个保守阶级。社会中一般经济形势的要求，并不会毫无拘束地、直接地对这个阶级的成员进行冲击。他们无须改变生活习惯或改变他们对外界的理论观点来适应改变了的工业技术上的要求，他们不这样做也并无所损，因为他们并不是工业社会中一个十足意义下的有机部分。因此这类迫切要求并不能轻易地使这个阶级的成员产生对现状的某种程度的不安；而只有这种一定程度的不安感觉，才能使不管是怎样的一群人抛弃其已经习以为常的那些生活观点和生活方式。在社会进化过程中，有闲阶级的作用是对社会的动向从中阻挠，保留腐朽、落后的事物。这并不是一个新奇论点，这是很久以来一般人的日常见解之一。

富裕阶级生来是保守的，这已是获得普遍认可的一种论断，作出这一论断，无须多借助于有关这一阶级在文化发展过程中所处的地位与关系这些方面的任何理论观点。人们对这个阶级的保守主义所作的解释一般总是带些歧视意味，他们认为富裕阶级之所以反对革新，是由于它拥有那种不值得称道的既得利益，是由于要保持现状，保持那种既得利益。但这里要提出的解释，却不含有归咎于那种不值得称道的动机的意思。这个阶级反对文化结构上的变化是出于本能，并不是主要出于物质利益上的打算；这是一种与事物已有的做法有了背离时人们就会发生的本能的反感，这种反感是人所共有的，只是在环境的压力下才会被克服。生活习惯和思想习惯上的任何变化总是惹厌的。在这一点上富人与常人之所以有差别，主要并不是由于激起保守主义的那种动机，而是由于对强迫促使事物变化的那些经济力量的暴露程度彼此有所不同。富裕阶级的成员不像别人那样容易屈服于革新要求，因为他们没有受到非屈服不可的压制。

富裕阶级的这种保守性已经成为这样显著的一个特征，甚至这一点已经渐渐地被看作是荣誉的标志。保守性既然是社会中比较富裕的，因此也就是比较有声望的那部分人的特征，它就有了相当的荣誉价值和炫耀价值。这一点已经习惯成自然到这样的地步，以致在我们对荣誉的观念中自然地含有坚持保守观点这一意义。凡是要保持相当声望,不受到社会的指摘,凡是要过这样日子的人,非抱着这种保守态度不可。保守主义是上流社会的特点,是正派作风;正相反,讲求革新是下流社会现象,是庸俗态度。我们对一切社会革新会本能地抱着反感并加以排斥,这种观念当中含有的一个最初的、最轻率的因素,就是这类事物在本质上是庸俗的这一感觉。因此,有时候即使我们认为某一革新者的主张确有可取——这样的情况是很容易发生的,如果这个革新者所要纠正的一些缺点,在时间、空间或个人关系上跟我们隔开得充分远的话——也仍然不能免于这样一种感觉,即同这种人交往至少是令人不快的,还是跟他少接近为妙。革新是要不得的,是不上品的举动。

富裕有闲阶级的习尚、举动和见解,是社会中其他成员一贯奉行的行为准则,这一事实使这个阶级的保守主义的影响格外增加力量,扩大势力范围。它使一切爱好声名的人不能不学它的榜样。富裕阶级既然居于这样的崇高地位,既然是端正的仪容举止的模范,其对社会进展方面所发生的阻力就不能单从人数上来估计,它要比这个大得多。富裕阶级的一贯的示范作用,大大地加强了其他一切阶级对任何革新的抗力,使人们的爱好固着于历代遗留下来的那些优良制度。

有闲阶级对于进一步符合时代要求的习惯的生活方式的采用从中阻挠时,其间还有个方式,起着在同一方向下的影响。这一在上层阶级指导下的第二种方式,与上述本能的保守倾向以及对新思想方法的憎嫌,并不严格地属于同一范畴;但是也可以提出来在这里一并讨论,因为它至少在阻止革新与阻止社会结构的发展这一点上，与保守主义的性质是相同的。在任一时期以及任一民族中流行的一些礼法、风俗和习惯，总是或多或少具有一种有机统一体的性质，因此在结构的任一点上的显著变化，即使没有引起全面的改革，也将引起别的方面的某些变化或调整。当发生的变化所直接涉及的只是结构中的一个细小部分时，其由此引起的对传统组织的干扰也许是不大明显的；但即使在这种情况下也尽可以有把握地说，将由此发生对总的结构影响相当远大的干扰。另一方面，当试行一种牵涉到传统结构中处于首要地位的一种制度的禁止或彻底改造的改革时，人们立刻会感到，它将使整个结构受到严重干扰，会感到，这种使某一主要因素除旧布新从而使整个结构进行一次重新调整的措施，即使不是一个大可怀疑的、也至少是一个痛苦的、令人生厌的过程。

对传统的生活方式的任何一个特征要进行彻底改革是困难的。要体会这方面的困难，只要提一提诸如废除属于西方文化下的任何一个国家的父系制度或一夫一妻、私有财产、一神教等制度，或者要废除中国的祖先崇拜或印度的种姓制度、非洲的奴隶制度，或者要在伊斯兰教国家树立两性的平等等等会引起多大的纷扰就够了。以上所举各项中任何一项的改革，将引起整个传统结构极大的混乱，这一点是毋庸置疑的。要实施这样一类的改革，势必使人们的思想习惯，不但在与问题直接有关的方面，而且在整个结构的其他方面，发生深刻变化。对于这样一类的改革抱有反感，实质上等于是对基本上异调的生活方式感到畏缩。

善良的人们对于公认的生活方式在任何一点上的改革总是抱有反感的，这是在日常经验中习见的现象。时常会听到这些人对于即使是比较细小的改革，诸如英吉利基督教会的废除、离婚手续的简化、女子参政权的确立、酒类制造与贩卖的禁止、遗产制的废止或限制等等，也热烈地向社会提出忠告，苦口婆心地反复申明这类改革会对社会发生怎样广泛的危害。他们剀切地指出，任何一种的这类改革将"彻底动摇社会的结构"，"使社会陷于混乱"，"破坏道德的基础"，"使生活陷于不堪设想的地步"，"破坏一切事物的自然秩序"，等等。这类说法无疑是言过其实的；但同一切的夸张论调一样，这类说法同时也是一种强烈的感觉的证明，其目的是要指出后果的严重性。他们感到这些以及其他类似的一些改革，对于公认的生活方式的扰乱，其影响所及，不只是限于为人类谋便利的一系列设计中某一孤立项目的简单改变，其后果比这个要严重得多。具有头等重要意义的改革其情况固然是这样，属于具有较少的直接重要意义的一些改革也是这样，不过轻重程度有些差别而已。对改革的反感，大部分是出于对任何一种改革必然引起的重新调整时产生的那种骚扰、混乱的反感。属于任何一种文化或任何一个民族的制度系统总是一个整体，其间任何一项制度都不是孤立的；这一点格外加强了人们在思想习惯上对任何改革的本能的反抗，即使对于一些就其本身来看是属于次要的一些改革，情况也是这样。

对于改革的抗力由于人类各种制度的彼此关联而像上面所说那样加强的后果是，在任何改革下进行必要的调整，必须付出比不存在这一情况时更大的气力。令人感到不快的还不只是已经确立的思想习惯的改变。在对公认的生活理论加以变更的过程中是需要作一定程度的精神意志上的努力的；在变更了的环境下要判断方向，找到自己的位置，是需要作长期艰苦的奋斗的。在这样一个过程中既然需要支出一定的精力，那么要胜利完成使命，就得假定，除在日常生活斗争中被吸收的精力以外，还能蓄有余力，以供这方面的消耗。由此可见，足以阻碍进步的，不但是人们的奢侈生活——它断绝了对现状不满而要求改进的机会，而且衣食不周，物质生活过于艰苦，也会发生同样的作用，作用的有效程度并不亚于前一情况。赤贫阶级，以及所有那些把全部精力消耗在日常生活斗争中的人们是保守的，因为他们再也没有余力去想到明天以后的日子；恰恰跟这些人相同，时运太好，日子过得非常得意的人们也是保守的，因为他们对今天的情况感到不足的机会很少。

根据这一论点可以推定，有闲阶级制度是足以造成下层阶级的保守性的，其方式是尽可能地剥夺后者的生活资料，使之消费缩减、精力消耗到这样的地步，以致更无余力从事于学习和采纳新的思想习惯。在金钱的等级上，财富既然集中在等级的上一端，下一端就必然陷于贫困。无论哪里发生了人民中某一部分陷于极度贫困的情况，对任何革新总是一个严重障碍，这一点是人所共知的。

除了由于财富分配不均而发生的这一直接的、抑制性的影响以外，还有一个与之相辅而行的间接的影响，会造成同样的结果。我们已经看到，上层阶级在确定荣誉准则方面所作出的有权威的榜样，助长了明显浪费习惯。以一切阶级的礼仪标准而言，明显浪费的盛行是其间的主要因素之一，这当然并非完全是出于对富裕有闲阶级的模仿，但有闲阶级的示范作用格外加强了明显浪费的实行和坚持，却是无可怀疑的。礼俗在这件事上的要求是极其有力、极其迫切的；因此即使金钱力量充分雄厚除维持最低生活外还绰有余裕可以从事于对物品更多的消费的那些阶级，也往往把除满足比较迫切的物质需要以外可以自由支配的那个剩余部分，使用在礼仪准则要求下的明显消费方面，而不用于进一步的物质享受和生活的进一步充实的方面。而且可供利用的剩余精力，也多半是使用在供明显消费或"明显贮藏"用的物品的取得方面。结果是，出于金钱荣誉的要求，(1)除了明显消费以外，剩下来可以供应最低生活需要的只是一个很小的部分；(2)所有精力，除了用于无可再减的生活上的物质需要以外，如有任何剩余，也同样为金钱荣誉要求的方面所吸收。所有这一切的结果是，加强了社会中的一般保守态度。有闲阶级制度所以会直接阻碍文化发展，是由于：(1)这一阶级本身所固有的惯性；(2)它在明显浪费和保守主义上一贯的示范作用；(3)这一阶级本身所依据的财富与生活资料不均等分配制度所发生的间接作用。

此外还有一层，让一切事物保持现状这一点本身对有闲阶级就是一种实际利益。在任一个时期的当前环境下，这个阶级总是处于有利地位，因此与现有事态相背驰的任何变化，看来只会对它有损，未必会对它更加有利。只是由于阶级利益的关系，这个阶级也应当采取"多一事不如少一事"的态度。这一层利害关系格外加强了这个阶级的本能倾向，使它的保守态度更加牢不可破。

有闲阶级是社会结构中保守主义或复归倾向的代表者或媒介物。当然，这里所说的一切，对于有闲阶级这一任务，并无加以颂扬或加以谴责之意。它对一切革新所起的抑制作用也许是有益的，也许不是的。就任何一个实例来说，情况究竟是这样还是那样，是有利还是有害，是决疑论的问题，不是一般理论上的问题。

有些保守分子的代言人往往认为，对革新的主张，如果没有保守的富裕阶级作一贯的有力的反抗，则种种革新和尝试将使社会沦于不堪维持、不堪设想的地步，到那个时候，其唯一可能的结果是引起不好受的、灾害性的反动。这个见解(作为一个方针政策问题)也许有些道理。但这一些都不属于现在的讨论范围。

有的对保守主义者加以责难；有的说对轻率的改革加以相当抑制是必要的。我们把所有这些是非问题撇开，不管怎样说，作为一个有闲阶级，对于环境的调整，也就是所谓社会进步或社会发展，是必然要一贯起阻碍作用的。这个阶级的特有态度可以用一句话来表明："不论什么，凡是现有的总是好的"；而以自然淘汰定律应用于人类的制度，则会得出这样的信条："不论什么，凡是现有的总是不好的。"并不是说，今天的制度在今天的生活目的上一无是处，而是说，出于当然的事理，这些制度总是有一定程度上的欠缺之处。这是由于生活同过去发展过程中某一阶段的一般形势不能完全配合。缺点还不只是在于今昔情况不同的时间间隔这一点上。这里使用所谓"好"和"不好"这些字眼当然并没有怎样算是应当的或怎样算是不应当的任何含义。这些字眼只是从进化理论观点(而不是从道德观点)的角度使用的，所要表明的是在实际进化过程中这些制度适合不适合。有闲阶级制度，借助于阶级利益和阶级本能，通过说服力量或一贯的示范作用，助长了制度上现有的失调，甚至还有意于退回到某些更加古老的生活方式；这种方式，比之从最近的过去传来的公认的那种陈旧方式，跟当前形势下的生活要求，甚至更加不相适应。

尽管我们就已往事物的保守和留恋说上了这一些，但是事实

上各种制度依然在变化，依然在前进。种种风尚和思想习惯在不断发展，种种习惯和生活方式也处于不断的淘汰适应过程之中。有闲阶级的任务是对这种发展加以指导并从中阻挠，关于这些方面是有些话可说的；但就其与制度发展的关系而言，除接触到根本或直接属于经济性质的一些制度以外，这里可以说的却很少。这些制度——经济结构——按照它们所适应的是经济生活的两个不同目的中的这一个还是那一个而言，大致可以分成两类或两个范畴。

按照古典派的说法，这两类制度是营利制度和生产制度；应用前几章在别的关系方面已经使用的名词，是金钱制度和工业制度；还可以用别的措辞来表达，把它们说成是适应歧视性的和适应非歧视性的经济利益的两类制度。前一范畴是同“企业”有关的，后一范畴是同工业有关的——这里使用工业这个字眼是就其机械意义而言的。一般往往并不把后一类看成是制度，大部分是由于它并不直接关系到统治阶级，因此很少把它作为一个法制上的或社会习惯上的问题来讨论。当注意到这一制度类型时，一般总是从金钱的或企业的一面来研究的；在我们这个时代，人们主要考虑的，尤其是上层阶级所考虑的，就是经济生活中的这一面。上层阶级在经济事项方面所关怀的，除了企业利益以外很少有别的；而考虑社会问题，却主要是这个阶级的责任。

有闲（即有产业而不从事生产的）阶级与经济过程的关系是金钱的关系，是营利的而不是生产的关系，是剥削的而不是服务的关系。当然，这个阶级的经济任务，间接地说起来，对经济生活的过程也许是极其重要的；这里绝对没有要贬低有产阶级或工业巨头

们的经济职能的意思。这里的目的只是要指出，这类阶级对工业操作和对经济制度的关系的性质是什么。它们的职务是寄生性的，它们所关切的是把它们可以移转的财产移转给自己使用，把任何归它们掌握的财产保持在手。企业界的传统就是在这个掠夺或寄生原则的淘汰监视之下成长起来的。这种传统是所有权传统，是古代掠夺文化的、多少带些间接性的派生物。但这类金钱的制度并不完全适合今天的形势，因为它们是在跟现在有些不同的过去的形势下成长起来的。因此，即使就金钱方面的效力来说，这类制度的恰当程度也是不够理想的。改变了的工业生活在营利方式上也要有所改变；而金钱阶级所关怀的是这样改变金钱制度使得在取得由工业操作而来的、与工业操作的持续没有矛盾的私人利得时能获得最好效果。因此有闲阶级在对制度的发展进行指导使之适应构成其经济生活的金钱目的上，具有相当一贯的倾向。

有许多法规和社会上的成规，是对财产安全、契约实施、既得利益、金钱交易的便利等等有利的；金钱利益和金钱习性对制度发展的影响如何，从这类法规和成规中就可以看出。诸如会影响到破产与破产管理、有限责任、银行与通货、工人方面或雇主方面的联合、托拉斯与种种企业合并等等的法规和成规的变动，都是跟这里所说的金钱利益和金钱习性的作用有关的。社会的属于这一类的制度设备，只是与有产阶级有直接关系，其关系的深浅与有产程度的高低成比例，也就是说，与其列入有闲阶级时等级的高低成比例。但在间接的情况下，这些企业界的成规对工业操作和社会生活的影响是极其深刻的。因此金钱阶级对制度发展的在这方面的指导，不但对已有社会结构的保持方面，而且对工业操作本身的形成方面，都是对社会具有极重大意义的。

这种金钱的制度结构和结构的改进的直接目的，是在于为和平的、有组织的剥削行为谋更大的便利；但其远一层的影响，却大大超出了这个直接目的的范围。不仅是企业的进一步顺利经营，足以减少工业和工业以外的生活上的波动，而且由于在日常事务中需要运用机敏辨别力的那些纷扰和错杂情况被消除的结果，金钱阶级本身将成为多余的。一等到金钱交易被缩减为日常工作，那些工业中的巨头就可以省免。不用说，这样一个极端的演变还在未可确定的将来。在现代制度中有利于金钱利益的改进，在另一个领域内，倾向于用“无灵魂的”股份有限公司来代替工业中的头子，做到这一点，有闲阶级在所有权方面的一个巨大职能又会被解除。因此，有闲阶级的势力在经济制度的发展方面引起的倾向，在工业上是具有极其重要的意义的。

第九章　古代遗风的保持

有闲阶级制度不但对社会结构有影响，对社会中成员的个人性格也有影响。某一性格或某一观点，一旦获得认可，成为生活的权威标准或规范，就会在承认它为规范的那个社会中的成员的性格上引起反应，在一定程度上构成其思想习惯，对人们的素性和意向发挥监视作用。所以会发生这种效果，部分是由于一切人的习性都受到了强制教化而与之相适应，部分是由于不相适合的那些个人和家族受到淘汰。凡是同公认的结构所要求的生活方式不相适合的人类素质，将或多或少地受到排除或抑制。金钱竞赛和工业脱离两个原则就这样成了生活的准则，并且在人们必须与之相适应的环境中，成为相当重要的强制因素。

明显浪费与工业脱离这两个广大原则之所以会影响到文化发展，一方面是由于它们足以支配人们的思想习惯，从而控制制度的成长；另一方面是由于它们有选择地保留有利于有闲阶级结构下生活便利的某些性格特征，从而控制社会的有效气质。有闲阶级制度塑造人类的性格，大体上是循着精神上的残存与复归这个方向进行的。它对社会气质所发生的影响是一种阻挠精神发展的性质。特别是在近代文化中，总的说来，这个制度有一种保守倾向。这一论点实质上是极其寻常的，但是在这里引用，许多人也许会感到有些奇特。因此不避重复、冗沓，就其逻辑依据作一简要叙述，或者不是多余的。

社会进化是气质与思想习惯在集体生活环境的压力下的淘汰适应过程。思想习惯的适应是制度的成长。但是与制度成长相辅而行的，还有一个性质更加重要的变化。不但人们的习惯会随形势要求的变化而变化，而且这些变化中的要求也会使人类性格发生相应的变化。随着生活情况的变迁，社会的人类素质本身也有了改变。近代人种学家认为这种人类性格上的变化，是在那些比较稳定、比较持久的若干种族类型或种族成分之间的淘汰过程。人类总是要倾向于复归到或相当严密地保持某些人类性格类型的某一种的；这些性格类型，就它们的主要特点来说，已经在与现在有所不同的过去的环境大致相适应的情况下被固定了下来。在西方文化的人民中，就包含着若干种这种比较稳定的种型。在今天的人种遗传中还存在着这些种型，但这些种型并不是作为严格不变的模型、各以其独有的或特有的、一点也不走样的形态存在的，而是在多少带些变型的形式下存在着的。种族类型的某种变化，是各个种型及其混合种在史前与有史时期的文化发展中所经历的长期淘汰过程所造成的。

这种由长期与一贯趋向下的淘汰过程形成的种型本身的必然变化，并没有受到研究人种遗留的作家们的充分注意。西方文化下的种族类型，由于这样的比较近代的淘汰适应，在人类性格上形成了两个主要的、分歧的变型；与这里的研究有关的就是这两个变型，我们所注意的是沿着这两个分歧系统的任一个继续演变，对现代局势大体上将发生怎样的后果。

关于人种学论点这里可作一简要叙述。为了避免烦琐，关于各种种型与变型及其遗传与生存的大体情况，仅就这里所需要了解的作一极其简单的轮廓上的说明，这是不堪移用于别的研究目的的。在我们工业社会中，人民的遗传倾向大致不出于以下三个主要种型：长颅白型（the dolichocephalic-blond）、短颅浅黑型（the brachycephalic-brunette）和高加索种；至于在我们文化中一些比较次要的、关系比较远的种族成分，这里都略而不论。在这些主要种型各自的范围以内，返祖遗传至少沿着两个主要方向的这一方或那一方在发生着变化而形成两个变型——一个是和平的或反掠夺的，还有一个是掠夺的。就这两个变型而言，前者比较接近于各自的一般类型，是各个类型在其合群生活的最初阶段的返祖遗传典型，这是在考古学或心理学上都有证明的。大都认为这一变型所体现的就是，现代文明人类在掠夺文化、身份制与金钱竞赛发展以前和平的、野蛮的生活状态下的祖先。还有一个变型，掠夺的变型，则被认为是一些主要种型及其混合种在比较近期变化下的残存者；这些种型是在掠夺文化和准和平阶段的后期竞赛文化或正式金钱文化的锻炼下，主要通过淘汰适应而逐渐变化的。

根据公认的遗传法则，在比较遥远的过去环境下的一些性格特征也会有所遗留。在一般的或公认的情况下，如果种型有了变化，种型的性格特征仍将留传下来，与其不久的过去情况大致相近——这一现象可以称之为现存遗传。就这里的研究范围来说，这种现存遗传指的是从后期掠夺文化与准和平文化阶段遗留下来的性格特征。

在一般情况下，现代文明人类在遗传性格上有保持倾向的，就是这种近代的——遗传性上依然存在的——掠夺文化或准掠夺文化所特有的人性的变型。就未开化时期的奴隶阶级或被压迫阶级的后裔来说，这一论点应该有所补充，但是实际上需要在这方面加以斟酌之处，或者并不像初看起来那样明显。就全体人民来说，这种掠夺性和竞赛性的变型，似乎并没有达到高度一贯性或稳定性。这就是说，现代西方人民所继承的人类性格，在性格所由形成的各种特质与倾向的范围与对比力量方面，并不是近于一致的。如果从集体生活的现代要求这方面来衡量，具有现存遗传的人是略微带些古风的。现代人类在变异法则下的主要倾向是，要回复到比较古老的性格类型。另一方面，从各个人所表现的、与一般掠夺类型的气质有所不同的一些返祖遗传特征来考察，则掠夺期前的那类变型，在各种气质的分配或相对力量中，似乎具有更大的稳定性与均衡性。

一方面是个人有保持倾向的在种型的早期变型与后期变型之间遗传性格上的分歧，另一方面是构成西方民族的两个或三个主要种型之间的分歧；前一分歧为后一相类分歧所掩盖而湮没不彰。这些社会中的各个人，实际上在一切情况下，总被认为是在变动极大的比例下合并起来的各主要种族成分的混合种；结果他们就有了回复到合成种型的这一型或那一型的倾向。这些种型在气质上的差别，同种型的掠夺变型与掠夺期前变型两者之间的差别是有些相类的；长颅白型比短颅浅黑型种，特别是高加索种富于掠夺气质，或者至少是性情比较暴烈。因此，当由于制度的演进，或某一社会的一些显著的情感的发展，而显得与掠夺性格有所分歧时，这种分歧所表现的，究竟是不是对掠夺期前变型的复归倾向，简直无法肯定。这也可能是由于人民中某一“低级”种族成分逐渐占有优势的结果。还有,有种种迹象可以使人想到,现代社会中一些显著的气质的变化,也许并非完全是由于几个稳定的种型之间的淘汰,虽然,得到的证据并不能如所想望的那样明确。看来,这似乎在很大程度上是几个种型的掠夺变型与和平变型之间的淘汰。

关于现代人类进化的这种推想,在讨论中并不是不可少的。这里谈到的一些关于淘汰适应的概念,假使以成立在先的达尔文和斯宾塞的名词和概念来代替,得出的一般结论也还是一样的。由于这种情形,在名词的使用上略有出入也并没有什么妨碍。这里使用“型”(type)这个字眼时是有些浮泛的,指的是气质上的变型,人种学家或者要认为这是种型上微细的变异,不能算作显然不同的种型。但是,如果认为作进一步明细的辨别在论证中似乎有必要,作出这样的进一步明细辨别的努力,总可以在文字的前后关系中看出。

这样看来,今天的种族类型是原始种型的变型。这些种型在未开化文化的锻炼下经过了变化,后来在变化的形态上达到了某种程度的固定。具有现存遗传的人,是属于构成他的本质的那些种族成分的——奴隶的或贵族的——未开化变型。但是这种未开化变型并没有达到最高度的齐一性或稳定性。未开化文化阶段,也就是掠夺的和准和平的文化阶段,虽然其绝对的持续期间是漫长的,但在时间上还不够长、性质上也不够有恒到足以使种型产生极度的固定性。与未开化性格相歧的变化是时常会发生的,这样的变化在今天更加显著,因为现代生活情况对脱离未开化标准的倾向,已经不再一贯地发生抑制作用。掠夺气质并不能与现代生活的一切目的相适合，对现代工业尤其格格不入。

人类性格与现存遗传相脱离时，最常见的情况是复归到较早期的变型。表现这种早期变型的，就是和平野蛮时期的原始状态下所特有的那种气质。在未开化文化阶段开始以前普遍存在的那种生活环境与奋斗目的，在某些基本特征方面形成并巩固了人类性格。当现代人们在现存遗传的性格上有了相歧的变化时，就产生了复归到这类古老的、一般的性格特征的倾向。当人类的合群生活已经可以正式称作人类的生活，但还处于最原始阶段时，这种生活似乎是属于和平性质的；在这种环境与制度的早期情况下，人类的性格特征——气质和精神态度——虽不能说是懒惰，却是和平的，非侵略的。就这里的研究目的来说，这一假定的文化初期的主要精神特征，似乎是一种质朴的、无系统的团体利害一致的感觉，对于一切为人类生活谋便利的方面，表示愉快的、但不怎样热烈的同情，对于理解得到的生活上的抑制或不求实际，则抱有一种不安的反感。由于在掠夺期前的野蛮人的思想习惯上，普遍地、虽然不十分热烈地存有重视有用事物，轻视无益劳动的感觉，这种感觉就在他的生活方面，在他与团体中别的成员的经常接触方面，似乎发挥了很大的约束力量。

对于这个初期的、未经分化的文化的和平状态，如果只是以文明社会或未开化社会的现有历史时期中流行的习俗与观念为依据，只是从这些方面所提供的来寻求其存在的确证，那就会觉得痕迹似乎是很模糊的，难以肯定的；但是如果以人类性格上一贯普遍存在的一些特征为依据，那就可以在心理的残存方面找到其存在的比较明确的痕迹。在某些掠夺文化下被迫处于退藏地位的种族

成分中，上述特征的残留似乎格外明显。那些适应于早期生活习惯的性格特征，在以后的个人生存竞争中是没有多大用处的；于是在气质上比较地不适合于掠夺生活的那些民族或种族团体，就受到了排挤，被迫处于落后地位。

一经转变到掠夺文化以后，生存竞争的性质在一定程度上即由集体对非人类环境的斗争，转化为集体对人类环境的斗争。随着这一转变而来的是，集体中各个成员之间的对立以及对立意识的增强。这时在集体以内获得成功的条件以及集体的生存条件，都有了某种程度的变化；集体中主要的精神态度也逐渐有了变化，从而使另一类素性和习性在公认的生活方式中居于正式的优势地位。就这类古老的性格特征来说，其中应该认为是属于和平文化状态下的残余的是同族团结一致的本能，我们把这个叫做道德意识，其中包括诚实和公正的观念，以及在质朴与歧视性表现下的作业本能。

在近代生物学与心理学的指导下，人类性格应当用习惯这个字眼来表示；就上述一类特征而言，用这个字眼来表示似乎是最适当的。这类生活习惯，在性质上既然这样广泛、普及，就不能认为是出于后期或短期锻炼的影响。这类习惯在近代和现代生活的特有要求下很容易受到暂时的抑制；这一点表明，这类习惯是极其久远的上古时代锻炼下的残存结果，在以后改变了的环境下，人们往往会被迫在一些细节上违背其意向。但一等到这类特有要求的压力解除，原有习惯就会重新抬头，这种情况几乎是到处存在的；这一点表明，使这类性格特征趋于巩固并与人们的精神结构相结合的过程，其经过时间必然极其悠久，而且没有发生过严重的中断情形。至于这究竟是一个习惯(在旧式意义下的)形成的过程,还是一个种族的淘汰适应过程,对这里的论点并没有什么严重影响。

从掠夺文化开始直到现在这整个期间,在身份制与个人对立以及阶级对立的制度下,就其生活的特点和要求来说,这里所讨论的一些气质特征,绝不会在这个期间发生,也绝不会在这个期间获得巩固。这类特征极有可能是起源于更早期的生活方式,是在初发状态或者至少是在摇摇欲坠、若断若续的情况下,经过掠夺与准和平文化阶段而仍然残留着的,而不是在这个后期文化阶段中出现并固定下来的。这类特征看来是种族的遗传特性,在掠夺阶段及后期的金钱文化阶段,虽然获得成功的必要条件有了变更,但仍然持续存在。凡是遗传的性格特征经过流传就会具有一种韧性,这是人类中每一个分子都在一定程度上存在的,因此是以种族延续这一广大基础为依据的;而上述这类性格特征所以能持久存在,似乎就是靠了这种力量。

这里所讨论的一类性格特征,即使在掠夺与准和平阶段那样严重、那样长期的淘汰过程中也没有被消灭,这类特征是不会轻易地被消灭的。这类和平色彩的特征在很大程度上是与未开化阶段的生活方式和生活意志格格不入的。未开化文化的特点是,个人与个人之间以及阶级与阶级之间不断的竞赛和对抗。在这样的锻炼下居于有利地位的是,对和平的野蛮特征禀赋较浅的那些家族和个人。因此这类特征在这样的锻炼下有被消灭的倾向;就受到这样锻炼的人民来说,这类特征已显然有所减弱。有些场合,与未开化类型的气质不相投合时并不一定会招致极大的恶果,然而即使在这样的情况下,那些气质上与大势相左的个人和家族也仍然受到了至少是有些一贯性的压制。有些场合,其生活主要是集体与个人之间的斗争,在这样的情况下,如果具有格外明显的那种古老的、和平的性格特征,对个人的生活斗争将造成障碍。

在任何已知的文化状态下,除了这里所说的假定的最初文化阶段以外,或者在这个阶段以后,那些善良、温厚、公道、无差别的同情等等的先天禀赋,并不能显然有助于个人生活的进展。具有这样的禀赋,对个人或者会有一种保卫作用,使他不致受到在社会中居于多数地位的人们的苛刻待遇,而在居于多数地位的这些人看来,作为一个典型的正常人,对这类品质是应当少沾染的。但除了像这样的间接与消极的作用之外,这类禀赋就别无可取;在竞争制度下,个人在这类先天的禀赋上越是薄弱,则其事业成功的机会越大。在金钱文化下,一个人如果具有这样一种性格——在良心上不会发生内疚,没有诚实观念,没有在生活上同情与关怀的观念,可以说在相当广泛范围内,是足以促进其事业的成功的。任何时期,在事业上能获得高度成就的,一般总是属于这样一种类型的人;那种在财富或权势方面经争取而没有能获得成就的人算是例外。所谓"诚实是最上策",不过在狭小范围内有其意义,而且也只是在字面上的、带些幽默的意义而已。

关于原始的、掠夺期前的野蛮人类特性,上面已经在大体上试加探讨;在现代文明情况下,从属于西方文化的文明社会的生活观点来看,这种野蛮时代的人类特性并不能获得多大成就。这种原始人的性格类型是在那个假定的文化下获得巩固的;即使就那个文化阶段而言,即使就和平的野蛮社团的目的而言,这种原始人固然有他经济上的成就,但也有同样多、同样显著的经济上的失败。

任何人在这方面的感觉，只要不是在由同情而来的仁慈心情的驱使之下，对这一点应当是看得很清楚的。一个原始人充其量只是“一个聪明而无用的家伙”。这种假定的、原始式的性格上的缺点是软弱无能、温厚而疏懒、缺乏主动精神和创造才能、具有强烈而没有条理的万物有灵的观念。与上述的一些性格相辅而行的还有一些别的性格特征，这些特征足以促进集体生活上的便利，因此它们在集体生活过程中是有些价值的。这些特征是笃实、善良、爱好和平、不重竞赛和对人对事的不存在歧视性利害关系。

掠夺阶段的生活开始以后，对于一个成功者的性格上的要求就有了变化。在人类关系的新的方式下既有了新的要求，人类的生活习惯就必须与之相适应。同样的活动力的发挥，原来在野蛮生活的一些上述性格特征中曾经获得表现的，现在却必须改弦易辙，循着新的活动方针，在对改变了的刺激的另一套习惯反应下表现出来。从为生活谋便利的方面来看，在早期情况下能够相当适应的那些方式方法，在新情况下已经不再能适应。在早期情况下的特点是利害关系上的对立与分化现象的比较少见，而后期的特点是竞赛在强度上的不断提高和范围上的不断缩小。在掠夺阶段以及随后的各文化阶段中所特有的那些性格特征，也就是足以表明在身份制下最适于生存的那类人的性格特征（按照其原始表现来说）是凶暴、虚伪、自私自利与宗派观念，是肆无忌惮地使用武力与欺诈手段。

在竞争制度长期的、严格的锻炼下，通过对种型的淘汰，发生了使上述一些性格特征居于相当显著的优势的作用，其方式是使那些在这类性格方面禀赋特强的种族成分适于生存。然而，那些

更早获得的、在性质上更加普遍的种族习惯，却从来没有失去在集体生活目的上的某种效用，从来没有陷于确定的中止状态。

有一点也许是值得指出的，属于长颅白型的那种欧洲人，在近代文化中所以占优势，所以居于主宰地位，似乎在很大程度上是由于他们关于掠夺阶段的性格特征禀赋特厚的缘故。这类性格特征，加上在体力上的高度禀赋——这一点本身也许就是出于各集团之间与各宗教之间淘汰的结果——足以使任何种族成分成为有闲阶级或统治阶级，当有闲阶级制度处于初期发展状态时，情形更加是这样。这并不是说，任何个人在性格倾向上达到与这里所说完全同样的圆满境地，就一定可以出人头地。在竞争制度下，个人胜利的条件并不一定同一个阶级的胜利条件完全一样。一个阶级或一个党派胜利的先决条件是强烈的团结意识，忠于领袖，或对一种主义的坚持不懈；但以竞争中的个人来说，如果他既具有一个未开化者所特有的精力、创造力以及虚伪、欺诈、自私等气质，又能带上些一个野蛮人所缺乏的忠诚与宗派观念，能够把两者结合起来，那就能使他个人在事业上一帆风顺，达到胜利目标。还可以顺便一提，有些人以无偏颇的自私自利与良心上无所顾忌的品质为基础获得了辉煌(拿破仑式的)胜利；但以这类人的体格特征来说，其种族往往是出于短颅浅黑型的，而不是长颅白型的。但以个人利益为标准，就能够获得适中成就的一些个人来说，在体质上属于上述后一种族成分的似乎占多数。

在竞赛制度下，那些由掠夺的生活习惯所诱发的气质，是有助于个人生活的持续与充实的；同时，如果把集体的生活作为一个整体来看，其生活如果也主要是对别的集体作敌对竞争，则这种气质

也同样有助于集体的生存与胜利。但是在工业上比较成熟的那些社会里,在其经济生活的演进过程中已经有了这样的转变,结果社会的利益同个人的竞赛利益已经不再能相互一致。这类工业发达的社会,就其团体的立场来说,在谋取生活资料或生存权利方面,其所处地位已不再是竞争者——除非其统治阶级的掠夺倾向仍然保持着战争与劫夺的传统。这些社会所处的环境与传统的环境不同,已经不再受环境的压迫而引起互相敌视。这些社会的物质利益——至于集体荣誉方面的利害关系,可能是另一问题——不但不再居于互相对立的地位,而且毫无疑问,任何一个社会的成就,对整体中任何别一个社会的生活上的充实将有所助益,这一点不但在眼前是这样,在无限遥远的将来也是这样。任何一个社会如果要采取行动赶在任何别一个的前面,已经没有一个再能得到任何实际利益。但就个人以及各个人之间的关系而言,情形不完全相同。

任何现代社会的集体利益都集中于工业效能。个人对社会利益贡献的大小,大体上是与他在世俗所谓生产工作上的效能成比例的。这时最有助于集体利益的一些性格特征是诚实、勤奋、温和、亲善和大公无私,是对因果律的惯常认识和理解,是对一切事物进程的看法不掺杂万物有灵信念,不存在对超自然的干预方面的倚赖观念。在这类性格特征之内,还含有美感、德行的优美或一般的功德和高旷意志这类平凡的人性,这是不待言的;如果这类特征普遍存在,完善无缺,则在集体生活上将发生怎样的结果,这也是毋庸深论的。这些都是题外之言。总之,如果这类特征能够同时存在,并且发展到这样的程度,使这类特征的存在成为人类性格上的突出现象，则以一个现代工业社会来说，当然可以获得最大成就。为了能相当地适应现代工业形势下的环境，这类特征在一定程度上的存在是必要的。所有这类特征，或其中的大部分，如果能够在尽可能高的程度下存在，对现代工业社会那个复杂、广泛、实质上和平的、在高度组织下的机械结构的顺利前进是最有利的。有些人在性格上是属于掠夺类型的，从适应现代集体生活的目标来说，这些人所具有的上述特征，显然还不够要求。

另一方面，在竞争制度下，与个人的直接利益最相适应的是精明狡猾的买卖作风和蛮横霸道的经营方式。上节所指出的一些性格特征固然适应于社会利益，但对个人则不然，而且适得其反。如果在个人的性格构成中有了这样的特征，他的精力将由金钱利得转向别的目的；而且当他从事追求利得时，这类特征将导使他向工业中间接的、无效果的方面寻求，而不是大刀阔斧、专心一致地循着生财大道去钻营。性格上的工业倾向，对个人说来始终是一个障碍。现代工业社会中的各成员，在竞赛制度下，彼此是对立的。就各个成员来说，那种赋性特别刚戾，对一切都肆无忌惮，只要有机会，就会对他的同辈们进行欺骗或伤害，而且能处之泰然，良心上毫无责备的人，在追求个人的、直接的利益时是最能够如愿以偿的。

上面已经提到，现代经济制度大体上可以分为两个范畴——金钱的和工业的。工作方面也是这样。前一类工作同所有权或营利有关；后一类工作同作业或生产有关。上面关于制度的成长方面所谈到的，也可以移用到工作的方面。有闲阶级的经济利益在于金钱的工作；而工人阶级的经济利益则与两类工作都有关系，不过主要在于工业一类。要进入有闲阶级之门，其经由的途径是金钱工作。

这两类工作对性格倾向的要求，彼此是在实质上有差别的；在两类工作中受到的锻炼，也同样是顺着两条不同的路线进行的。金钱工作的锻炼所发生的作用是，保持并培养某些掠夺倾向和掠夺意志。实现这一点的方式是，一方面对于从事这一类工作的个人和阶级进行教育，一方面对于不适合这一类工作的个人和家族加以淘汰和抑制，并加以排斥。只要人们的思想习惯是在营利与财产占有的竞争过程中形成的，只要其经济职能不出于以交换价值表现的财富的占有，不出于通过交换价值来进行对财富的管理和融通这个范围，在其经济生活中的经验，就必然有助于掠夺气质与掠夺思想习惯的存在和加强。在现代的、和平的经济体系下，营利生活所助成的，当然主要是在和平范围以内的那类掠夺习惯和掠夺倾向。这就是说，通过金钱工作使工作者日益精通、谙练的是，属于机巧诈伪的一般实践，而不是属于比较古老方式的武力夺取的一般实践。

这类倾向于保持掠夺气质的金钱工作是与所有权有关的工作；而与正式有闲阶级的直接职能有关的就是所有权，与其辅助职能有关的是营利和累积。金钱工作所涉及的那一类人和那一类经济过程中的职分，与从事于竞争工业的企业的所有权有关，尤其与列入金融活动一类的那些经济管理的基本行业有关；此外还有商业工作的大部分，也可以列入这个范围。这类职分达到了最高度、获得了充分发展，就成为“工业巨头”的经济职务。一个工业巨头与其说是一个机敏干练、才具出众的人，不如说是一个伶俐狡猾的人；一个巨头的职能是金钱性质的，不是工业性质的。当他对工业进行管理时，这种管理往往具有一种主观独断的性质。至于生产与工业组织方面的属于机械效果的具体掌握，则委之于在“偏重实利”的性情上差一些的副手们——这些人所长的是实际作业，而不是经营管理。此外还有些非经济的活动，就其日常进程中的教育与淘汰在形成人类性格方面的趋向而言，也应当与金钱工作列入同类——这就是政治、宗教和军事方面的活动。

金钱工作是有荣誉性的，其荣誉程度远远超过工业工作。这样就使有闲阶级的荣誉标准，对适应歧视性目的的那类性格倾向的可贵，起了支持作用；因此，有闲阶级的礼仪的生活方式，也促进了掠夺的性格特征的持续和培养。于是不同的工作有了在荣誉性上高低不同的等级。在各项经济工作中最富有荣誉性的是那些大规模地直接同所有权有关的工作。其次是直接有助于所有权与金融活动的那类工作——例如银行业务和律师职务。银行工作本身也含有巨大所有权的意味；这一行业之所以有体面，无疑部分是由于这一事实。法律专业本身并不含有巨大所有权的意味；但是由于律师这个行业，除了用之于竞争的目的以外，没有沾上有实际生产用途这样的污点，因此它在传统结构中列入的等级是高的。作为一个律师，他所全力应付的是有关掠夺性诈伪的一些具体活动，有时玉成其事，有时加以挞伐，因此把这一职业上的成功看作是在未开化的狡诈气质方面禀赋特厚的标志，而这类气质却总是能博得人们的敬畏的。商业行为所具有的只是不够完整的荣誉性；只在它所涉及的所有权成分较大、效用性成分较低，才可以称得上是荣誉性的。商业行为本身等级的高低大体上还要看它所满足的需

要是属于高级的还是低级的来决定；因此经营大众生活必需品的那种零售业，只能同手工业和工厂工作等量齐观。至于体力劳动，甚至管理机械操作的工作，其间是否含有些微的荣誉意味，当然是大可怀疑的。

关于在金钱工作中受到的锻炼，还得作一些补充。随着工业企业规模的日益扩大，在金钱管理的具体工作中所含有的狡诈和尖锐竞争的特征，已经不像以前那样地显著。这就是说，与经济生活中的这一面相接触的人为数日益增多以后，企业已经逐渐转化为日常工作，在这样的工作中，对竞争者进行欺诈或侵夺的那种直接意味已经不像以前那样显著。但因此得以脱离掠夺习尚的那些人，主要只是企业雇用的从业员。由此可见，这里作出的补充，同所有权和管理的职分实际上是没有关系的。

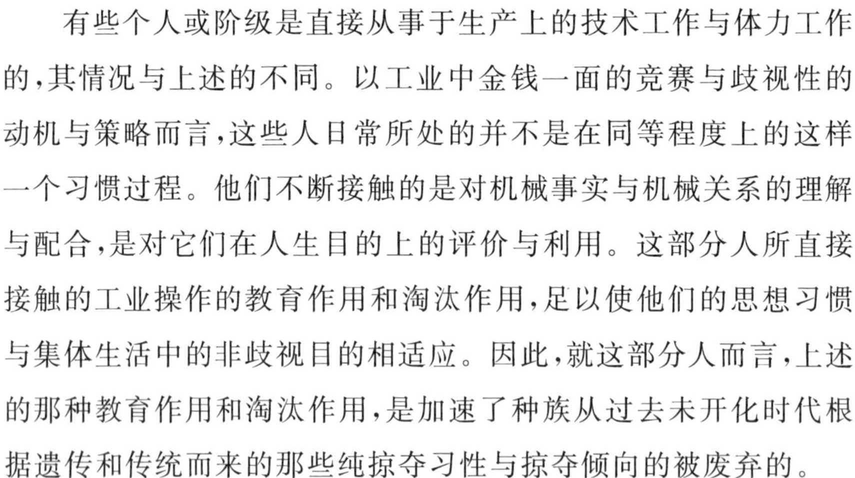

有些个人或阶级是直接从事于生产上的技术工作与体力工作的，其情况与上述的不同。以工业中金钱一面的竞赛与歧视性的动机与策略而言，这些人日常所处的并不是在同等程度上的这样一个习惯过程。他们不断接触的是对机械事实与机械关系的理解与配合，是对它们在人生目的上的评价与利用。这部分人所直接接触的工业操作的教育作用和淘汰作用，足以使他们的思想习惯与集体生活中的非歧视目的相适应。因此，就这部分人而言，上述的那种教育作用和淘汰作用，是加速了种族从过去未开化时代根据遗传和传统而来的那些纯掠夺习性与掠夺倾向的被废弃的。

由此可见，社会中经济生活的教育作用，并不是在一切表现上完全一律的。直接同金钱竞争有关的那一类经济活动，具有保持某些掠夺的性格特征的倾向；而直接与商品生产有关的那类工业工作,则在大体上有一种相反的倾向。但是在评判后一类工作时应当注意到,从事这类工作的人,几乎都是在一定程度上同金钱竞争事态有关的(例如,决定工资与薪金时的争执,购买消费品时的讨价还价,等等)。因此这里对各类工作作出区别,绝不是对各类人物也作了划一不二的区别。

有闲阶级在现代工业中担任的工作,足以使某些掠夺习性与掠夺倾向保持不坠。单就参加工业操作的那些阶级的成员来说,他们所获得的锻炼是足以使他们把未开化气质保存着的。但是还有另一面的情况也应当看到。大凡处境优裕、不受到紧张形势的压迫的那些人,他们的体格和精神的构成即使跟种族的一般类型相差很大,也仍然可以使他们的特征存在并流传下去。在对环境压迫能够避开得最远的那些阶级中,返祖遗传特征存在与流传的可能性最大。有闲阶级对于工业形势的压迫,是在某种程度上处于有所荫蔽的地位的,因此它应当能够保留更多的遗传下来的和平的或野蛮的气质。这种与常态有所不同或具有返祖遗传特征的人,在以掠夺期前的倾向为依据展开生活活动时,不至于像下层阶级那样很快地受到抑制或排挤,这一点是应当有可能的。

事实上似乎也的确有类似这样的情况。例如上层阶级中有很多人,由于性之相近,很注意慈善事业,对于种种革新和改进抱有极大热情并加以赞助的,也大有人在。而且他们在从事于这类慈善和改革方面的努力时,往往带上些“温厚”和“散漫”的痕迹,而这一点正是原始野蛮人的特征。但这类事实是否足以证明,这种返祖遗传倾向在上层阶级中比在下层阶级中占着较大的比例,也许仍然是一个疑问。贫困阶级在这方面即使具有同样程度的倾向,也不能同样容易地找到表现机会；因为在把这方面的意向转化为事实方面，这些阶级既缺乏手段，也缺乏时间和精力。根据事实的表面证据，总是不能使人断然无疑的。

在作进一步推论时还应当注意的一层是，今天有闲阶级成员的供源是在金钱标准上成功的那些人，因此他们所具有的掠夺特征，推想起来，应当在一般水准以上。要进入有闲阶级就得从金钱工作入手，而这类工作，通过淘汰和适应，只有在掠夺的考验下、在金钱的立场上适于生存的那些后裔，才能胜任愉快。这些人达到了高水准以后，一旦对于掠夺期前的性格有了复归倾向，就不免要受到淘汰，重新降到金钱的较低水准。要在有闲阶级中保持地位，就得保持金钱的气质，否则他们的资产将化为乌有，他们的阶级地位将丧失。这样的事例是俯拾即是的。

有闲阶级的组织成分处于不断的淘汰过程中，那些同积极的金钱竞争格外适应的个人或家族，是会从下层阶级中脱颖而出的。一个有志向的人要爬上较高的金钱水准，不但在金钱的气质上须达到相当完整的程度，而且在这类禀赋方面还须达到可以在前进道路上克服很大的困难这样的突出程度。撇开偶然的意外情况不谈，暴发户总是从千万人之中挑选出来的。

自从金钱竞赛这个方式开始以来——或者说，自从有闲阶级这个制度成立以来——这种进入富人队伍的淘汰过程当然是在不断进行。不过淘汰的真正依据并不是始终不变的，因此在淘汰过程中产生的结果也不是始终一律的。在早期未开化阶段或纯掠夺阶段，适应淘汰的决定性标准是刚勇（按照这个字眼的本义来说）气质。那时要想投入有闲阶级，作为一个志愿者，必须具有粗豪、凶暴、蛮横霸道、意志顽强、党同伐异等等天赋的品质。要想累积并继续享有财富，这类禀赋是不可少的。有闲阶级的经济基础，在那个时期和那个时期以后，都是财富的保有；但累积财富的方式方法以及保有财富所需具备的品质，在早期掠夺文化以后有了某种程度上的变化。由于淘汰的结果，处于早期未开化阶段的有闲阶级，其主要特征是勇敢地采取攻势、对于周围事态变化的警觉和使用欺诈手段时的无所顾忌。那个时候的有闲阶级成员是靠刚勇气质的坚持来保持地位的。到了未开化文化的后期，在准和平的身份制下，人们对于财富的猎取和保有逐渐达到了稳定的方式。直率的进攻和肆无忌惮的凶暴，已经在很大程度上被精明、狡狯和诈伪的作风所代替；后者已成为累积财富的最有效方式。于是作为一个有闲阶级的成员，就得有另一套素性和习性。这时蛮横的攻势态度以及有相关作用的粗豪作风与顽强的身份观念，仍然是这个阶级最值得赞许的特征。在我们的传统观念中，这些仍然是典型的"贵族品质"。但是跟这类品质结合在一起的，还有些在性质上不那样咄咄逼人的金钱品质越来越成熟，这就是深谋远虑、谨慎小心和诈伪作风。随着时间的推移，逼近金钱文化的现代和平阶段以后，以适应金钱上的目的而言，上述后一类素性和习性的有效性越来越提高，这时要进入有闲阶级之门，要在这个阶级中保持地位，必须具有在淘汰过程中越来越居于重要地位的这类品质。

到了今天，淘汰的依据已经有了变化，现在要取得加入有闲阶级的资格，所必需的品质只是金钱的品质。现在依然存在的掠夺的未开化特征是意志的顽强或方针的始终一贯，这个特征就是掠夺时代一个胜利的未开化者与被他所取而代之的和平的野蛮人双

方之间的区别所在。但这一特征不能说是在金钱上成功的上流社会人士与工业阶级的一般群众之间的特有区别。上述后一类人在现代工业生活中所受到的训练和淘汰，使这一特征有了同样的决定性重要意义。意志顽强，可以说实在是使这两个阶级跟另外两个类型——一无所能的废料和下层阶级中的懒汉——有所区别的标志。就天赋资质而言，金钱工作者与懒汉的异同情况同工业工作者与善良而无能的寄食者的异同情况正相类似。一个典型的金钱工作者正同一个典型的懒汉一样，他毫不犹豫、绝无愧色地把财物与人力拿来遂其自己的私图，对于别人的心情与愿望，以及由于他的举动所引起的更深一层的影响，一概漠然不顾；所不同的只是，一个金钱工作者具有比较强烈的身份观念，在进行追求一种较远的目的的努力时，意志比较坚定，目光比较深远而已。这两个类型在气质上还有一个相似之处，这就是爱好“比赛”和赌博，喜欢从事于无目的的竞赛。典型的金钱工作者，在掠夺性格的一种并发变化方面，也表现出跟懒汉有奇妙的共同之处。懒汉一般总是带有浓厚的迷信色彩，对于命运、定数、预兆、预言以及占卜、符咒之类，他都有深切信心。当处境顺利时，这种习性容易表现成为一种奴性的信奉，他在表示这种信心时，往往偏重形式，注意形式上的一些细节；这类表现与其说是宗教观念，不如说是某种信念上的热情表现。就这一点而论，与懒汉的气质有较多共同之处的是金钱阶级和有闲阶级，而不是工业工作者或无能的寄食者阶级。

现代工业社会的生活，或者换句话说，在金钱文化下的生活，通过淘汰过程，对于某一范围以内的素性和习性具有保持和发展作用。这种淘汰过程的当今趋向，并不只是复归到某一不变的种型。它的趋向实在是在于使人类性格发生变化，变化的结果，在某些方面，跟出自过去遗传的任何种型或变型都有所不同。进化的目的点并不是单一的。在进化过程中经确定为正常的那种气质，跟古代变型的任何一种性格都有所不同，其不同之处在于意志的具有较大的单一性，和为一种目标而努力时具有较大的坚定性。就经济理论的方面来说，淘汰过程的目的点在这一限度上整个说来是单一的；虽然在有相当重要意义的枝节倾向方面，跟这一发展路线也有所分歧。总之，除了这一总的趋向以外，发展路线并不是单一的。经济理论其他方面的发展是循着两条分歧路线进行的。这两条路线，从个人的才能或素性的淘汰保持的方面来看，可以称之为金钱的路线和工业的路线。从习性、精神态度或意志这些方面的保持来看，前者可以称之为歧视性的或自私的路线，后者为非歧视性的或经济的路线。从智力或认识力在两个方向下的发展来看，前者可以说是属于意向、定量关系、身份或价值的个人观点，后者可以说是属于因果关系、定量关系、机械效能或效用的非个人观点。

金钱工作主要是使前一类素性和习性发挥作用；它通过淘汰作用使它们保存于人民之中。另一方面，在工业工作中获得保持并发展的，主要是后一类素性和习性。通过彻底的、心理学上的分析可以看出，这两类素性和习性的每一类，只是在某一气质倾向下的多种多样的表现。由于个人是一个统一体，包含于上述第一类的那些素性、意志和兴趣，就聚合起来成为某一变型的性格的表现。上述后一类的情况也是这样。我们可以把上述两类看作人类性格表现的不同方面，以某一个人来说，他总是要相当坚决地偏向于这一类或那一类的。金钱生活的一般倾向是保持未开化气质，但不是原样再版，而是以欺诈和精明，或者是管理才能，来代替早期未开化时代所特有的那种对身体进行伤害的偏爱。这种以诈伪手段代替伤害行为的现象，并不是十分明确的。在金钱工作的范围以内，淘汰作用是很坚定地按照这个方向持续发生的，但在利得竞争范围以外的金钱生活的锻炼下产生的效果，却不一定是同样的。现代生活中关于时间与财物的消耗这个方面的锻炼，其效果并不是断然地消灭贵族品质或助长资产阶级品质。那些早期的未开化特征，在相当优裕的生活的惯有方式下是大有发挥余地的。关于这种传统生活方式的某些具体情况，同这一点有关的、在前几章涉及有闲问题的部分已经有所论及，在下面几章里也还要谈到。

从已经谈到的一些可以看出，有闲阶级生活和有闲阶级生活方式是有助于未开化气质的保存的，所保存的主要是那些属于准和平的或资产阶级的变型，但在一定程度上也保存着掠夺变型的未开化气质。因此，如果不存在干扰因素，是有可能在社会各阶级之间发现气质上的差异的。贵族和资产阶级的品质，也就是破坏性的和金钱的性格特征，主要应当在上层阶级中发现；而工业的品质，也就是和平的性格特征，则主要应当在从事于机械工业的阶级中发现。

在大体上，在不确的情况下，情形的确是这样；但这一标准并不能完全适应，也不像人们想象的那样确切不移。为什么会这样，有几种可以指出的理由。一切阶级或多或少总是要从事于金钱斗争的；个人的成功或生存有赖于金钱的性格特征的具备，对一切阶级来说都是这样的。不论何处，只要占优势的是金钱文化，构成人们的思想习惯的和决定敌对的各宗族的生存的淘汰过程，总是大致在适于营利的基础上进行的。因此，假定没有金钱效能与工业效能整个说来不能相容这一点，则由于一切工作的淘汰作用，金钱气质将居于绝对优势。这样的淘汰结果，将使所谓“经济人”成为人类性格的正常或确定典型。但“经济人”是只顾自己的利益的，其唯一特征是谨慎小心，这样的人对现代工业说来是没有用处的。

现代工业所要求的是，对于所掌握的工作必须具有非个人性质的、非歧视性的兴趣。假使没有这一点，则精细的工业操作将不可能存在，而且实际上这样一个操作制度也设想不到。工作中的这种兴趣，使工人一方面与罪犯不同，另一方面与工业巨头也有所不同。为了使社会生活能够持续进行必须从事劳动，于是在工作的某一范围以内就发生了有限度的淘汰作用，有利于爱劳动的精神倾向。但是也应当承认，即使在工业工作范围以内，金钱的性格特征的汰除也是一个不确定的过程，因此即使在这一范围以内，未开化气质也仍然显著存在。基于这一点，有闲阶级的特性同一般民众的特性，在这一个方面，现在并没有显然的差别。

在社会的一切阶级中是存在着某些后天的生活习惯的，这类习惯与遗传的性格特征模拟得极其相类，所模拟的特征在整个民族中还获得了发展；这就使关于精神构成方面的阶级差别的整个问题更加暧昧，更加不分明。这类后天的习性，或模拟的性格特征，绝大多数属于贵族类型。由于有闲阶级向来处于荣誉的示范者的地位，其以下各阶级接受了它的生活理论的许多特征，以致整个社会对于这类贵族特征，相当坚定地不断地加以培养。也是由于这个缘故，这类性格特征在广大人民中有了较好的生存机会；假使不是出于有闲阶级的诱导和示范，这类特征是不会有这样好的生存机会的。这种贵族的人生观——也就是相当古老的性格特征——的一个重要的流传渠道，可以说是家庭仆役阶级。这类人跟他们的主人阶级接触时，耳濡目染，形成了怎样是美和善的观点，然后把他们这样得来的先入之见转达给他们的出身微贱的同辈们，这就及时地把高级典型传播到整个社会；假使没有这样的中介作用，传播时是不会这样迅速便利的。有句老话，叫作“有其主必有其仆”，这句话比一般所了解的意义要重要得多，上层阶级文化中的许多因素，所以会很快地为群众所接受，理由就在这里。

还有一类现象，足以缩小金钱品质在存在中的差别。金钱斗争产生了一个占比重很大的饥饿阶级。这个阶级对于生活必需品或适当消费项下的必需品感到缺乏。随便处于哪一缺乏情况，结果总是为了取得用以满足日常需要——不论是物质需要或是高一层需要——的资料而加强了斗争。这时个人为了避免发生生活上的挫折而进行自卫，将耗费其全部精力，他将倾其全力于达成他自己的歧视性目的，狭隘的利己主义色彩越来越浓厚。在这样的情况下，工业的性格特征由于没有表现机会，将渐就湮没。由此可见，有闲阶级制度，通过强制实行一种金钱礼俗方案，尽量向下层阶级汲取生活资料这类手段，发生了使金钱的性格特征得以在广大人民中保存的作用。结果是，下层阶级同化于原来只是为上层阶级所独有的那些性格类型。

因此，上层阶级与下层阶级之间，看来在气质上并没有多大差别。但是，所以没有很大差别，大部分似乎还是由于有闲阶级的一贯的示范作用和它所依据的明显浪费和金钱竞赛那些广大原则的获得广泛接受。这个制度的作用足以降低社会的工业效能，足以阻碍人类性格对现代工业生活要求的适应。这个制度足以在保守的方向下影响到一般的或显著的人类性格，其方式是：(1)通过阶级内部遗传，或者是通过有闲阶级血统向阶级以外的渗透，使古老的性格特征获得直接传布；(2)保存并巩固古老制度的传统，从而使未开化性格特征在有闲阶级血统的渗透范围以外，也可以获得较大的生存机会。

上述特征在现代人类性格中依然存在或已经消失的具体情况如何，对这一问题有特别重要意义的一些资料的收集和分析，我们简直一无成就。因此这里所持的见解，除了对眼前一些日常事实的散漫的观察以外，简直无法获得具体资料的支持。论证要求其完整，似乎就不得不乞助于对日常事实的这类散漫的观察，而在这方面的叙述，即使像这里所做的那样但略举其概要，也很难避免平凡和冗沓之弊。在以下几章里还不免要从事于这一类的片断叙述，谨先在这里告罪一下。

第十章　遗留到现代的尚武精神

有闲阶级与其说是生存在工业社会里，不如说是依靠了工业社会而生存的。它同工业的关系是金钱性质的，不是工业性质的。人们所以能列入这个阶级，是由于金钱素性的发挥；这种素性与其说是有关于适用性，不如说是有关于盈利的。因此，构成有闲阶级的人类素质，在不断地进行淘汰更换，淘汰的依据是对金钱工作的适应程度。但这个阶级的生活方式大部分是出于过去的遗传，其间含有许多早期未开化阶段的习惯和观念。这种古老的、未开化的生活方式，对处于较下层的各阶级也发生了一种强制的示范作用，不过其强制情况比较缓和。这种生活方式和习惯，通过淘汰和教育作用，反过来又足以影响人类素质的构成，其作用主要是在于使早期未开化时代——也就是侧重刚勇与掠夺生活的时代——的那些性格特征、习尚和观念得以保持。

掠夺时期所特有的那种古老人类性格的最直率、最明显的表现是纯正的好战倾向。当掠夺活动出于集体的方式时，人们往往把这种倾向称之为尚武精神，或者像在近代所看到的那样，称之为爱国心。在文明的欧洲各国，其传统的有闲阶级比那里的中产阶级具有更高度的尚武精神；这一说法大概是无须深论就可以获得一般人的同意的。实际上有闲阶级也以此自豪，而它抱着这种态度，无疑是有些理由的。在一般人的心目中，战争是光荣的，勇于作战是无上光荣的；而对勇于作战的赞美这一点本身就是好战者的掠夺气质的最好证明。战争狂热是掠夺气质的指标，此风流行得最盛的是上层阶级，尤其是传统的有闲阶级。还有一层，有闲阶级表面上最重要的职务是政治职务，而就其起源和发展的内容来说，这也是一种掠夺性职务。

关于具有习惯的好战心情这一光荣，唯一可以勉强与传统的有闲阶级争衡的是下层懒汉阶级。在平常时期，广大的工业阶级的作战兴趣是比较淡薄的。这部分普通民众构成了工业社会的实力，他们在设有受到惊扰时，除了防御性战争以外，对任何其他战争实际上是有反感的；甚至当受到了挑衅，须采取防卫态度时，他们的反应也是有些迟钝的。在比较文明的社会，或者说得更确切些，在已经达到高度工业发展的那些社会，其普通民众的作战进攻精神，可以说已经逐渐退化。这并不是说，在工业阶级中就没有为数很多的人显然含有不可遏制的尚武精神；也不是说，广大人民受到一时的挑拨，不会激起使用武力的热情，像今天在欧洲不止一个国家以及在美国看到的那样。但是，除了出于一时的感情激动，除了赋有掠夺类型的古老气质的那些人以及在上层阶级与下层阶级中有相类禀赋的那些人以外，任何现代文明社会的一般群众在这方面的惰性表现，看来竟显著到那样的程度，以致除了遇到实际侵犯时的反抗以外，将使战争不可能实现。现在一般普通人的习惯和素性所倾向的是，使人们的活动力向没有战争那样惊心动魄的别的方面发挥。

这种气质上的阶级差异，可能部分是由于各个阶级在后天的性格特征的遗传上的差异，但在一定程度上也似乎是由于与种族起源相一致的差异。有些国家的人口在种族上比较单纯，有些国家的情形不同，构成其社会各阶级的各种族成分之间的分歧比较显著；关于上述气质上的阶级差异，前一类国家就不及后一类那样明显。关于这个方面还可以注意到一点，在后一类国家的有闲阶级中那些后起的分子，一般地说，跟同时代的出于世家旧族的那些上流社会代表人物比起来，在尚武精神的表现上要稍逊一筹。这些在不久以前才从普通民众中脱颖而出的暴发分子，所以会在有闲阶级中显露头角，是由于某些素性与习性的发挥，而这类素性与习性是不同于古代意义下的尚武精神的。

除了正式作战活动以外，决斗制度也是同样的高度好战的一种表现；而且决斗是一种有闲阶级制度。遇到意见相左、发生争执时，决斗实质上是以战斗作为最后解决的一个相当慎重的手段。在文明社会，只是当存在着一个传统的有闲阶级时，决斗的风行才能算作一个正常现象，这类举动的发生也差不多只是限于这个阶级。属于例外的是：(1)陆军和海军军官，这类人通常是有闲阶级成员，同时对掠夺的习性具有特殊训练；(2)下层阶级中的懒汉，这类人由于遗传或由于锻炼，或兼由两者，具有同样的掠夺倾向和掠夺习惯。只有出身高贵的绅士和粗暴的莽汉，才以相打作为解决意见冲突的正常手段。至于一个平常的人，只有当一时被激怒过度或酒后失常，以致对挑拨性的刺激的习惯反应受到抑制不能生效时，才会不假思索地诉诸武力。这时他退回到了自决本能的比较简单、比较少差别的表现形态；也就是说，他在一时之间不暇作深思熟虑，回到了古老的习性。

决斗制度原来是最后解决争端、解决严重问题的一个方式，随后渐渐变成了一种义务性的、无故的私斗，成为保持个人声誉的一种社会职责。关于这一类的有闲阶级作风，我们可以举出在德国学生中风行的决斗作为一个典型例子，这是好战的义侠风度的一种奇特的残余。下层阶级中的懒汉，也可以说是假性的有闲阶级，其中比较暴烈的分子，也有着在一切国家情况都相类的、虽然在性质上比较非正式的社会义务——为了保持他的丈夫气概，他有义务同他的同辈们进行无故的格斗。社会中不论属于哪一阶层的男孩子们，也盛行着相类的风气。男孩在与其伙伴们的相处中，日复一日，大都会亲切地了解到，彼此之间是怎样以各个人的相对战斗力来品评等级的高低的；在孩子们的团体中，如果任何人有了例外的情况，不愿或不能接受邀请去参加战斗，一般就不能保有荣誉的可靠基础。

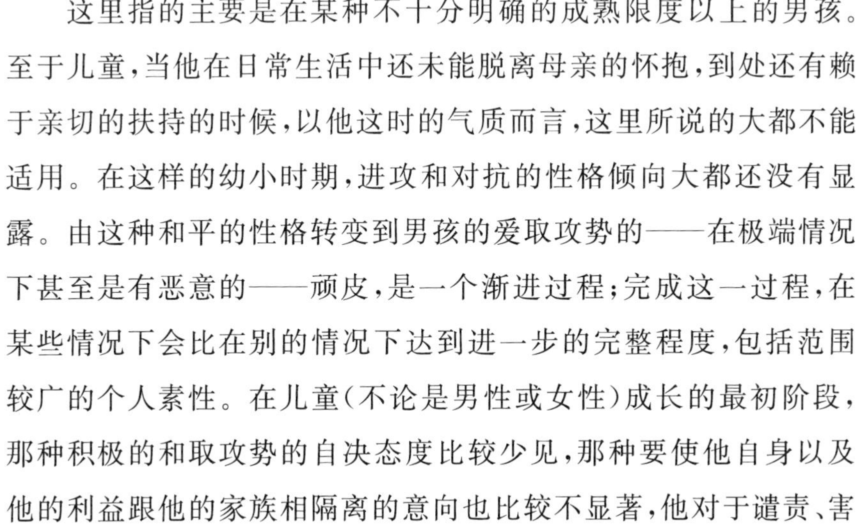

这里指的主要是在某种不十分明确的成熟限度以上的男孩。至于儿童，当他在日常生活中还未能脱离母亲的怀抱，到处还有赖于亲切的扶持的时候，以他这时的气质而言，这里所说的大都不能适用。在这样的幼小时期，进攻和对抗的性格倾向大都还没有显露。由这种和平的性格转变到男孩的爱取攻势的——在极端情况下甚至是有恶意的——顽皮，是一个渐进过程；完成这一过程，在某些情况下会比在别的情况下达到进一步的完整程度，包括范围较广的个人素性。在儿童（不论是男性或女性）成长的最初阶段，那种积极的和取攻势的自决态度比较少见，那种要使他自身以及他的利益跟他的家族相隔离的意向也比较不显著，他对于谴责、害羞和胆怯表现得比较敏感，比较地需要亲切的人类接触。在通常情况下，男孩的这种幼年特征会逐渐地而又相当迅速地消失，这种早期气质会转变为纯男孩的气质；虽然也有例外情况——男孩生活中的掠夺特征有时候会全然不见，或者至多只是在细微和隐约的情况下有所显露。

就女孩来说，这种向掠夺阶段的转变，很少会达到男孩那样的完整程度；而且在较多的情况下，简直是完全不经过这一阶段。在这样的情况下，从幼年到青年和成熟阶段的转变，就只是从幼年时代的目的和倾向转变到成人生活的目的、职能和关系的一个渐进的、无间断的过程。总之，就女孩来说，在其发展过程中，掠夺的间隔期间的存在比较少见；即使发生了这个情况，在这一间隔期间的掠夺和隔离的态度，一般也不像男孩那样显著。

在男孩的方面，这种掠夺的间隔期间的存在一般是相当明显的，而且须继续一个时期，但大都在达到成年时结束（假使当真算是结束的话）。这个说法也许需要大大地加以斟酌。有些人并没有发生从男孩气质到成人气质的转变，或者即使发生也只是部分的；像这样的情况绝不是很少见的。所谓“成人”气质，这里指的是在现代工业生活中那些成年的个人所具有的通常气质，这些人在集体生活过程的目的上具有相当的适用性，因此可以说是工业社会中有效的、一般的组成部分。

欧洲民族的人种构成是多种多样的。在有些情况下，即使是下层阶级，也大部分是由扰乱安宁的长颅白型种族构成的；而在另一些情况下，含有这一种族成分的，主要只是传统的有闲阶级。在后一类民族中的工人阶级的孩子们，同上层阶级或前一类民族中的各阶级的孩子们比起来，其好战习性似乎薄弱一些。

以上关于工人阶级子弟气质方面的推论，如果经进一步充分与严密的考察以后可以断定是正确的话，那么关于好战气质是种族的一个相当显著的特征这个见解将更加有力；看来在好战气质上禀赋较强的，是在欧洲各国构成其统治阶级或上层阶级的那类种型，即长颅白型，而不是在那些国家里的一般民众，即构成被统治阶级或下层阶级的那类种型。

人们也许会认为男孩的气质同社会中不同阶级的尚武精神强弱不同这个问题，似乎没有什么重要关系；但它至少可以证明这种好战冲动有极为悠久的历史根源，比工业阶级一般成人的习性的起源更早。在儿童生活中表现的这种气质，以及许多别的特征，是成人性格发展的某些状态的再现，是这类状态暂时的、具体而微的再现。按照这样的理解，应当把男孩对侵占的偏好以及把自己的利益同其家属的相隔离的意向，看做是对某类性格的一时的复归倾向，因为这类性格是在早期未开化文化下，也就是纯掠夺文化下的正常性格。在这一点上正同在许多别的方面一样，有闲阶级和懒汉阶级的性格表明，在其成人生活中继续存在的那些特征是童年时代和青年时代的正常特征，也就是早期文化阶段的正常的或惯有的特征。除非能完全在种族根源上找出那些一无所长而态度狂妄的懒汉和讲求虚文、拘泥细节的绅士与一般群众根本不同的依据，否则就应当把这两类人的性格特征看做是精神发展处于停顿状态的一种表现。以这一点同现代工业社会中普通的成年人所达到的精神发展阶段作对比，可以说这是一种未成熟状态的标志。我们随后会看到，上流社会和最下层社会的这类代表人物的这种

幼稚的精神状态,除表现于残酷的侵占与隔离倾向外,还表现于其他的一些古老的性格特征方面。

在正式的少年时代到成人时代的过渡期间,也就是在年龄稍长的学生中,其习见的行动是无目的的和游戏性的而又带几分有组织和有心计的扰乱安宁;由此似乎毫无疑问地说明了好战气质的未成熟本质。一般的情况是,这类捣乱行为的发生只限于青年期。随着年龄的增长,由少年逐渐转入成人生活以后,这类行为在频数和剧烈程度上逐渐减退;这样就使一个集体从掠夺的转变到比较安宁的生活习惯的演进,在个人的生活过程中,大体上获得了一次再现。在很多的情况下,个人在还没有脱离这种幼稚状态的时候,他的精神发展就陷于停顿,不再继续演进,这就要使他的好战气质终身存在。因此,在精神发展上终于达到成人状态的那些个人,一般总是要经过一个暂时的、古老的性格阶段,而这类性格特征是跟那些好战的和好比赛的分子的永恒的精神水平相一致的。当然,各个人在成年以后在这方面所达到的精神上的成熟程度和健全程度,彼此是参差不一的;有些人所达到的在水准以下,就成为现代工业社会中人的天然属性上的沉渣,成为进一步提高工业效能和集体生活充实程度的淘汰适应过程中的落伍者。

这种精神发展上的停滞不前,不但会表现在成年人和少年人直接共有那种犷悍的侵占习性上,而且会表现为间接地鼓动并助成少年人方面的这类捣乱动作,从而促进了凶暴习性的形成,使之在后一代的生活中得以继续存在;这就阻碍了社会在和平气质上的进一步发展的任何动向。如果富有这种侵占习性的人,在社会中对青年成员的习性发展居于领导地位,则他对尚武精神的保留

和复归所产生的影响也许是极其深远的。例如，近来有很多牧师和其他“社会柱石”，对于“少年儿童团”以及一些相类的拟军事组织的辅导，就含有上述意味。在高等教育机构中，近来竭力提倡发展“大学精神”和大学体育之类，也具有相类意味。

所有掠夺气质的这些表现，都应当列入侵占一类。这些现象，部分是凶猛的竞争态度的简单、直率的表现，部分是出于博取勇武声名的愿望的有目的活动。一切运动比赛都属于同类的一般性质，例如，田径运动、射击、斗牛、钓鱼、悬赏拳赛、快艇竞赛等都是这样，甚至并不以消耗体力为显著特征的种种竞技也不例外。各种比赛活动，原来是以互相竞赛为依据的，后来通过各种手法，逐渐转变为以机巧与诡诈为依据，但这种转变是无法在任一点上划出一条界线的。对比赛活动的喜爱，是基于一种古老的精神素质，是由于具有比较高度的掠夺竞赛习性。在一般叫做运动比赛或竞技的那类活动中特别显著的是，冒险侵占和损害对方那种强烈倾向。

人们在许多活动中所流露的气质，实质上是儿童时代的气质，上面提到的种种掠夺竞赛都不免带有这类气质，而运动比赛似乎更加是这样，或者至少是更加显著。因此，对比赛活动的偏爱，是人们在精神特质的发展方面处于停滞状态的格外显著的标志。在一切比赛活动中，总不免带有很大的伪装因素，我们如果注意到这一点，那些运动家的这种童年气质，就会显得格外清楚。儿童，尤其是男孩子们所惯于从事的那些比赛和侵占活动是带有伪装性质的，而成人的运动比赛也同样带有这一性质。并不是说一切比赛活动都含有同样比例的伪装成分，而是说在一切这类活动中这一成分总是显著存在的。在纯正的体育活动和运动竞赛中,这一成分的存在比在户内的技术竞赛中更加显著,虽然这个通则也并不是在任何情况下一定不变的。在各种各样的户外运动中,伪装成分是到处存在的,例如我们会看到,即使是性格极其温和、极其踏实的人,他们在出外游猎时,也往往会携带逾量的武器和其他装备,为的是满足他们所承担的任务如何重大这样一种情绪。他们在展开侵占活动的时候,总不免带上些戏剧性的夸张姿态,高视阔步,神气十足,不论在明攻或暗击中,总不免要带上些装腔作势的表演。在体育运动方面情况也是这样,几乎必然要带上几分嚣张和做作,在表面上带几分神秘色彩;这些都足以表明这类活动的戏剧性特征。当然,这一切都会使人想到那种孩子气的伪装现象,这是再明显也没有的。还有一点,体育运动中所习用的一些行话,其中很大一个部分是杀气腾腾的,是从战争术语中模仿得来的。要晓得,在任何活动中使用特种行话,除了用做秘密联系的必要工具以外,大都可以看成是一种迹象,说明这类活动实际上是带有伪装性质的。

比赛活动与决斗以及类似的扰乱安宁活动有所不同,它还有一个特征,即,除了侵占与凶猛这类冲动以外,其间还可以容许别的动机存在。虽然就任何某一个事例来说,其间大都很少有其他动机,但是耽于这类活动的人往往会举出别的理由作为借口,这一点说明,别的动机有时候也可以附带存在。喜欢从事户外运动的人,打猎的,或钓鱼的,往往以爱好自然或需要精神调剂等类,作为他们的这类嗜好的动机。这类动机无疑是往往存在的,它们不失为运动家生活之所以可爱的一种原因;但这些都不能成为主要诱因。这类表面的要求，尽可以通过别的方式获得更加简捷、更加充分的满足，而不必借助于一种有组织的努力来夺取一些生物的生命——这些生物是自然的主要点缀，而那个“自然”却正是户外运动者们所喜爱的。这些人的活动所产生的最可注意的效果，实际上就是把他们力所能及的一切生物置之死地，使自然景色长期地沦为一片荒芜。

然而这些户外运动者们认为，在现在的习惯制度下，要在精神上获得调剂，要接近自然，只有像他们那样的做法才可以获得最大满足；这个说法是有它的理由的。过去的掠夺的有闲阶级，通过示范作用，已经树立了某些礼仪准则，这些准则在这个阶级的现代代表人物的习惯中还费心费力地保持着，在这些准则下，他们是不能以别的方式接近自然的，违背了这个成规就不免要受到非难。渔猎等活动，从掠夺文化时期流传到现在，一直被认为是光荣的，是日常有闲生活中的最高形态，结果它们逐渐成为在礼俗上获得充分认可的户外运动的唯一方式。就打猎和钓鱼这类活动的直接动机来说，精神调剂与户外生活的要求这类动机，也许是的确存在的。使在有组织的屠杀的掩蔽下追求这些目标成为必要的深一层的起因是习惯势力；除非自甘暴弃，冒损伤声誉从而损伤自尊心的危险，否则这个习惯势力是不容违抗的。

其他的户外活动，情况也大致相类，其中体育比赛是最好的范例。在荣誉生活的礼俗下，那些活动、运动和娱乐的方式是获得认可的，关于这些方面的传统习惯，这里也当然存在。那些体育运动的爱好者或欣赏者认为这是娱乐和“发展体育”的现有的最适当方式；这种看法受到了传统习惯的支持。凡是不能列入明显有闲的一切活动，都被荣誉生活准则排除在有闲阶级的生活方式以外；由此，出于习惯势力，这类准则也倾向于把这些活动排除在一般社会的生活方式以外。同时，无目的的体育运动则被认为是非常乏味、非常不愉快的。因此，像在上面另一段里已经提到过的那样，即使是其所提出的目标只是出于伪装的某种活动方式，也应当乞助于至少在表面上说得过去的某种借口。种种户外活动能够满足这样的要求，因为这类活动并没有实用，却有一个表面的、伪装下的目的。此外它们还使竞赛有了开展的余地，从而使本身具有了吸引力。一种活动，如果要符合礼仪上的要求，就得与有闲阶级的荣誉浪费准则相一致；然而，一切活动，作为一种习惯的——即使是部分的——生活表现，如要持久存在，就必须与适于某种适用目的这一人类共同准则相一致。有闲阶级准则所要求的是严格的和广泛的不求实际；而作业本能所要求的是有目的的活动。有闲阶级礼仪准则的作用是，对一切有实用的或有目的的活动方式，从已有的生活方式中，逐渐地、普遍地加以淘汰；而作业本能的作用是一往直前地倾注于一个也许可以获得一时的满足的直接目的。作业本能发挥作用是比较迟钝的，只是当人们理解到的某一类动作所内含的不切实际，已经反映到意识复合体，成为一个与生活过程中正常的、有目的的趋向相反的因素时，才会在动作者的意识上发生使之不安的影响和制止的作用。

个人的种种思想习惯构成了一个有机复合体，这个复合体的趋向必然是在于生活过程的便利与适用。如果以有系统的浪费或不求实际作为生活中的一个目标，要把它纳入这个有机复合体而与之同化，则不久势必发生突然的反动。但是如果能够把注意力局限在切近的、不遑作深切思考的灵敏动作或竞赛努力这些方面的目的上，则有机体的这种突然的反动也未尝不可以避免。那些户外活动，如打猎、钓鱼、体育竞赛等，就提供了发挥掠夺生活中动作灵敏和竞赛性的凶猛和狡猾等特征的机会。只要个人所具有的作深切反省的能力相当薄弱，或者对他自己的动作的最终目的何在感觉相当迟钝，只要他的生活实质上是在自然冲动作用支配下的生活，那么种种户外活动的眼前的和不遑作深切思考的目的性，通过优势的表现，就可以在大体上满足他的作业本能。如果他所具有的主要冲动，是属于掠夺气质的那种不作深刻思考的竞赛性的性格倾向，则情况更加是这样。同时，礼仪准则对他将有所怂恿，告诉他，上述的种种户外活动是在金钱上无可非难的生活中的表现。任何一种活动，所以能成为正派娱乐中一个传统的和习惯的方式，所以能保持这个地位，是由于它能同时适应内含的浪费与表面的目的性这两种要求。由于别种方式的娱乐和运动，对于敏感的、有教养的那些人说来，是道义上所不容许的，于是上述一类活动就成为在现在环境下最适当的娱乐方式。

但是，那些上流社会的成员在提倡体育竞赛，对他们自己和所接触到的一些人证明他们在这一点上态度正确时，一般的说法总是这样：这类竞赛是取得种种发展的一个非常宝贵的手段。这类竞赛不但可以促进参加者体格的发展，而且能够发扬参与者或旁观者的尚武精神。谈到体育竞赛的适用性这个问题时，这里的社会中的任何人首先要想到的一种竞赛大概必然是足球；因为对体育竞赛有助于体格发展或精神发展这一点不论是赞成或反对的人们说来，首先浮现在他们心头的，就是体育竞赛中的这一形式。因此可以把这一典型的体育活动作为一个范例，来说明体育活动同参加竞赛者的性格发展与体育发展的关系。有人这样说，足球同体育的关系，与斗牛同农业的关系比起来，正是半斤八两；这个说法未尝没有理由。要保持这类娱乐方式的适用性，需要孜孜不倦的训练和培养。所使用的质料，不论是畜类还是人类，必须经过审慎的选择和锻炼，才能保持并加强在野生状态下所特有的某些素性和习性，这类特征在驯养状态下是要逐渐退化的。这并不是说在畜类和人类两种情况下，结果都是对野生的或未开化的身心习惯作全面与彻底的恢复。结果实际上是对未开化性格或野生性格的偏于一面的恢复；所恢复和加强的是偏于破坏和损害方面的野生特征，至于足以适应野生环境下的自卫和生活充实的那些方面的特征，则并不作相应的发展。从足球这类活动获得的锻炼，其结果是凶暴和狡猾这类外来的习性的加强。在这种锻炼下得到鼓励与发扬的是早期的未开化气质，受到抑制的是气质中的某些部分，从社会要求和经济要求方面来看，这些部分却是野蛮特性中的优点。

从体育竞赛的训练中得来的体力——如果认为在训练中可以获得这种效果的话——是对个人、对集体都有利的，因为，如果其他情形不变，这一点是有助于经济的适用性的。至于随着体育运动而产生的精神特征，同对集体利益发生的作用对比起来，情况有所不同，它在经济上对个人也是有利的。任何社会的居民，如果在一定程度上具有这类特征，情况都是这样。现代竞争，大部分是以这类掠夺的性格特征为基础的自决过程。这类性格特征，以已改变了原来面目的形式，渗入了现代的、和平的竞赛，而在一定程度上具有这类特征，对一个文明人说来几乎是一个必要条件。但这类特征对竞争的个人说来虽然是不可缺少的，对社会却并没有什么直接的用处。以个人对集体生活目的上的适用性而言，竞赛效能即使有用也是属于间接性的。在同别的社会没有发生敌对行为的时候，凶暴和狡狯这类习性对社会并没有用处，而且它们之所以对个人有用，只是由于有这样大一个部分的同类特征活跃地存在于他所处的人类环境。一只没有角的小牛在有角的牛群中是居于不利地位的；任何个人在这类特征方面如果没有相当禀赋，则他在生存竞争中所处的不利地位，就有些像那只小牛。

所以要具备并培养掠夺的性格特征，除了经济上的原因以外，当然还有别的原因。在审美或道义方面，对未开化素性也普遍存有偏好，而上述一些特征是能极其有效地满足这种偏好的，因此这些特征在审美或道义方面的适用性，也许可以抵消它们可能产生的那些在经济上的非适用性。但就这里的讨论目的来说，这一点是不属于本题的。因此，关于运动竞赛从全面来看时的价值或适当性，或者是它在经济依据以外的价值这些方面的问题，这里不准备有所论列。

在群众的心目中，运动生活所养成的那种尚武精神是深可赞扬的。用意义有些浮泛的口语中所使用的一些字眼来说，这类可赞扬的品质是含有独立、自强、亲睦等成分的。但是从另一角度来看，通常这样称道的品质，未尝不可以说成是蛮横、残酷或党同伐异。一般人对这类勇武的品质之所以会加以认可和赞扬，之所以会把这类品质说成是勇武的，总是因为这类品质对个人有用。社会中的成员，尤其是其爱好准则可以起示范作用的那个阶级，在这类习性方面具有充分禀赋，在他们的影响之下，别人缺乏这类习性往往成为一种缺陷，而在这类习性方面具有格外强烈的颤赋则成为一个了不起的优点。掠夺者的性格特征在现代一般人民中绝对没有绝迹。这类特征是存在的，任何时候以任何原因在情感上有所触发，它们就会极其鲜明地表现出来——除非感情上的这种触发，同构成我们日常工作并有助于我们日常的一般利益的那类活动有所抵触。从经济方面来看，任何工业社会的普通民众之所以能不受到这类顽强习性的拘束，并不是由于这类习性已不复存在，而只是由于它们部分地、暂时地废置不用，退处于下意识动机的隐藏状态。这类习性仍然以不同的强度存在于各个人的意识中，在积极形成人们的动作和情感方面仍然具有活跃力量，只要受到的刺激超过了日常的强烈程度，就会勃然发动。在任何情况下，只要个人并没有从事于与掠夺文化不相投的工作，因此其日常的兴趣与情感并没有被这类工作所篡夺，上述一类习性就会自由滋长。有闲阶级以及依附于这个阶级的某部分人，就处于这种情况。因此，新加入有闲阶级的分子，很容易爱上运动竞赛一类活动；因此，任何工业社会如果累积了相当的财富，足以使很大一部分人脱离工作，种种运动比赛和爱好这类活动的热情就会获得迅速发展。

有一个极其平凡的、大家所习见的现象，也许足以说明，掠夺性格冲动并不是在一切阶级中均衡存在的。例如，携带手杖的习惯，如果单是作为现代生活中的一个特点来看，似乎充其量也只是一件身边琐事；但在这里的论点上却有它的深长意义。在各阶级中最流行这个习惯的——也就是说，在一般的理解中，手杖这件物事已经与之合为一体、不可分割的——是正式有闲阶级中的人们，是运动竞赛爱好者和下层阶级中的懒汉。此外或者还可以加上一类人，那就是从事金钱工作的人们。一般从事工业工作的人就没有这样的习惯。还有一点，妇女们照例不携手杖，除非她衰弱或有病（那是另一用途，另一情况）。这种习惯，当然，在很大程度上是一个礼俗问题；但是礼俗的依据，也还是在礼俗上起示范作用的那个阶级的倾向。手杖是适应自我表现的目的的，它表明持杖者的双手干有用劳动以外的事体，因此具有证明有闲的效用。但它也是一种武器，是在这个性能上适应未开化时代一个男子的切身需要的。任何人，只要他沾染上一点凶暴气质，他手里握着这样一件具体的、原始的攻击武器，就会感到很大的安慰。

由于文字表达上的关系，关于这里所讨论的一些素性、习性和生活表现，在字里行间无法避免一种不以为然的语气。但是对于这里所提到的种种方面的人类性格或生活过程的任何一面，并没有加以谴责或加以表扬的任何企图。对于一般人类性格上的各种因素，这里只是从经济理论观点的角度加以讨论，我们所讨论的一些性格特征，是按其对于集体生活过程的便利性的直接经济关系来衡量，来划分等级的。这就是说，对于这类现象，这里是按照经济的观点来理解的；对于这类现象的评价依据是，当人类集体对环境以及对集体的目前与最近将来的经济形势要求下的制度结构作进一步调整时，这类现象在这个调整过程中所起的促进或阻碍作用。就这些目的来说，从掠夺文化阶段遗留下来的那类性格特征，并不能具有它可能具有的适用性。然而即使就这个方面而论，有一点也未可忽视，掠夺人的那种奋发的进取态度和不屈不挠的意志，并不是没有很大价值的一宗遗产。这里对于这类素性和习性的经济价值——同时也大致牵涉到其比较狭义的社会价值——试作分析，对于它们在其他观点下的价值拟不再深论。对于这类比较原始的尚武精神的残余，如果从公认的道德标准，或者更进一步，从审美的或诗意的标准来加以评价，则与现代工业生活方式的平淡无奇相对照，也许会获得与这里所说截然不同的结果。但是所有这些同这里的研究主题无关，因此对这些方面表示任何意见，在这里是不必要的。这里所要注意的只是这样一点：所有与这里的研究目的相歧的一些别的标准，对于我们对人类性格的这类特征或有助于这类特征的发展的一些活动所作出的经济评价，绝不可容许其有所影响。这个说法，不论对积极参加运动竞赛的那些人来说，还是对对于运动竞赛只是持旁观欣赏态度的那些人来说，都是适用的。这里就运动竞赛倾向所说的，对随后要谈到的关于世俗所谓宗教生活的种种评述，也同样适用。

上一节附带提到了一点，即，用日常用语来讨论这一类素性和活动，总不免要带上些反对或辩解的语气。这一点是很有意味的，它说明了一个冷静的、胸无成见的平常人，对运动竞赛以及一般侵占活动所表现的一些习性的习惯态度。一些长篇论著在谈到体育运动以及主要属于掠夺性的其他活动并加以维护或赞扬时，总不免到处充满一种隐约的反对语气；关于这一点，如果要以这里的内容为讨论依据，也许是同样方便的。关于从未开化生活状态遗留下来的多数其他制度，在一些代表著作中，也至少可以看到同样的那种辩解态度。关于人们觉得有必要加以辩解的那些古老制度，这里可以举出几个例子：关于财富分配的现有制度以及由此形成的身份的阶级差别；属于明显浪费项下的一切或将近一切的消费方式;在族长制下的妇女地位;关于传统教义和信仰方面的许多特征,特别是在教义方面以及对公认教义的直率理解下的那些通俗表现。因此,这里所要说的关于称扬运动竞赛以及竞赛特性时所采取的那种辩解态度的一些话,只要在措辞上加以适当变换,也同样可以应用到对我们社会遗留下来的其他有关因素所提供的那些辩解论调。

通常人们总认为运动竞赛以及构成竞赛特性的基础的那一类掠夺性冲动和思想习惯,并不是与常识完全相投合的;虽然辩解者本人表达这种感觉大都比较含糊,并不是用几句话明白说出的,但是一般总可以从他的语气当中体会到。“就大多数的行凶者而言,他们是极其下流的人物。”这一格言道出了在道德家的观点下,对掠夺气质以及在其公开表现与运用下的锻炼效果的评价。掠夺性格对集体生活究竟有效到什么程态,事理通达的人通过冷静的观察,究竟会对这一点抱怎样的看法,从这里可以找到一些线索。通常对于牵涉到习惯于掠夺态度的任何活动总是抱有反感,因此为掠夺习性的复兴以及为足以加强这类习性的活动作辩护的那些人,就有了为他们的说法提出证明的责任。社会上有一种赞成上述这类娱乐方式和冒险行为的强烈感情;然而同时也普遍存在着这种感情缺乏正当依据的想法。通常总是以下面的说法作为必要的正当理由:虽然运动比赛一类活动实质上是掠夺性的,是起着社会分化作用的,虽然在其直接影响下所导致的一些习性的恢复,是同工业不相适应的;但是间接地、更深一层地说起来——这里所使用的,似乎是一种不大容易了解的对立归纳法或对抗刺激法——运动比赛却可以认为是有助于一种性格的发展,这种性格在社会

目的上或工业目的上是有用的。这就是说，这类活动虽然实质上是属于歧视的侵占性质，但由于某种间接的、难以索解的原因，结果却促成了一种有助于非歧视性工作的气质的发展。一般总是试图依据经验来证明这一点；或者把它看作经验归纳的结果，任何人只要留心一下就必然会明白。当接触到这一论点的证据时，人们故意乖巧地躲过了作出由因到果的推论时站不住脚的依据，只是表明一点——运动比赛是有助于上面提到的"勇敢品质"的养成的。但是（在经济理论上）需要加以解释，证明其为正当的，正是这些勇敢品质；于是正应当从这里开始的一连串的证明，却在这里中断了。这种辩解所努力表明的，用最笼统的经济措辞来说就是，不管事理上的压力是怎样地不可抗，运动比赛事实上是促进了那个可以概括地叫做所谓"作业"的事物的发展。这就是运动比赛的效果——思想丰富的辩解者在这一点上如果没有能够说服他自己，或者没有能够说服别人，他是不会满足的；而一般说来，他是得不到满足的。他对于自己在这个问题上的辩解的不满心情，通常是表现在，他进行解释时语调蛮横急躁，期待别人同情和支持他的主张的殷切心情。

但是我们要问，为什么需要辩解呢？如果支持运动比赛这类活动的大众感情已经相当普遍而有力，为什么这一事实本身还不能算是充分的正当理由呢？民族在掠夺文化与准和平文化下经受长期锻炼而养成的尚武精神已经遗留给现代的人们，这种精神与凶暴和狡狯一类表现是一拍即合的。既然如此，为什么不承认这类活动是正常和健全的人类性格的正当表现呢？除了在这一代的情感中表现的、包括刚勇这一遗传性格在内的一系列习性所构成的规范以外，究竟还有些什么别的应当执行的规范呢？我们说，还有隐藏在背后的、接受人们的呼吁的一个规范，这就是作业本能；这是比掠夺的竞赛习性更加基本的、来源更加悠久的一种本能。掠夺的竞赛习性，虽然绝对地说起来，来源也是悠久的，但它只是作业本能的一个特殊发展，一种变形，相对地说起来是后起的，经历的时间是比较短促的。竞赛性的掠夺的冲动——或者也很可以把它说成是运动比赛本能——是从原始的作业本能演化和分化出来的，同作业本能比起来，基本上是不稳定的。掠夺竞赛，因此也就是运动竞赛生活，是经受不住生活的这个隐藏在背后的规范的考验的。

有闲阶级制度是有助于运动比赛和歧视性侵占这类活动的持续存在的，关于这一促进作用的发挥方式，当然无法作简括的说明。从已经举出的一些例证看来，以有闲阶级与工业阶级对照，前者在感情上和意向上似乎比较接近好战的态度和精神。关于运动比赛，情况似乎也有些相类。但是对于运动比赛生活的一般情绪，有闲阶级制度主要是通过礼仪的生活准则间接地发生影响的。这种间接效果，几乎毫无疑问是在于促进掠夺气质和掠夺习惯的持续存在，甚至为较高有闲阶级的礼法所排斥的那类竞赛生活中的变形，如悬赏拳击、斗鸡以及在竞赛习气下的其他流俗表现，情况也是这样。不管在礼仪细节上最近鉴定的那一套是怎样说的，经有闲阶级制度认可的已有的礼法准则，总是绝不含糊地表明，竞赛和浪费是好的，而跟它们相反的事物是不光彩的。在社会中处于比较阴暗角落的那些部分，是不可能充分理解或全部掌握礼仪准则的一些细节的，因此，他们只是对准则的大纲节目在带些不假思索的情况下加以引用，而对准则的适应范围，或者是获得认可的一些细节上的例外，则不遑深究。

有闲阶级的一个相当突出的特点是酷好运动比赛，这不但表现在阶级成员的直接参加上，而且表现在对这类活动在感情上和精神上的支持上；这一性格特征，是有闲阶级与下层社会中的懒汉以及整个社会中在掠夺气质上禀赋特强、也就是具有返祖遗传性格的那些分子所共有的。在西方文明国家的民族中，在掠夺本能方面秉性薄弱到对一切运动竞赛和竞技都不感兴趣的人是很少见的；但工业阶级中一般的人对这类嗜好并不过于热烈，并没有达到可以适当地称为具有运动习惯的那个程度。对这类阶级说来，运动竞赛是偶然的消遣，并不是生活中的一个显著特征。因此，不能说这部分普通民众对运动竞赛这一性格倾向是有所促进的。作为工业阶级中的普通成员，甚至成员中为数相当巨大的部分，虽然没有对运动竞赛完全谢绝，一般说来对运动竞赛的爱好带有潜在意识的性质，多少只是把它作为偶然寄兴的消遣，而不是把它当作生活兴趣中一个不可少的、经常存在的部分，更不能算是构成思想习惯的有机复合体的一个主要因素。

这种表现在今天的运动竞赛生活中的性格倾向，看上去也许并不是一个具有严重后果的经济因素。单就其本身来说，它对工业效能，或者对任一个人的消费，并没有什么了不起的直接影响；但是，以这一倾向为特点的人类性格类型的广泛流行和发展，却是个具有一定重要意义的问题。它不论在经济发展的速度方面，或是在这种发展所产生的结果的性质方面，都会影响到集体的经济生活。不管怎样，群众的思想习惯既然在一定程度上受到这一性格类型的支配，这一事实对集体经济生活的范围、趋向、标准和观念以及集体生活对环境的适应程度，就必然要发生重大影响。

应当注意到，构成未开化性格的一些别的特征也有相类的影响。从经济理论方面来看，可以把这些别的未开化特征看作是掠夺性格的附随变化，其间尚武精神就是这类性格的一种表现。这类特征在很大程度上根本不属于经济性质，也没有多大的直接经济意义；但是它们可以用来表明具有这类特征的个人所适应的经济演进阶段。因此，其重要意义是在于可以用它来作为一种鉴定含有这类特征的性格对今天的经济要求的适应程度的外在标准；但其自身作为一类素性，对个人的经济适用性也会起增进或减退作用，在这一点上它也有一定程度的重要性。

在未开化生活中，尚武精神主要是表现在两个方面——凶暴和诈伪。这两种表现形态，也在不同程度上相类地存在于现代的战争、金钱工作和运动竞赛中。这两类素性都是在运动生活中以及采取比较严肃的形式的竞赛生活中获得了培养和巩固的。谋略或狡狯是运动竞赛中必然存在的一个因素，在战争和狩猎中情况也是这样。在这一切活动中，谋略势必发展成为奸险和诈伪。在任何体育和一般竞赛的行动方式中，欺诈、虚妄和恐吓总是占有牢固地位。在竞赛中照例总要延请一位裁判员，总有许多精密的技术性条款，规定欺诈手段和战略优势可容许的限度和细节，这些都充分说明，用阴谋诡计来战胜对方并不是竞赛中偶然存在的特点。出于必然的事理，习惯于这类竞赛活动，有助于诈伪习性的进一步发展。如果足以促使人们偏爱运动竞赛的那类掠夺气质充溢于社会，狡诈风气就会盛行，对别人——各个地说来和集体地说来——

利益就会漠然不顾。使用欺诈手段，不论在怎样的假托之下，也不论在怎样的法律和习惯的掩护之下，总是一种狭隘的自私心的表现。关于运动竞赛的这一特征的经济价值如何，已经显而易见，这里更不必多说。

这里还应当注意一点，从事于体育和其他竞赛的人所感染到的在外貌上最显著的一个特征是极度的狡黠。因此，不论就对于竞赛活动的实际上的推进来说，或是就对于狡黠的竞赛者所给予的在其同道中的声誉来说，尤利西斯（Ulysses）[①]的天才和功绩绝不在阿喀琉斯（Achilles）[②]之下。当一个少年人，随机应付，经过了入学考试，踏进了任何一个声望卓著的中学或大学以后，要使他在性格上与一个职业的运动选手同化，大都第一步就是要使他具有一种狡黠的姿态。凡是对体育比赛或各种竞技或具有相类竞赛性的任何其他活动有高度兴趣的人，总喜欢保持这种狡黠姿态，作为外貌上的一个特征，他在这一点上的注意是从来不肯放松一步的。还可以指出一点，在下层懒汉阶级的成员中，这种狡黠姿态也往往表现得非常突出，那种戏剧性的夸张态度，同在体育荣誉上一个年轻的候选者所常有的态度极其相近；从这里我们再度看到了这两类人物在精神上的一脉相通。有些人恶意地形容这类年轻的候补者的态度，把它叫做“无法无天”，而上述性格表现正是这方面的最清楚的标志。

---

① 荷马：《奥德赛》（*Odyssey*）的主人翁，伊萨卡（Ithaca）的王，特洛伊战争中希腊领袖之一，以足智多谋著称。——译者

② 荷马：《伊利亚特》（*Iliad*）中的英雄，曾参与特洛伊战争，其人强有力、美姿容、勇敢而侠义，以此成为希腊青年人的楷模。——译者

一个狡猾、乖巧的人，可以说对社会并没有经济价值——除非是在与别的社会打交道时进行欺诈。他的功用并不在于对一般生活过程能有所推进。这种品质所起的作用，就其直接经济意义来说，充其量只是在于使集体的经济实质有所转变，使之向与集体生活过程不相投的方面发展。这一点有如医学上的一个正在变化的所谓良性肿瘤，其变化的趋向超过了划分良性与恶性的那个不确定界线。

凶暴与狡黠这两种未开化性格特征，构成了掠夺气质和掠夺的精神态度。这些都是狭隘的自私性质的表现。两者对于个人在生活中追求歧视性成就时的得心应手，都是有高度适用性的。两者也都是有高度审美价值的，都是由金钱文化助成的。但是两者在集体生活目的方面都毫无裨助。

第十一章　信赖命运

赌博习性是未开化气质的又一个附属特征。就一般运动比赛者和热中于战争以及一般竞赛活动的人们说来，这是一个差不多普遍存在的性格的伴生变化。这一特征也具有一种直接的经济意义。大都认为，它的过分发展，对任何社会总的最高度工业效能将是一个障碍。

如果把赌博习性看作是完全属于人类性格中掠夺类型的一个特征，是有些疑问的。赌博习性中的主要因素是信赖命运；这种信念，至少就其本质来看，其起源当在人类进化过程中掠夺文化阶段以前。对命运的信赖，大约在掠夺文化下已经发展成为现在这样的形态，成为在运动比赛气质中赌博习性的主要因素。它之所以会以这样的形态出现在现代文化中，大致是出于掠夺阶段的锻炼。但信赖命运实质上是比掠夺文化年代更远的一种习性。这是万物有灵观念的一种表现形式。这种信念似乎是更早时期的一个特征，其实质是从那个时期流传到未开化文化阶段的，然后它经过那个阶段的变化，在赋有掠夺锻炼的那种形态下，传入了人类发展的后期阶段。但不管怎样，总应当把它看成是一个古老的性格特征，是从相当遥远的过去传来的，同现代工业操作的要求多少是有些不相适应的，对现代集体经济生活的最高效能多少是一个障碍。

信赖命运虽则是赌博习性的基础，但并不是这一习性所含有的唯一因素。人们进行以力量与技术上的竞争为依据的赌赛还有一个进一步的动机；假使没有这个动机，信赖命运是绝不会成为竞赛生活中一个显著特征的。这个进一步的动机是一种期望，是预期可以制胜者，或预期可以获胜的那一方的参加者，希望以失败者为牺牲，从而增进他这一方的优势。赌注下得越大，金钱上的得失越大，则强者一方所获得的胜利越大，弱者一方在失败中所受到的痛苦和耻辱也越大；虽然，就赌注本身而言，其重要性也未可忽视。但事体还不止是这样，下赌注时一般还有这样的想法（虽然这并不是明白形之于语言的，甚至也不是在意念中明确认识到的）：赌注本身就足以提高下注的一方竞赛者的胜利希望。这里存在着一种感觉，即在这个目的上花费的物质和提心吊胆的心情，对结局是不会一无效果的。这里有作业本能的一种特殊表现，支持着这种表现的是一种甚至更加明晰的感觉，即基于万物有灵观念下的事物的一致性，当事物的内在习性已经被这样一些迫切意向和能动力量所调和并加强时，具有这种意向和力量的一方就必然能获得胜利结果。我们在任何竞赛中对预决其必胜的那一方加以支援，直率地表现着对赌注的这种鼓励心情；而这一点无疑是一种掠夺特征。表现在赌注上的信赖命运，是随着原有的掠夺冲动而来的。由此可以推定，就信赖命运表现在下赌注这一形式上而言，应当把这种形式表现看作是掠夺性格类型中的一个主要因素。这种信念在本质上是一种古老习性，实际上是早期的、未经分化的人类性格；但它经过掠夺的竞赛冲动的推进，分化为赌博习性的特有形态以后，在这样高度发展的特有形态下，就应当被看作是未开化性格的一个特征。

信赖命运是在现象的相续关系中一种“偶然的必然性”感觉。它的多种多样的变化和表现，如果在任何社会流行到了相当显著的程度，就会对社会的经济效能发生极其严重的影响。因此，关于它的起源和内容，以及它的种种派生表现同经济结构与职能的关系，都值得予以进一步的详细探讨；对于有闲阶级同这种信念的成长、分化与继续存在的关系，也应加以分析。这种信念，在其发展的、完整的形态下，也就是从掠夺文化下的未开化民族那里，或者是从现代社会中一个运动竞赛者那里最容易看到的那种形态下，至少含有两个可区别的成分。我们应当把这两个成分看作是属于同一基本思想习惯的两个不同状态，或者是在其演变过程中两个连续状态下的同一心理因素。这两个成分是信念在同样一般类型下的发展过程中的连续状态；这一事实对于两者在任一个人的思想习惯中的共同存在，并无妨碍。两者之中比较原始的形态（或者是比较古老的状态）是一种初步的万物有灵信念，或者是对于关系和事物的一种万物有灵感觉，由于这种信念，人们对种种事态赋予了类似于人的性格。在古代的人看来，在他的环境中，一切突然发生的以及显然是相因而生的事物，都具有一种类似于人的个性；他们认为一切事物都具有意志力，或者说具有种种习性，这类习性渗入了起因的复合体，从而不可思议地影响到事件的结局。运动竞赛者对命运和机遇或偶然的必然性的观念，是一种不分明的或欠完整的万物有灵观念。这种观念往往以极其模糊的方式联系到事物和局势；但通常则具有这种程度的明确性，因此牵涉到凭技术或凭机遇的任何竞赛中所使用的器具和附属物时，这种观念对于构成这类事物的一些内在的习性倾向的展开，有可能发生种种作用——慰解，诱骗，再不然就是捣乱。我们看到那些运动竞赛者，很少没有随身佩带些符咒或护身符之类的习惯，他们认为这些东西多少有些效验。还有一些同样普遍的情况：在任何比赛中，人们在下了赌注的那一方的选手方面或比赛用具方面发现了些不祥的预兆，会本能地感到恐怖；在比赛中，对某一选手或某一方投下了赌注以后，会感到对那一方应当而且的确是起了增加其力量的作用；他们如果对某一方的“吉星高照”有所祝愿或有所举措，会感到这并不仅仅是儿戏。

信赖命运观念的简单形态，就是对事物和局势的不可思议的目的性倾向的这种本能感觉。事物和局势会有一种归结到某一目的的倾向，不管人们认为这个目的或这个最后目的点是偶然产生的还是蓄意安排的。信念从这个简单的万物有灵观点出发，通过不知不觉的演进，逐渐转变到了第二个、派生的上面提到的形态，这就是对于一种不可思议的超自然力的相当明确的信念。超自然力是通过与之结合在一起的有形物体发挥作用的，但在个性上是不能把超自然力与物体视同一体的。这里使用“超自然力”这个字眼，并不在所谓超自然的那种力量的性质方面含有什么进一步的意义；指的只是万物有灵信念的进一步发展。这里所说的超自然力，并不一定要看成是充分人格化的主动力，而是带有一定程度上的人的属性的一种动作力，它足以在带些任意的情况下，对任何冒险事业、特别是竞赛活动的结果发生影响。例如，对“哈民查”(Hamingia)[①]或“吉普塔”(Gipta)的广泛崇信，特别地使冰岛的英

① 挪威神话，司幸运之神，人们认为它可以使信从者获得佳运。——译者

雄故事，并且一般地使德国的早期故事生色不少；这就是在事态进程中的超自然倾向这一观念的一个例证。

信念的这种表现或这种形态，在习性倾向上是很少被人格化的，虽然它在不同程度上被赋予了个性；而且有时候人们还认为这种个性化的习性倾向会屈服于环境——大都是精神的或超自然性的环境。关于这类信念的一个极其突出的例证是凭决斗的断讼法，这类信念在这里已处于分化的相当深入阶段，当人们从这类信念出发乞助于超自然力时，这种超自然力就不能免予神人同形同性观念下的人格化。这里是把超自然力看作被邀来的公断人的，是要按照某种约定的依据——如参加斗争者各方所自称的公正或合法——来决定斗争的结果的。时下有一种流行的信念，这种信念，举个例，可以通过大家所信服的一句名言来说明——“他既知道自己理直气壮，就有了加倍的力量”；这句话即使在今天的文明社会中，对一个普通的、不作深入思考的人说来，仍然具有很重要的意义。这里存在着一种与上述相类的想法，即在事势的演进中有一种难以索解而势所必然的趋向；这一点作为一个不可捉摸的因素，在时下的信念中仍然有其蛛丝马迹可寻。我们从一般人信服上面这句话这一点可以看出，崇信“哈民查”或者认为冥冥之中自有神力主宰这类信念，在现代人的潜在意识中是依稀仿佛、也许是有些不确定地存在着的，并且在任何情况下，似乎总是同并非显然属于万物有灵性质的心理动因混合在一起的。

上述对习性倾向的两种万物有灵理解，后者是由前者转化而来的；关于这方面的心理演变过程以及人种来源上的关系，在这里的研究目的上并没有作进一步深入探讨的必要。这个问题在民族

心理学或是在宗教教义和教派的演变的理论研究方面，也许是极其重要的。假使要研究两者在发展关系上是否作为相继发生的状态而互相关联这类比较基本性的问题，情形也是这样。这里提到了这些问题的存在，其意只是在于说明，这里的讨论旨趣并不在这些方面。在经济理论的方面，就有关信赖命运或事态的超因果趋势或事态的习性倾向这些方面的这两个成分或状态而言，两者实际上属于同一性质。它们作为思想习惯，会影响到个人对于他所接触到的一些事物与事物关系的习惯看法，从而影响到个人在工业目的上的适用性，因而有其经济的重要意义。因此，除了有关任何万物有灵信念下的美感、价值或仁慈这类问题以外，它们在个人适用性方面作为一个经济因素，特别是作为一个工业的动因所具有的经济意义，自有其值得讨论之处。

上面已经提到，个人为了要在今天复杂的工业操作中获得最高度的适用性，就必须具有随时可以依据因果关系来理解事实并联系事实的素性和习惯。工业操作，不论从整体还是从细节上来看，都是一个量的因果关系过程。对工人或对一种工业操作的指导者所要求的"智慧"，并没有什么别的，只是对于从量上来决定因果关系的理解与适应，必须具有一定程度的熟练。拙劣的工人所缺少的就是在理解与适应上的这种熟练程度；如果教育的目的是在于提高他们的工作效能，则这种教育所追求的目的就是在于增进这种熟练程度。

如果工人出于先天的禀赋或后天的锻炼，不能依据因果关系或事实而只能依据别的来了解事态和事态的演变，这就要降低他的工业效能或工业上的适用性。这种由于喜欢按照万物有灵的观点来理解事实而降低效能的情况，如果从整体来看，就是说，整个地从具有万物有灵倾向的某一民族来看，就格外明显。万物有灵观点在经济上的妨碍，在现代大工业制度下比在任何别的制度下，情况更为明显，其后果也更为深远。在现代工业社会，工业是由互相制约的机能和作用构成的一个广泛系统，这一倾向不断地越来越显著；因此，从事工业的人要增进效能，就必须在全然不受偏见牵制的情况下对各种现象从因果关系上来理解，这一点变得越来越不可缺少。在手工业制度下，一个工人如果具有熟练技巧与高度体力，并且刻苦耐劳，则即使在思想习惯上存有这样的偏见，这些优点也可以在极大程度上抵消他思想上的弱点。

传统式的农业同手工业的情况相类，两者所要求于劳动者的，在性质上彼此极为近似。在两者的情况下，劳动者自身都是它们主要依靠的原动力，而有关的自然力量，则被认为是不可捉摸的、难以预料的动作力，它的动向是劳动者所无法控制或无法自由处理的。在一般的理解中，这类生产方式与工业操作不同；在工业操作中，对于整个机械过程的决定性趋向，必须依据因果关系来理解，工业的进行与工人的动作必须与之相适应，而在这类生产方式中，则这样的情况比较少。随着工业方法的发展，手工业者的那些长处，越来越难以抵消其所存在的智力不足或接受因果关系的看法时的迟疑不决这类缺点。工业组织越来越具有一种机械结构的性质，作为一个工业人员，他在这里的任务是辨别和选择会产生对他有用的效果的自然力量。工人在工业中所处的地位已经不再是一个原动力，他的职能是对量的关系和机械事实加以抉择和评价。他对于在他环境内的因果现象应当有提出明确的理解和公正的评价的能力，这一点的经济意义越来越重大；在他的思想习惯的复合体内的任何成分，如果掺入了跟上述能力不相容的偏见，将成为越来越重大的一个干扰因素，足以降低他在工业上的效用。对于日常事态的观察，如果不以量的因果关系为依据而别存偏见，即使偏差甚微或并不显著，其对民众的习惯态度所发生的累积性影响，也足以显著降低社会集体的工业效能。

万物有灵的思想习惯，可能以属于一种初发的万物有灵信念的早期未开化形态出现，也可能以比较后期、比较完整的形态出现，从而对事态的性格倾向加以神人同形同性观念下的人格化。不论是这样的活跃的万物有灵观念，还是这样的乞助于超自然力或神力的指引，在工业上的意义当然是大体一样的。以对个人的工业适用性所发生的影响来说，在两种情况下所发生的影响是属于一类的；但是当个人习惯地应用万物有灵观念或基于神人同形同性观念的那一套定则来应付他环境内的事态时，在直接、迫切或专一程度上各有参差，因此这种思想习惯可以控制或指导个人的思想复合体到什么程度，是以上述参差情况为转移的。万物有灵习性的作用是，到处使对于因果关系的了解陷于模糊状态；但以早期的、比较浮浅的、比较不明确的万物有灵观念，同神人同形同性观念的较高形态比较，前者在个人智力过程中发生的影响也许更加广泛，更加贯彻。当万物有灵习性只是以原始、朴素的形态存在时，其应用范围和限度是不明确的，或没有一定界限的；因此这一习性将在个人生活的一切方面影响到那个人的思想——只要他在任何地方接触到生活中的物质资料。万物有灵观念的后期的、较成熟的发展形态，经过神人同形同性观念的琢磨以后，其应用范围

已经相当明确地局限于那类渺茫、隐约的事态，于是范围越来越大的那些日常事实，暂时不乞助于表现万物有灵观念的那个超自然力来作解释了。对于日常生活中的种种琐碎事件，要借助于高度完整的、人格化的超自然力来理解，并不是一个方便的处理手段，因此很容易造成一种习惯，即以因果关系为依据，来解释许多琐细或流俗现象。但是，这样获得的临时解释，只是由于在琐碎事件上的漫不经意，才让它明确存在的，个人一旦受到了特殊刺激或发生了疑难，就会恢复他对原来意识的忠顺态度。当发生了特殊要求，就是说，当特别需要充分地、直率地乞助于因果律时，他如果具有神人同形同性信念，就往往会仍然乞助于超自然力，把它作为一个万能的解释物。

这种超因果的倾向或动作力，作为一个解释疑难的救星是有高度效用的，但这种效用完全属于非经济性质。如果它在一致性和专门化方面达到了这样的程度，以致具有了神人同形同性的神性，它就格外地变成了一个"逋逃薮"和"安乐窝"。当个人碰到一些难以用因果关系解释的现象而感到彷徨时，神力的解释是为他解除困难的一个方便法门；但此外神力观念还有许多长处。神力作用，从审美、道德或宗教利益的观点来看，或者甚至从政治、军事或社会政策的比较直接的观点来看，有许多显然的、公认的优点；然而这些都不是这里所应当讨论的。与这里有关的问题是，把对这种超自然力的信念，看作是要影响到信仰者的工业适用性的一种思想习惯时，它的不怎样动人、不怎样迫切的经济意义如何。而且，即使在这个狭隘的、经济的范围以内，所要探讨的也不得不限于这个思想习惯对信仰者在工业上的适用性的直接影响，而不是扩大到把它的比较深远的经济效果也包括在内。这类远一层的经济效果是很难追究的。如果与这里谈到的神力保持精神上的接触，会使生活提高到怎样的程度，这是一个问题；当我们试图探讨远一层的经济效果，从而论证其经济价值时，势必牵缠到时下对这一问题所存的偏见，从而使讨论在目前一无结果。

万物有灵的思想习惯，对信仰者在一般心情上的直接影响是降低他的有效智力，而它所降低的这个方面的智力，对现代工业正是具有特殊重要意义的。无论人们信仰的超自然力或超自然倾向属于较高形态还是属于较低形态，影响终将在不同程度上发生。这一点，对未开化者和运动竞赛者的命运观念和习性倾向说来是这样；就这类人所往往具有的在比较高度发展形态下的对神力的信仰说来也是这样。这个说法，对处于比较发展形态下的神人同形同性信仰——那是与宗教观念比较浓厚的文明人的心意相投合的——说来，也必然是适用的；不过这一推论的可靠程度如何却难以肯定。一般具有的那种属于较高形态的神人同形同性信仰所造成的工业上的效能降低，也许是比较轻微的，但是不应忽视。而且在西方文化中，即使属于这类高一级形态的信仰，也并不是超因果倾向这一人类意识中的一个最后残余现象。除了这类信仰形态之外，同样的万物有灵意识还表现在种种冲淡了的神人同形同性信仰形态上，如十八世纪对自然秩序与天赋权利的控诉，如属于其现代典型的、表面上算是达尔文以后的概念的关于进化过程的修正倾向，等等。这种对现象的万物有灵式的解释，是理论学者称为“有理性的愚蠢”的一种谬论。从工业的或科学的立场来看，这样的观点对事实的理解和评价要算是一个莫大的障碍。

万物有灵的习性，除了在工业上的直接影响以外，从别的方面来看，在经济理论上还有某种重要意义。(1)这一习性的存在，足以相当可靠地证明，还有某些别的古老的性格特征同时存在，甚至相当有力地存在着，而这类特征在经济上是有实际重要意义的。(2)基于万物有灵习性而获得发展的神人同形同性信仰，构成了宗教上的礼俗，这类礼俗所发生的后果，其重要意义在于：(a)影响到社会对商品的消费和一般的爱好准则，这在上面的一章里已经提到；(b)引起并保持了对上级关系的习惯的认可态度，从而加强了身份和效忠这些方面的流行观念。

就上面(b)项提到的那一点来说，当那类思想习惯构成了任一个人的性格时，在某种意义上可以说是一个有机统一体。在生活的习惯表现的任一点上，如果发生了向某一方面的显著变化，则在这类表现的其他方面，或在其他各类的活动中，也将跟着发生并发性变化。这些不同的思想习惯或生活的习惯表现所体现的是个人单一生活过程中的一切方面；因此，由于对某种刺激作出反应而形成一种习惯，势必影响到对别的刺激作出反应时的性格。人类性格在任何一点上的转变，是人类性格的全部转变。基于这个理由，也许在更大的程度上还基于一些这里无法深入讨论的比较难以捉摸的理由，人类性格的各种不同特征之间就有了这些并发性变化。例如，未开化民族，虽然其生活是属于充分发展的掠夺型的，一般也同时具有强烈的、普遍的万物有灵习性、完整的神人同形同性信仰和活跃的身份观念。另一方面，处于未开化文化以前或以后的各文化阶段的民族，关于神人同形同性信仰和对有形事物的万物有灵倾向的现实感觉，在其生活中却表现得没有那样突出。整个说来，在和平社会中，身份观念也比较薄弱。还应当注意到一点，在掠夺期前或野蛮的文化阶段的各个民族，即使不是全部也至少是大部分，是存有活跃而略带特殊化意味的万物有灵信念的。一个原始的野蛮人对于万物有灵的信仰，似乎不像未开化人民或已经过蜕化的蛮族那样认真。在他手里，由万物有灵信仰所演成的，主要是一些稀奇古怪的神话创造，而不是顽固的迷信。而在未开化文化中所表现的，却是运动比赛本能、身份制和神人同形同性信仰。在现代文明社会的人们的个人气质中，也大都可以看到这方面的变形。赋有掠夺的未开化气质从而构成运动竞赛分子的那些现代代表人物，大都是命运的信从者，至少对于事物的万物有灵倾向是具有强烈感觉的，正是由于这一点，他们才会热爱赌博。这类人关于神人同形同性信仰的情况也是这样。这类人在对某一教派表示信从时，他们所信从的往往是在神人同形同性观念上比较坦率、比较贯彻的那类教派之一；只有比较少数的运动竞赛者，才会从神人同形同性信仰成分比较淡薄的那些教派，如唯一神教或宇宙神教，去寻求精神上的安慰。

神人同形同性观念和尚武精神是相互关联的，同这一点密切结合在一起的一个事实是，神人同形同性信念即使不足以发动也至少足以保持有利于身份制的那种性格。就这一点而言，在这种信念下的锻炼效果究竟以何处为终点，以及在这种遗传特征下的并发变化的迹象究竟从何处开始，都是绝对无法断言的。所有那些掠夺气质、身份观念和神人同形同性信念，在其最高度发展形态下，都是属于掠夺文化的；当这三种现象在那个文化水平上出现于社会时，它们彼此之间是存在着某种互为因果的关系的。当这类现象在今天各个人、各阶级的素性与习性中互相关联地重新浮现时，其情况足以使人充分明了，它是跟属于个人的性格特征或习性的那些同样的心理现象彼此之间的因果关系或有机关系相类的。上面曾经提到，作为社会结构的一个特征的身份关系，是掠夺的生活习惯的一个后果。就其来源而言，它实质上是掠夺态度的经过加工以后的表现。另外，神人同形同性信念是，对有形事物的超自然和不可捉摸的习性倾向这一概念，加上一个明细的身份关系礼俗。因此，就这一信念的起源的外在现象来说，可以把它看成是古代的人们普遍存在的万物有灵观念的产物，是通过掠夺的生活习惯而明确化并有了一定程度的改变的，结果形成的是一种人格化的超自然力，它还经过充分补充，有了掠夺文化下的人们所特有的那类思想习惯。

这里所讨论的、与经济理论有直接关系的一些比较主要的心理特征，可以概括如次：(1)掠夺的、竞赛的性格，这里我们把它叫做尚武精神，在前一章里已经谈过，它只是人类所共有的作业本能的未开化变形，这一特殊形态是在人与人之间作歧视性对比的习惯的支配之下逐渐变成的；(2)身份关系，这是在这样的歧视性对比下按照公认规格加以品评与分级的一种形式表现；(3)神人同形同性信念，这至少在其生气勃然的初期是一种制度，这种特有因素是一种身份关系，在这个关系中人类是在下的，而人格化的超自然力是在上的。记住这一点，理解人类性格与人类生活中这三种现象之间存在的密切关系就应当没有什么困难；就其间的某些主要因素来说，彼此的关系可以说是合二而一的。一方面，身份制与掠夺的生活习惯，是作业本能在歧视性对比这一习惯下所采取的形式的一种表现；另一方面，神人同形同性信念和宗教信仰这一习惯，是人类对有形事物性格倾向的万物有灵观念的一种表现，这种表现是在实质上属于同样一般的歧视性对比习惯的支配下逐渐加工，逐渐完成的。因此，应当把竞赛的生活习惯和宗教信仰习惯这两个范畴看作是，人类性格的未开化类型和它的现代未开化变形的补充因素。两者都是对不同类的刺激发生反应时形成的差不多属于同一范围的那类素性的表现。

第十二章　宗教信仰

我们就现代生活中的某些事态，随意举述几项，就足以说明属于神人同形同性信念的各教派同未开化文化和未开化气质的有机关系。同时它们还可以用来说明，这类教派的存在和它的效力及其信仰方式的盛行，同有闲阶级制度以及成为这个制度基础的动力有怎样的关系。这里谈到宗教信仰或通过这类信仰而表现的一些精神特征和智力特征时，对于这方面的行为并没有加以抑扬、褒贬的任何意图；属于神人同形同性信念的现有各教派的一些日常现象是有其经济理论上的意义的，是可以从这个观点来讨论的。这里能够详细探讨的是，关于宗教信仰的一些有形的、外在的特征。至于宗教生活在精神上以及信心上的价值，则不在这里的研究范围之内。当然，关于各教派所依据的那些教义的真理和美感问题，这里也不打算论及。就是以经济的意义来说，那些比较深远的意义，这里也无法讨论，这类问题过于玄妙，含义过于深沉，在短短的篇幅中是无法容纳的。

在前面的一章里，已经谈到了一些金钱的价值标准对于根据与金钱利益无关的标准来进行的评价过程所发挥的影响。这种关系并不完全是单方面的。经济的评价标准或评价准则，也会受到经济以外的价值标准的影响。我们对事物的经济意义的评价，在一定程度上是由于比较重大的那些非经济利益的显著存在而构成的。甚至有这样一种见解，即经济利益只在它有助于这类高一层的、非经济的利益时，才有其重要意义。因此，为了这里的研究目的，必须考虑到，怎样把经济利益或属于神人同形同性信念的各教派的一些现象的经济意义隔离开来。要使自己抛弃比较通行的观点，要撇开无关于经济理论的那类高一层的利益关系，使由此形成的偏见尽可能地减到最低限度，是要花费些气力的。

上面谈到运动竞赛气质时曾经说明，为运动竞赛者的赌博习性提供精神基础的是，认为有形事物或事态具有一种万物有灵习性倾向的观念。从经济的观点来看，这种观念，同万物有灵信念及属于神人同形同性信念的各教派在各种形态下所表现的，实质上是同样的心理成分。就经济理论上必须论及的那些显著的心理特征来说，那类充满在运动竞赛习性成分中的赌博精神，在难以辨别的进展层次中有了逐渐的变化，转变成要在宗教信仰中得到满足的那种心情。这就是说，从经济理论的立场来看，运动竞赛性格已经逐渐转变成了一个宗教信徒的性格。如果一个赌博者的万物有灵观念是得到带些一贯性的传统的支持的，那么这样的观念就会发展成为对超自然力或超物质力的一种相当明显的信念，其中还含有一些神人同形同性概念。在这种情况下，一般总存有一种明显的意向，这就是要想借助于亲近与调和的某种有效方式同超自然力获得妥协。这里所含有的和解与诱导成分，与比较粗浅的信仰方式有很多共同之处——即使不是在历史根源方面，也至少在实际心理内容方面是这样的。于是赌博者的那种信念，就显然地、

继续不断地逐渐变成了迷信的实践和信念;这就可以断言,这种信念同那些比较粗陋的属于神人同形同性信念的教派是一脉相通的。

由此可见,运动竞赛气质或赌博气质,是含有构成一个宗教信徒或宗教仪式奉行者的某些主要心理成分的;其间的一个主要共同点是,相信在事态的演进中具有不可思议的习性倾向或超自然力的干预。就赌博这类行为来说,这里对于超自然力的信仰,也许并不是怎样有条理的——通常也的确是这样;关于超自然力在推想中的思想习惯和生活方式,或者换个说法,关于它的品性和干预事态时的意志,情况尤其是这样。一个运动竞赛者所觉察到的,并且有时候因此而感到恐惧、力图脱免的种种时运、机会、凶征、吉兆等,在他看来是这种动作力的表现,而他对于这种动作力的个性或人格的见解,却并不是怎样明确、怎样完整的。他的赌博活动的根据,大部分只是一种本能感觉,即在事物或局势中存在着一种到处渗入的超物质的和主动、独断的力量或习惯倾向(不过它很少被看作人格化的主动力)。一个赌博者往往既是在这一朴素意义下的命运的信从者,同时又是某一公认教派的一个相当忠实的信徒。在教义中他格外容易接受的是,有关于神的不可测度的力量和主观独断的习性那个部分,博得他的信心的也是这一点。在这种情况下,他的万物有灵信念具有两个,有时还不止两个不同的形态。实际上,从任何运动竞赛团体的精神内容,都可以找到属于万物有灵信念的一整套连续状态。包含于这一连串的万物有灵概念中的,在这一端是属于时运、机会和偶然的必然性的最原始形态,而在那一端是神人同形同性的神力的充分发展形态,介于这两端之

间的是处于不同的完整阶段的种种形态。与这种超自然力信念同时并存的有两种意向，一是本能地要使行为与幸运的出于推想的要求相顺应，另一是对神的不可思议的意旨抱着相当虔诚的服从态度。

关于这一点，在运动竞赛气质与懒汉阶级的气质这两者之间存在着一种关系，两者都是与倾向于神人同形同性教派的气质有关的。懒汉和运动竞赛者这两类人，大都比社会中一般普通人民容易成为某种公认教派的信徒，也具有比较显著的宗教信仰倾向。值得注意的另外一点是，这两类人物中原来没有宗教观念的分子，也比社会中一般没有宗教观念的人容易成为某一公认教派的皈依者。那些有关运动竞赛问题的代言人并不否认这一显而易见的事实，尤其是在为比较质朴的、掠夺的体育竞赛作辩解的时候。体育运动的经常参加者，在某种程度上对宗教事业特别热心——有些人实际上是相当坚决地把这一现象当作竞赛生活中的一个优点来看待的。还可以看到一点，运动竞赛者和掠夺的懒汉阶级所信从的，或这类人物中的新皈依者所信从的，一般都不是那类所谓较高级的教派，而是与彻底的神人同形同性神力有关的一类教派。古老、掠夺的人类性格是不能满足于一些宗教上的奥妙难解的概念的，在这类概念中，人格化观念逐渐消失，逐渐转变到了量的因果关系概念，如属于基督教的、以造物主、万能之神、宇宙之灵或心灵界为归属的纯理论的、不是一见即可了然的教义，就是这类例子。同一般运动家和懒汉的性情相投的那种性质的教派，这里可以举个例子，如属于地上教会(the church militant)的一个支派“救世军”。这个团体的组成分子，在某一程度上是由下层阶级的懒汉中

征求得来的，其中有些人是过去从事运动竞赛活动的，这类人在这个团体的军官一级中所占的比例更大，要比他们在社会总人口中所占的比例大得多。

关于大学中的体育运动情况，这里可提供一个适当的例子。有些对大学生活中宗教活动情况有研究的人，断然认为——关于他们的主张似乎并没有什么争执余地——这个国家的任何学生团体中那些最优秀的体育运动人材，大都是笃信宗教的，其信心的诚笃，至少比对体育运动或其他竞赛活动兴趣较差的那些学生的一般情况，要高出一筹。这也是根据理论可以得出的结论。顺便还可以提到一点，从某一观点来看，这个现象也使大学中的运动比赛生活、一般体育竞赛活动以及从事这类活动的人们增加了光彩。大学运动员致力于宗教宣传，以此作为一种职业或副业，这并不是罕见的现象。还可以看到的是，他们在从事这类活动时所宣传的往往是神人同形同性色彩比较浓厚的某一教派。在其宣传教旨中主要着重的，往往是存在于神人同形同性信念中的神与人之间的个人身份关系。

这种在大学生活中体育活动与宗教信仰两者之间存在的密切关系，是众所周知的一个事实；但其间还有一个特点，虽然极其明显，却没有引起人们的注意。在大学的运动竞赛活动中普遍存在的那种宗教热忱，格外容易表现在对不可思议的神力的绝对虔诚和衷心悦服上。因此，这一类型的热忱，格外容易同那些世俗的宗教组织相结合；这类组织，如基督教青年会或基督教青年力行会，是以传布通俗教义为宗旨的。这些世俗的宗教团体，好像是特意要加强上面的论点，要牢固地树立运动竞赛气质和古老的宗教信心之间的密切关系一样，它们以很大一部分气力，专门提倡体育竞赛以及性质相类的凭机遇、凭技术的种种竞赛。这类运动竞赛活动甚至被看作在神前邀荣取宠的一个相当有效的手段。因为这类活动，显然可以用来作为招徕新进，并使之在皈依以后信心坚持不变的一个法门。这就是说，通过运动竞赛一类活动使万物有灵的和竞赛的习性获得锻炼，就有助于构成并保持一种性格，而这种性格与比较通俗的那些教派，在精神上是沆瀣一气的。因此，一些世俗的宗教组织，终于把这类运动竞赛活动用来作为修道的一个学习手段或诱导手段，以使宗教意识更加充实地发展，而这一点却是一个道道地地的基督教信徒才能得到的光荣。

竞赛和低级的万物有灵这类习性的锻炼实际上有助于宗教上的目的；似乎足以使这一点更加无怀疑余地的一个事实是，许多教派的负责者也学了一般世俗的宗教组织在这方面的榜样。有些宗教组织，尤其是那些在信仰生活实践方面跟世俗的宗教组织最近的，在与传统的教义有关的方面，已经在若干程度上采取了这类措施或与之相类的措施。我们看到，人们在教会的认可下组织了“少年团”以及其他类似组织，目的在于发展会众中青年成员的竞赛习性和身份观念。这类假性的军事组织足以发挥并加强进行竞赛和歧视性对比的习性，从而使对人与人之间的主奴关系的认识和赞可，得以在原有基础上获得进一步巩固。要晓得，一个虔诚的信徒主要是这样一种人，这种人是最懂得怎样服从，怎样心悦诚服地接受惩戒的。

但是，通过这类实践得以养成并保持的一些思想习惯，只是构成神人同形同性教派内容的一半。还有一个宗教生活中的补充因素，即万物有灵观念，是由教会认可的另一系列设施来加以培养和保持的。这就是含有赌博性的一类设施，如教会市场或用彩签销售货物的办法，可以作为这类设施的典型例子。这类凭抽签取货以及类似的一些细小的赌博机会，似乎特别投合宗教组织中普通成员的心意，其投合程度似乎超过宗教观念比较淡薄的那些人；由此说明了这类设施对于宗教信仰本身的恰当程度。

这一切似乎都足以说明：一方面，使人们倾向于运动竞赛和使人们倾向于神人同形同性教派的是同一气质；另一方面，运动竞赛习惯，也许特别是体育运动习惯，足以促使从宗教信仰得到满足的那类习性发展。反过来说，宗教信仰的习惯的养成，似乎也有利于体育运动以及一切竞赛活动——这类竞赛活动使歧视性对比和信赖命运的倾向有了发挥机会——的习性的发展。实际上，属于同一范围的习性倾向在精神生活的这两个方面都可以获得表现。在掠夺本能与万物有灵观点支配下的未开化人类性格，通常都是倾向于这两个方面的。掠夺性格必然使人们加强个人尊严观念和各个人之间的相对地位观念。凡是以掠夺习性为构成各种制度的主要因素的那种社会结构，就是以身份制为基础的结构。在掠夺社会的生活方式中普遍存在的规范是上与下、尊与卑、主与奴以及统治与服从的个人之间与阶级之间的关系。神人同形同性教派就是从那个生产发展阶段来的，是在同样的经济分化——分化为消费者和生产者——方式下形成的，也是被同样的统治与服从这个最有力的原则所渗透的。这类教派把某些思想习惯归之于神，而这些思想习惯却是与这类教派构成时的经济分化阶段相适应的。这种想象中的神人同形同性的神，被认为在一切首要问题上都是非

常认真的，是要坚决地居于主宰地位，任意地行使权力的，是习惯地以威力为最后裁决者的。

在后期的、进一步成熟的神人同形同性教义中，对于神的威灵显赫和神所具有的统治习性，在思想表达方面较前更为洗练，这就有了“天父”这类说法。这时超自然力在人们的想象中具有的精神态度和习性倾向，仍然不越出身份制的范围，不过已带上了准和平文化阶段特有的那种家长的色彩。还应当注意到的是，即使在教派的这个高级形态下，人们借以表现虔诚的信心的那些宗教仪式，其一贯的目的仍然是借助于颂扬神力的伟大和光荣并表白自己的忠诚和屈服，来求得恩宠，求得罪孽的赦免。这里人们所企图亲近的那种不可思议的权力，被认为是有身份观念的；上述向神呼吁或礼拜的行动，其用意就在于迎合这种观念。现在最通行的祈祷方式，仍然含有一种歧视性对比的意味。对于赋有这样的古老性格特征的神人同形同性的神，这样地忠诚爱戴，表明这个热诚的皈依者自己也是具有相类的古老性格特征的。从经济理论的观点来看，应当把凡人和神人的这种以下对上的效忠关系，一律看作是个人奴性的一种变形，而这种奴性却是掠夺的与准和平的生活方式的一个极其显著的构成部分。

在未开化者的意念中，神好像是个好战的头子，是带些统辖一切的傲慢态度的；由于从早期掠夺阶段到现在这段文化时期所特有的生活习惯比以前有了变化，一般的容态举止比较温和，比较沉静，于是神的仪态也变得柔和得多。但是，对神的想象虽然经过了这样的整饬，向来惯于归之于神的行为和性格上的那些比较粗暴的特征，虽然因此获得了轻减；然而直到今天，对于神的性格和气

质的一般理解仍然存有未开化概念的残余。这就发生了这样的情况，例如，当描绘神的以及神同人类生活过程的关系的一些特有情况时，一般演说者和作家现在仍然可以有效地利用一些词汇和语法作直喻，而他们所利用的这一些，却是从涉及战争和掠夺的生活方式的词汇以及涉及歧视性对比的语法中模仿得来的。即使在一些态度不怎么好战的现代听众（他们所信从的教义是比较柔和的）面前，说教者也尽可以使用这类火气很大的词藻，并且取得良好效果。一般的说教者可以有效地使用属于未开化意识的性质形容词和比喻词，这一点说明这一代对属于未开化特征的品质和优点，仍然持有热烈的欣赏心情，也表明宗教思想与掠夺性格二者具有一定程度的一致性。现代的信徒，看到人们说他们所崇拜的对象有凶残、复仇等类的情感和行动，可能发生反感；若果有这样的情况，也只是在再想一想以后才引起的。通常看到的情况是，以杀气腾腾的、带些血腥气的那类形容词加之于神，一般往往认为是具有高度审美价值与光荣感的。这就是说，这类形容词，在我们不暇作深入思考理解其含义的情况下，是深合我们的口味的。

我亲眼看到了赫奕的我主的降临，
遭了天谴的败类在主的足下肃清；
他那锐利的剑锋放出了使人心悸的光芒，
主的真理在不断前进。

一个宗教信徒的主导思想习惯，是在古老的生活方式下活动的，这种生活方式对现代集体生活的经济要求说来，大体上已经衰老无用。现代经济组织是要与现代集体生活要求相适应的，就这一点而言，身份制已经衰老，个人奴役关系已经失去了它的效用和地位。就社会的经济效能来说，个人效忠心情以及基于这一心情的一般习性是古老性格特征的残余，是有碍于人类制度对当前环境作适当调整的。与和平的、工业的社会最相适应的是实事求是的性格，在这种性格的支配下，人们是把有形事物作为机械中的各个环节来认识其价值的。有了这样的精神态度，在认识事物时才不致本能地产生万物有灵的习惯倾向，对于一些难以理解的现象，才不致求助于超自然力来作解释，才不至于依靠冥冥之中不可测度的神力，来促使事态的进展适合于人类的使用目的。为了适应在现代形势下最高度经济效能的要求，必须惯于以量的、不带丝毫感情作用的动因和关系，来理解世界的进程。

从现代经济要求的立场来看，似乎在一切情况下都应当把宗教信仰看成是早期团体生活状态的残余，是精神发展处于停滞状态的一个标志。当然，这一点也是无可否认的；当社会的经济结构在本质上仍然是属于身份制时，当社会上一般人的心理态度仍然是个人统治与个人服从的关系所构成，并且不得不与这个关系相适应时，或者是，由于任何别的原因，如传统关系或遗传关系，整个民族有强烈的宗教倾向时——在这类情况下，任何个人宗教情绪，如果不超过这种情绪的社会平均水准，就只能看作是一般生活习惯中的一个项目。从这一点来看，我们不能把宗教心强烈的社会里一个宗教心强烈的个人，当作是一个古老性格特征复归的范例，因为他的步调是同一般人相一致的。但是，从现代工业形势的立场来看，如果某个人出格地笃信宗教，其信心的强烈显然在社会一般笃信程度之上，那就在一切情况下都不妨把它看成是一种隔代遗传特征。

当然，从别的一些立场来考虑这类现象，得出的结果也同样是可以言之成理的。这类现象可以用别一观点来了解，从而使这里所提出的推论方向转变。站在宗教利益或信教爱好这方面的利益的立场，也可以说，现代工业生活所养成的人们的精神态度，不利于宗教精神的自由发展，这个论点也具有同样的说服力量。对工业操作的现代发展也未尝不可理直气壮地提出反对理由，例如在这样的锻炼下有促进“实利主义”的倾向，虔诚的心情将受到摧残。再从审美的立场来看，也可以发出大体相类的论调。但这里讨论的唯一目的是在于从经济观点上对这类现象作出评价，上述的以及一些类似的见解，不管它们在各自的立场上怎样正确，怎样宝贵，在这里是没有讨论余地的。

在我们这样一个社会里，宗教气氛还十分浓厚，因此以宗教信仰作为一个经济现象来讨论，势必引起不愉快的感觉；但神人同形同性观念和宗教信仰热忱在经济上自有其重大意义，因此不得不以此作为一个请求谅解的理由，对这个问题作进一步探讨。宗教信仰之所以有其经济上的重要意义，是由于把它作为气质上的一种附随变化的标志带有掠夺习性，这表明在工业上存在着一些有害的性格特征。宗教信仰所表明的是人们持有一种精神态度，这种精神态度由于对个人的工业适用性所发生的影响，其自身就有了一种经济意义。但宗教信仰也有它比较直接的重要经济意义，这就是它可以引起社会的经济活动的变化，尤其是在商品的分配和消费方面。

我们可以从商品和劳务的宗教上的消费，看到宗教信仰的最明显的经济意义。任何教派所需要的在仪式设备上的消费，例如庙宇、教堂、圣墓、祭品、法衣、纪念日的漂亮服装等，并不直接适合生活目的。因此所有这类物质设备，在不含有诽谤的意味下，可以概括地看作是属于明显浪费的项目。关于个人劳务在这个方面的消耗，如教士教育、教士服务、圣地朝拜、斋戒、禁食、宗教节日生活、家庭祈祷等，其情况大体上也是这样。还有一层，宗教信仰——上述消费就是在这类信仰的实现中发生的——足以使神人同形同性教派所依据的那些思想习惯的流行获得扩大和持久；这就是说，宗教信仰对于在身份制下人们所特有的那些思想习惯是有推进作用的。对现代环境下最有效的工业组织说来，它是在这个程度上的一个障碍；对现代形势要求下的经济制度的发展说来，它首先是处于对立地位的。就这里的研究意义说来，这一类消费的直接和间接影响，其性质是对社会经济效能的削弱。因此，从经济理论方面来看，并就其直接后果来考虑，在对神人同形同性的神的侍奉方面的物质与劳力上的消耗，是含有降低社会活力的意味的。至于这类消耗在远一层的、间接的、道义的方面可能发生怎样的效果，对这个问题不容作出直截了当的答案，在这里是无法处理的。

这里应当注意的是，宗教信仰上的消费与其他目的上的消费对照时的一般经济特征。指出进行宗教信仰方面的商品消费的一般动机和目的，有助于了解这种消费本身以及与之相投合的一般习性倾向的价值。用来侍奉一位神人同形同性的神的消费，和用来侍奉未开化文化阶段属于上层阶级的一位有闲绅士——一位酋长或族长——的消费，二者的动机即使不完全相同，也极度相类。那些富丽堂皇的建筑物无论对一位酋长还是对一位神灵来说总是在所必备的。这类建筑物以及附带的装潢设备，其品质、等级必须力求不同于流俗，含有极大的明显浪费成分。还可以注意到一点，一切宗教建筑物，在结构和装配方面必须带有些古风。仆从方面也是这样，不论是侍奉酋长还是侍奉神的，在他们主人面前，必须穿上那种特制的、装饰性的外衣。这类服装的经济特征是，在通常程度以上的明显浪费；另一个从属特征是，这类礼服必然要带上些古老风格，就这一点而言，教士比未开化文化阶段的君主的仆从或朝臣表现得格外突出。即使是社会中的普通成员，他们在显贵之前，也应当穿得比平时格外整齐、格外漂亮些。还有，以神灵的圣殿与君主的朝堂对照，两者的相类之处也相当显著。在这些场合，谒见者的服装必须具有某种礼仪上的严肃性；从经济的角度来看，其主要特征就是，逢到这些场合，在穿戴上应当尽量消除任何生产工作的气味或平时惯于从事这类有实用的工作的任何痕迹。

逢到宗教上的节日——专为上帝或超自然有闲阶级中某些较次级的成员而设的纪念日，明显浪费和不沾染生产劳动迹象的礼仪上的纯洁这类要求，不仅扩展到服装方面，而且以较低的程度扩展到饮食方面。宗教节日是为了纪念上帝和一些圣徒，一切禁忌是为他们实行的，在这些日子摒除有实用的劳动也是为他们的荣誉设想；因此，在经济理论上，显然应当把宗教节日看成是为他们执行代理有闲的日子。在这样的日子里执行的宗教性代理有闲的特征是，相当严格地禁忌一切对人类有用的活动。逢到斋戒的日子，不但对生利事业以及足以（在物质上）促进人类生活的一切活动应当严格回避，而且更进一步，对有助于消费者生活上的享受和充实的一类消费，也应当加以硬性禁制。

这里可以顺带提到一点，那些非宗教性的节日也出于同一来源，不过在性质上略为间接些。它是从真正的宗教节日逐渐转化而来的。节日所纪念的首先是神，以后渐渐推广到了带几分神圣化的帝王和伟人，他们的半神圣性的诞辰也成了群众的节期，随后又推广到了一些重大事件或突出的事迹，人们认为对这些事件或事迹也应当表示推崇，加以纪念，使其盛名得以永垂不朽。这种以代理有闲作为增加某一现象或某一事迹的荣誉的手段，在使用上离开原意更远一步的演进，在最近似乎达到了极点。有些社会，特为把执行代理有闲的某一个日子规定为劳动节。这种措施的用意是，借助于强制停止生产劳动的那种古老的、掠夺的方式，来为劳动这一活动增加光彩。脱离劳动是金钱力量的表现；由于这样的措施，一般劳动也染上了金钱色彩的荣誉。

宗教节日和一般节日，在性质上是向一般人民征收的一种献礼。献礼是用代理有闲来提供的，节日是为了某个人或某一事件的荣誉而制定的，因此由这类献礼产生的光荣效果是应当归之于所纪念的那个人或那件事的。这样一点点的代理有闲，是超自然有闲阶级的一切成员的一种慰劳品，对他们的荣誉说来，这一点是必不可少的。作为一位圣徒而得不到一点供养，是一个真正倒霉的圣徒。

除了由在俗的一般人士执行这种少量的代理有闲以外，属于特殊阶级的人士——等级高低不同的教士和献身于神的奴隶，是要把全部时间贡献于这类服役的。教士阶级不但应当戒绝一切世俗劳动，尤其是那些有利可图的、对人类的今世幸福有所贡献的活动；而且应当执行更进一步的清规戒律，诸如禁止在甚至不致牵涉生产工作的情况下追求尘世利得。作为一个教士而追求物质利益或关怀俗务,是跟上帝的一个奴仆的身份不相称的,或者说得更清楚些,是跟他所侍奉的那位上帝的尊严不相称的。“一个人披着教士的外衣,而关心的却是他自己的名利,那是一切可耻行为中之最可耻的。”

有些动作和行为是有利于人类生活的充实的,有些是对神人同形同性的神的荣誉有贡献的,一个对有关宗教信仰的事物的爱好有修养的人,不难在这两者之间划出一条清楚的界线;在典型的未开化体系下,教士阶级的活动是应当完全局限于上述的后一类的。属于经济范围的一切,在一个德行极高的教士的眼中,都是不值一顾的。有些情况好像是这一规律的例外,如某些中世纪教团的成员努力于某些具有实用性的工作,但这一事实实际上并没有破坏这一规律。这些在性质上远离中心的教团的成员,并不能算是真正名副其实的教士。另有一点值得注意,这类其教士纯洁性值得怀疑的教团,由于暗中鼓励其成员从事于谋生活动,违犯了它们所处的社会的礼俗,因此名誉扫地。

教士是不应当染指于机械生产工作的;但是应当放开手来消费。不过必须指出,他应当采取的消费方式,并非显然有利于他自己的享受或有利于本身生活的充实的那一种,而是与有关代理消费的一些通则相符合那一种,这类通则在前面的一章里已经有所说明。作为一个教士而吃得肥肥胖胖,满面孔喜气洋洋,一般是要被看作有失体统的。那些比较严肃的教派当中有许多,对教士这个阶级执行代理消费严格到那样的地步,甚至实行禁欲,要求清苦修行。甚至在现代工业社会,在教义的最新结构下组织起来的那些现代教派，也认为对一切人世享乐不能看得太淡并公然表示高度热情，这是与正派的教士生活不相宜的。这些上帝的仆人，如果在某一点上使人感到，其生活目的不是一心宣扬上帝的光荣而是满足自己的私图，就要使人非常不愉快，被看作是一个根本的、绝对的错误。这些人虽然属于奴仆阶级，可是他们的主人是至高无上的，借了这个光，他们就有了很高的社会地位。他们的消费是代理消费；由于在进步的教派中，他们的主人在物质利益上是一无所需的，因此他们的职务是道地的代理有闲。“不管你吃也好，喝也好，不管你做些什么，一切都是为了主的光荣。”

还有一层，在俗的人也可以认为是神的奴仆，单就这一点而言，他们同教士并没有什么两样，因此在他们的生活中也就附有了在这个限度内的代理性。这个推论的应用范围是有些广泛的。最适于应用这一推论的是，宗教生活中那些态度比较严肃认真或比较地带有禁欲主义倾向的改革或革新运动，这类运动的参加者认为人类是在其所信奉的神的直接奴役下生存的。这就是说，在教士制度渐归失效，或者关于人世生活中神力无所不在的那种感觉特别活跃的时候，一般普通在俗的人被看成是处于神的直接奴仆的地位，其生活应当是为了提高其主人的荣誉而执行代理有闲的生活。在这样的复归情况下，人们同神的关系回到直接奴役关系，并以此为信仰态度中的主要因素。因此，这时人们着重的是一种严肃的、苦恼的代理有闲，是对明显浪费的忽视，以此作为博得恩宠的手段。

关于宗教生活方式的这类叙述是否完全正确，或将发生疑问，因为现代的教士生活有很大一个部分，在许多具体情况上与这里

所说的不同。有些教派的教士，其信仰或奉行的仪式与旧有的方式已经有了若干程度的分歧，因此这里所说的对这类教士不能适用。这类教士至少在表面的或无拘束的情况下，是考虑到一般在俗的人以及他们自己的尘世福利的。他们在家庭内，甚至往往在大庭广众之前表现的生活方式，不论就其表面上的严肃还是就其使用设备方面的古老作风来说，与世俗中人并没有什么极端明显的区别。离开中心最远的那些教派的情况更是如此。对这类反对意见我们要指出一点，这类反对意见所涉及的并不是宗教生活理论有了矛盾，而是这部分教士的行为未能符合规格。这类教士在全体教士中，只是部分的而且是有缺点的代表人物，他们的宗教生活方式绝不能看作是适当的和正规的表现。我们可以把属于这类教派的教士看作是性质驳杂不纯的，或者是处于转化或改造过程中的。教士中这一非正规部分所属的组织，在其宗旨中除了万物有灵和身份观念这类因素外，还不稳定地存在着别的因素，因此，可以料想得到，这类教士在宗教职务上表现的一些特征必然是不纯净的，必然有一些异调的动机和传统混杂在一起。

一个教士为了不受到非难，应当做哪些，不应当做哪些，这可以直接取决于在宗教规范方面有训练、有辨别力的任何个人的爱好，也可以取决于任何社会中惯于在这个问题上进行思考、批评的那部分人的一般见解。即使是极度流俗化的教派，对于宗教的生活方式和教外的生活方式应当如何加以区别，也总有些意见。如果属于某教派的教士中有些成员脱离了传统习惯，举止行动与服饰不够严肃，不够古朴，没有一个相当敏感的人会不觉察到，他们已越出了教士的正规生活范围。以可容许的放任限度而言，对在职的教士总要比对普通的教外人士严格得多，大概没有一个社会或属于西方文化范围的教派不是这样的。如果教士本人在宗教礼法上没有明确地意识到业经设定的这样一个限度，一般说来，社会上关于宗教礼法的流行观念将发生强制作用，使他不得不俯就范围，否则他将难以保持自己的职务。

这里还可以附带提到一点，任何教士团体中的任何成员，很少为自己的利益而公然申请增加薪给；假使作为一个教士而竟然有了这样的公开表示，他的同道中人将感到这是一个违礼举动而极度不快。又如，假使在庄严的讲道坛上出现了开玩笑的情况，那么，除了原来对宗教抱着讥讽态度的人和真正下愚的人以外，大概没有一个人不会本能地感到痛心；假使一位牧师在其生活中的任何方面露出了轻佻浮滑的形迹，那么除非这类表现显然是属于戏剧性一类、无伤大雅者，大概是不会不受到鄙薄的。在圣所中，在教士职务中，用语应当有所选择，有关实际的日常生活的话头越少越好，涉及现代工商业的一类语汇也应当留心避免。同样，一个说教者对生产问题以及其他纯粹人事问题作出详尽的分析，谈得津津有味，是最不雅相的，是极容易触犯人们的宗教礼俗观点的。一个有教养的教士对于涉及尘世幸福的问题，只能作泛泛的讨论，遵守一定的限度，超过这个限度，作过于深入的研讨，是宗教礼法所不允许的。这类问题属于人事和世俗范围，谈话者处理这类问题时，应当带有一定程度的浮泛和淡远的态度，借以暗示，谈话者是代表他的那位神圣的主人发言的，而那位主人对这类俗务的态度至多只是默默地承认它们。

还应当注意到，这里谈论的教士是属于一些非正规教派的，这

些非正规教派自身的生活符合典型的宗教生活的程度，是彼此参差不一的。一般地说，在这方面相差得最远的是那些比较新兴的教派，尤其是那些以中下层阶级为主要成分的较新的教派。这些教派的动机往往不是单纯的，其中大量地混有人道主义的、博爱的或其他不能列入宗教表现项下的动机；例如，这类组织的成员对求知识、寻欢乐等还往往有极大兴趣。这类非正规的或别派的运动，往往含有种种不纯的动机，其中有些是与教士任务所依据的身份观念相抵触的。有时候，这种动机在很大程度上简直和身份制度根本相反。在这样的情况下，教士制度已经逐渐变质，受到破坏，至少已经部分受到破坏。这样一种组织的代言人，一开始只是这个组织的仆人或代表人，而不是某一教士阶级中的一个成员，也不是一位神性的主人的代言人。只是通过了一连好几代的逐渐专业化的过程，这样的代言人才回到了教士地位，才正式获得了宗教上的职权，他的生活才同那种严肃的、古老的、代理性的生活方式相符合。教会仪式，在这样的转变以后由破坏而复原时，其情况也相仿佛。当人类的宗教礼法观念，仍然回到了以有关对超自然的兴趣这类问题为主时，教士的任务、宗教生活的方式以及宗教仪式的规格，也逐渐地、不知不觉地恢复旧观，不过在细节上多少不免有些出入。还有一个附带的现象，这样的组织在财力上有了增进以后，就会染上更多的有闲阶级观点和这个阶级的思想习惯。

在教士阶级之上（按上升的宗教阶级系统排比），一般还存在着一个超人类的代理有闲阶级，如圣徒、天使等——或者是属于异教的同等神类。这类神圣还以精密的身份制为依据分成高低不同的等级。身份原则是贯穿在属于尘世的以及属于灵界的整个宗教系统中的。宗教系统中属于超自然的那几个阶级的成员，为了他们的荣誉，一般也需要代理消费和代理有闲方面的一定程度的贡献。在许多情况下，在他们以下的那些次一级的成员，作为侍从者或从属者，应当为他们执行代理有闲，其情况正与上面一章所说的族长制下的寄生有闲阶级相类。

这里所谈的关于宗教信仰及其所含有的一些气质上的特点或对商品和劳务的消费，同现代社会的有闲阶级有什么关系，又同以这一阶级为代表的现代生活方式下的经济动机有什么关系；关于这一点，如果不经过思考好像有些难以索解。因此，将与这一关系情况有关的某些事实作一简要陈述，应当是有帮助的。

上面曾提到，就现代集体生活目的说来，尤其是涉及现代社会的生产效能时，那类属于宗教气质的一些特征，实在是一个障碍而不是一个助力。还应当看到，现代工业生活，足以促使直接从事工业操作的那些阶级，将这类性格特征有选择地排出精神结构。大体上可以这样说，在属于所谓实际工业界的那些成员中，宗教的信心已经在衰退，或者是已经处于渐趋消失的状态。同时也可以看到，不作为一个工业因素、直接或全面投入社会的生活过程的那些阶级，情形就有些不同，在那些阶级中，上述素性或习性显然活跃地存在着。

上述后一类阶级，像前面已经指出的那样，是依靠工业操作而生存，而不是生存在工业操作之中的。这些阶级大体上有两个类型：(1)正式有闲阶级，是有所荫蔽，受不到经济形势的压迫的；(2)贫困阶级，包括下层阶级中的懒汉，是在一种不正常的情况下面对这种压力的。就前一阶级的情况来说，那类古老的性格特征依然存在，因为没有强大的经济压力迫使这个阶级的思想习惯与变化的形势相适应；而后一类阶级之所以没有能随工业效能的变化了的要求而调整其思想习惯，是由于这一类阶级的成员营养不良，缺乏灵活地调整思想习惯所需要的那份剩余精力，同时也是由于他们缺乏取得和养成现代观点的机会。在这两类阶级中，淘汰过程差不多是按同一方向前进的。

按照现代工业生活所养成的观点，事物现象是习惯地被归纳于机械演进的量的关系当中的。而贫困阶级的成员，不但缺乏那么一点点必要的余闲来从容吸收这个观点所涉及的比较近代的科学概念并与之相习而同化，而且他们还往往处于对财力占优势的人的依附或从属地位，这就在实际上使他们无法从身份制下所固有的一些思想习惯中获得解放。结果这类阶级就在一定程度上保留了某些一般习性，这类习性的主要表现是强烈的个人身份观念，而宗教信仰就是这类观念的一个特征。

在属于欧洲文化的比较古老的国家里，只要存在着一个广大的、刻苦耐劳的中产阶级，传统的有闲阶级和穷苦的人民大众的信教热忱就要比这个中产阶级高得多。但是有些国家，其全部人口实际上就是由上述性格偏于保守的两类人组成的。当这两个阶级占着压倒优势，它们的性格倾向已发展成为人民的普遍习性，而微弱的中产阶级在性格上任何可能有的分歧已完全被抑制时，笃信宗教的态度将有力地贯穿于整个国家。

当然，这里的意思并不是说，这种宗教心格外热烈的社会或阶级，其信仰态度必然与我们所熟悉的这一或那一宗教信条的任何道德准则在细节上高度吻合。信心在很大程度上并不一定含有严格遵守摩西十诫或习惯法的禁令这样的意义。实际上这已差不多成为研究欧洲社会罪犯生活的人们的常谈，即那些罪犯和放荡分子如果与常人有什么不同之处，这个不同就是这类人的宗教心比较强烈，在这一方面的表现比较明显。只在财力处于中等地位和守法观点比较强的那类人中，才能看到宗教心比较淡薄的迹象。那些极度重视高级的教义和教派的优点的人，对于这里所说的一切看来是不能同意的，他们认为下层中懒汉们的信仰态度只能看作是假性的，或者至多只是一种迷信。这个说法当然没有错，而且是切中事理的。但是，就这里的讨论目的来说，问题不在于这一点，这些在经济学、心理学范围以外的差别，不论就其本身意义来说如何凿凿可据，在这里不得不置之度外。

近来有些牧师发出怨言，说教会已经渐渐失去了技术工人阶级方面的同情，对这个阶级已经失去了约束力量；这里反映了一个阶级从宗教信仰习性中解脱出来的实际情况。同时一般还认为通常称作中产阶级的那个部分，尤其是其中的成年男子，对教会的拥护热忱也在衰退中。这些都是一般所不否认的现象，关于这些方面只需简单地提一提，似乎已经足以充分证实这里所提示的一般论点。对教会中普通会众或成员的一般表现存在着这样的埋怨情绪，这一点或者已经足以使这里提出的论点具有充分说服力。但是在现代比较发达的工业社会，其精神态度既然发生了这样的变化，对事态演变的经过以及造成这种变化的主要力量加以比较详细的分析，也还是必要的。由此可以说明，经济力量对人们的思想习惯与宗教相分离这一点发挥作用的情况。关于这一点，美国社会应当可以作为格外足以使人信服的一个例证；因为，以任何同等重要的工业集团来说，这个社会在外界环境方面受到的拘束是最少的。

除了偶尔脱离常态的例外现象在所不免以外，这个国家目前在宗教方面的一般情况，可以简单扼要地说一说。在这个国家，一般地说，一切经济效能或智力较差或两者都较差的阶级，其宗教信仰倾向特别显著——如南部各州的黑人，下层阶级外来人民中的很大部分，乡村人民中的大部分，尤其是教育、工业发展比较落后或者同国内其他地区在工业上的接触比较少的那些地区。此外还有一个特殊化的或遗传的贫困阶级，或者是处于隔离状态的罪犯或邪恶分子，这类人也具有上述倾向；虽然，以后一类而言，他们的宗教性所表现的形态，很容易流为对命运和对黄教（shamanism）①式的功效的一种天真的万物有灵信念，而不一定正式依附于任何众所公认的教派。另外，大家知道，技工阶级对于种种已有的神人同形同性教义以及一切宗教信仰，一般总是很疏远的。这个阶级是在格外显著的情况下，直接处于现代有组织工业所特有的智力和精神的压力之下的；这种压力所要求的是，对非个人性质的、事实的演进过程中的真实现象作不断的认识，对因果律作无条件的适应。同时，这个阶级既不至于衣食不周，也不至于疲劳过度到那样的地步，以致毫无余力从事适应新形势要求的精神活动。

美国下层的或有疑问的有闲阶级——一般称为中产阶级——

① 黄教，是以信仰灵魂以及与灵魂有交接的可能性为基础的一种宗教，流行于亚洲北部、中部、美洲、非洲等处。——译者

的情况有些特殊。这个阶级在宗教生活方面跟它在欧洲的同类阶级有所不同，但这种差别只是程度或方式上的差别，而不是实质上的差别。教会方面仍然能获得这个阶级在金钱上的支持；虽然，这个阶级所最易于接受的教义，在神人同形同性内容方面却是比较贫乏的。同时还有一个现象（也许还不十分明显）：在许多场合，由这个阶级所组成的会众，实际上越来越以妇女与未成年者为主。中产阶级的成年男子显然缺乏宗教热忱，不过他们对于公认的教义是有深切渊源的，因此对于教义的纲要，仍然在很大程度上持有一种相当愉快的同情和赞可态度。在他们的日常生活中，与工业操作的接触是相当密切的。

在宗教信仰上所以会发生这种奇特的性的分化，所以会将宗教信仰这一任务委托给妇女和儿童，至少部分是由于这样一个事实——中产阶级妇女在很大程度上是（代理性的）有闲阶级。下层技工阶级的妇女也是这样，不过比较不显著。她们是生活在由早期生产发展阶段遗留下来的身份制之下的，因此保留着一种心情和思想习惯，从而使她们有了应用古老的观点来看一般事物的倾向。工业操作坚决地倾向于破除那些对现代工业目的说来已经陈腐无用的思想习惯，而她们与工业操作却并没有直接的有机关系。这就是说，文明社会中的妇女，在很大程度上由于其所处的经济地位而形成了一种守旧性，她们特有的信仰态度就是这种守旧性的显著表现。对现代男性说来，族长制下的身份关系并不是他们生活中的主要特征；但妇女的情况不同，尤其是属于上层中产阶级的妇女，是被旧习惯和经济环境局限在“家庭领域”以内的，因此对她们说来，这种身份关系是最真切的、最现实的生活因素。这样就形成了一种习性，这种习性适宜于宗教信仰，也适宜于以个人身份为依据来解释的一般生活事态。在妇女的日常家庭生活中，对事物的推究和推究的过程，转入了超自然领域；于是她们所视为当然并感到满足的一系列观念，对男子们说来，在很大程度上是隔膜的，是觉得有些难以理解的。

这一阶级的男子也并不是没有信仰观念的，虽然其观念的表现形态，大都不是那种积极的、热情横溢的形态。以上层中产阶级的男子与技术工人阶级的男子相对照，前者对宗教信仰大都抱有一种比较自得的态度。这也许部分可以这样来解释，以前一阶级与后者相对照，其男子所处的情况未尝不与女子所处的相类，不过在程度上稍有差别而已。他们在很大程度上是在新形势下有所荫蔽的一个阶级；而且在其夫妇生活中，在使用仆役的习惯中，家长的身份关系依然存在，这一点或者也足以使他们保持古老的习性，在其思想习惯与宗教分离的变化过程中，这一点或者会发生一种阻碍的影响。美国中产阶级的男子和经济社会的关系一般是相当密切而不容躲闪的；虽然，作为一个补充，还应当提到，他们的经济活动在一定程度上往往也带有族长制的和准掠夺的性质。在这一阶级中有荣誉的而且与这一阶级的思想习惯的形成极有关系的那类职业，是金钱职业；这一点在上面一章的相类论题下已经提到。在这类职业中，有关强迫命令和强制服从的地方很多，有关仿佛有类于掠夺性欺诈的狡猾作风的地方也不少。所有这些都是属于掠夺的未开化的生活阶段的，而宗教信仰心情对这样的生活状态是最习惯的。此外还有一点，为了荣誉上的理由，宗教信仰也投合这个阶级的心意。关于信仰上的这一动机值得单独讨论，这将

在下面提到。

在美国社会，除了南部各州以外，并不存在任何有势力的传统的有闲阶级。在南部的这一阶级是有些热中于宗教信仰的，这一点比国内其他地区金钱地位相等的任何阶级表现得更为显著。还有一个周知的事实，南部的人们所信奉的教派，同北部的他们的同等人物所信奉的比起来是较旧式的。南部的宗教生活比较地饶有古风，与这一现象相应的是，其地在工业发展上也比较落后。南部在目前，尤其是到最近为止这一段期间的工业组织同美国全国的一般情况比起来，在性质上是比较古旧的。其地的机械装备不多，而且很简陋，其生产情况与手工业比较相近，统治与服从关系的存在也比较明显。还有一点值得注意，由于那个地区特有的经济环境，其地的人民，不论是白人或黑人，对宗教的信奉具有较高的热忱，这一点是同他们的生活方式有关的，他们的生活方式在许多方面难免要使人想到未开化阶段的工业发展状态。那些饶有旧时代作风的恶习，如酗酒、口角、决斗、赌博、斗鸡、赛马、男性的纵欲（黑白混血儿的众多，就是一个明证）等等，在那个地区都比别的地区更为风行，受到的责难也比较少。在那里荣誉观念也比较活跃；这是运动比赛习性的一种表现，是导源于掠夺生活的。

以北部的较富裕阶级，也就是美国真正的有闲阶级来说，则很难说是抱有传统的宗教信仰态度的。这个阶级新近才成长起来，存在的时期过于短促，在宗教方面还没有来得及拥有完整的遗传习性，甚至本国特有的传统信仰方式也还没有来得及充分形成。但是顺便可以注意到，在这个阶级中仍然有一种对已有教派中的某一派表示信从的明显倾向，至少在表面上是这样，而且有时候也显然是有些诚意的。还有一点，这个阶级的人们逢到了婚丧大事或类似的隆重典礼，总喜欢着重地使用些宗教仪式，以增进庄严气氛。这种对某一教派的信从，也许是对宗教素性的一种复归倾向，也许是出于一种“拟态”作用，其目的是在于对得自外来观念的荣誉准则作外表上的同化；至于在这两者之间究竟以偏于哪一方的为多，是无法断言的。这里似乎存在着一些真正的宗教习性成分——尤其是从上层阶级所信奉的教派在仪式上的有些特殊的发展情况来推断。在上层阶级的信徒中可以看到一种倾向，他们所喜欢加入的那类教派，比较地着重仪式和仪式中徒壮观瞻的附属设备。以上层阶级会员为主的那些教堂都有这样一种倾向：着重仪式，牺牲宗教仪式和设备项下所包含的智力特征。就是在仪式和设备方面发展较差的那些教派所属的教堂，情况也是这样。所以在仪式成分上会有这种特殊发展，部分无疑是由于对属于明显浪费性的那类壮丽场面的偏爱，部分也未尝不能由此说明，信徒们是存有一些虔诚态度的。上述后一点若果可信，则这一点所表现的是宗教习性的比较古老的形式。当社会还处于比较原始的文化阶段，还很少智力上的发展时，在这样的社会里总可以看到在宗教信仰方面特别着重壮丽的外观的迹象。这是未开化文化的一个格外显著的特征。在宗教信仰中，这种通过官能接触、直接诉之于感情的现象，在那个时候是相当普遍的。在今天上层阶级的教派中，要回到这种质朴的、感情的诱导方式的倾向，也显然可见。在信从者以下层有闲阶级和中产阶级为主的那些教派中，这类现象也未尝不能看到，不过没有那样显著。关于宗教仪节上的复古表现是形形色色的，如富丽场面的着重，如彩色灯光、乐队、香料以及各种表号的大量使用，又如从进场和退场时的列队歌颂以及礼拜时跪拜起伏等的变化动作中，我们甚至还可以看到对于神圣舞蹈之类的古老仪式的一种初步复归倾向。

这种在仪式中考究场面富丽的复归倾向并不只是限于上层阶级教派，不过在这一点上作出最好的榜样并予以最高度重视的，是在金钱上和社会地位上处于较高水平的那些阶级。社会中的那些下层阶级部分，如南部的黑人和落后的外来分子，他们所信奉的教派，对于外表仪式、象征表示以及富丽场面，当然也有高度重视的倾向；从这些阶级的前身及其所处的文化水平来看，这种情况是可以预料的。就这些阶级说来，偏重仪节和神人同形同性信念的盛行，主要并不是对古老习性的复归，而是从过去直到现在的不断发展。但是关于教会仪式的使用以及有关宗教的一些特征，在发展方向上并不是一成不变的。美国社会早期流行的一些教派，在仪式和道具的使用方面，开始时是主张严肃、朴素的；但是大家都晓得，到了后来，这些教派在不同程度上采用了许多它们过去所拒绝的徒壮外观的措施。大致说来，这方面的发展是同信徒们财富的增长与生活的改善齐头并进的，那些在财富和荣誉上攀登到最高峰的阶级，在这方面有最高度的表现。

关于宗教信仰在金钱上分层次的原因，在上面谈到思想习惯的阶级差别时，已经在大体上指出。宗教信仰上的阶级差别，只是一般现象中的一个特有表现。关于下层中产阶级信心的松懈——或者可以把它笼统地说成是这一阶级宗教心的缺乏——这一现象，表现得最明显的是从事机械工业的城市人民。就现在的一般情况来说，在职业相近于工程师或机械师的那类人物中，已经不再能看到完全无缺的宗教心。这类机械业务可以说是一个现代事实。早期的手工业者所适应的生产目的同机械工人现在所适应的,在性质上相类,但前者对于宗教信仰方面的陶熔,却不像后者那样倔强不服。自从现代工业的操作方式流行以来,从事工业各部门工作的人们,在其智力锻炼之下,思想习惯已经有了很大的变化;机械师一类人在其日常工作中所受到的锻炼,对于他们思考日常工作范围以外的事物的方法和标准也发生了深刻影响。人们一旦与高度组织的和高度非个人性质的现代工业操作水乳交融,那类万物有灵的思想习惯就要被打乱。工人的任务已经越来越集中在对一系列机械的、无情感作用的相续关系进行考察和管理这一点上。只要在操作过程中个人是主要的、独特的原动力,只要在这一过程中的一个难以否认的特点是手工业者个人的技巧和力量,则凭个人动机和习性来理解事物现象的习惯,就不会受到不断的、严重的破坏而趋于消失。但是在近来发展的工业操作下,工业操作所凭以进行的原动力和设计,是不具人格的、非个人性质的,这时在工人意念中通常存在的概念的依据,以及他通常理解事物现象的观点,乃是对事实的相续关系的强制认识。这时就工人的宗教生活来说,其由此发生的结果是,倾向于没有敬神观念的怀疑主义。

这样看来,虔诚的信心是在比较古老的文化下获得最高度发展的。这里当然只是在神人同形同性信念的意义上使用“虔诚的信心”这个词的,其间并不含有牵涉到宗教信仰以外的那类特有的精神态度的任何意义。还可以看到,这种虔诚的信心足以表示人类性格的一个类型，与这种性格比较适应的是掠夺的生活方式，而不是近代发展的比较调和、比较有组织的工业的生活方式。这种性格在很大程度上是个人身份——统治与服从关系——这个古老的惯有观念的表现，因此与掠夺文化和准和平文化下的生产结构相适应，与现代生产结构则不相适应。还有一层，在现代社会中，有些阶级的日常生活跟工业的机械操作隔得最远，因此不但在宗教信仰方面，就是在别的方面也是最保守的，在这类阶级中，这种性格就能够极度顽强地持续存在；而有些阶级是经常直接接触现代工业操作的，因此其思想习惯是处于工艺上的要求的拘束力支配之下的，对这些阶级说来，那种对现象的万物有灵解释以及开展宗教信仰活动所依据的个人身份关系，都在衰退和熄灭中。还可以看到一点——也是同这里的研究格外有关的一点——现代社会中有些阶级，在财富和有闲这两个方面有极为显著的增进，就这些阶级说来，宗教信仰习性在范围方面和精炼程度上都在不断进展中。在这里正同在别的关系上一样，有闲阶级制度的作用是，对古老的人类性格，以及社会在其近期的生产发展中要加以排斥的那些古老的文化因素，加以保持，甚至使之发扬光大。

第十三章 非歧视性利益的残存

由于经济要求的压迫和身份制的衰退，神人同形同性教派以及属于这类教派的宗教信仰礼俗，有越来越大的一个部分，随着时间的进展而不断地趋于崩解。在崩解的进程中，渐渐地有某些别的动机和冲动同信仰态度掺杂在一起，这些动机和冲动并不一定源自神人同形同性信念，也不是起源于个人服从习性。这些在后期信仰生活中同信仰习性混合在一起的附属冲动，并不都是与信仰态度或对现象演进中的神人同形同性信念的理解相顺应的。它们的来源不同，它们对信教生活方式所发生的影响也不是属于同一方向的。它们在多方面侵犯了个人服从或代理性生活的基本规范，而经过根究可以发现，作为后者的实际基础的乃是宗教礼俗与教会及教士制度。由于这些相异动机的存在，社会的与工业的身份制逐渐崩解，个人服从准则失去了得自不断的传统的支持。外来的习性和倾向侵入了这个准则所占有的活动领域，于是不久就发生了这样的情况，教会和教士结构被部分地转用于别的目的，而这类使用目的与过去教士制度全盛时代的宗教生活旨趣，是有些格格不入的。

这类影响到后期发展中的信仰方式的相异动机，其中可以提一提的是仁爱和亲睦，或者是欢乐，或者说得更广泛些，是人类团结与同情观念的各种表现。这里还可以提到一点，有些人对于宗教结构的实质可能已经准备放弃；由于有了这类外来的使用方式，宗教结构，即使对这些人说来，也得以在名义上和形式上持续存在。动机中还有一个更加特殊、更加普及的，足以在形式上支持宗教生活方式的相异因素，那就是不带有虔诚意味的对环境的美的调和观念；在神人同形同性概念的内容消失以后，这一观念就作为近代信仰行为中的一个残余而存在。这一观念由于与服从动机相混合，对教士制度的维持很有帮助。美的调和这一观念或冲动根本不是属于经济性的，但是在工业发展的后一阶级，对个人经济目的上的性格的形成，却有很大的间接影响。它在这方面最显著的影响是，使相当显著的自私倾向得以减轻；上述倾向是从处于早期的、比较有权能的状态的身份制传统遗留下来的。因此，美的调和这一观念的经济意义是它对宗教信仰观念起着阻碍作用。前一观念，通过消除自我与非我之间的对立，足以减轻——即使不是消除——自私倾向；而后一观念，由于它是个人统治与服从观念的表现，则足以加强这种对立，从而坚决主张个人利益与人类生活的整体利益之间存在分歧。

宗教生活中的这种非歧视性残余——对环境或对一般生活过程的和谐观念——以及仁爱或友情冲动，足以普遍形成人们在经济目的上的思想习惯。但是所有这类习性的作用，都是有些模糊的，其所发生的效果是难以详细根究的。不过有一点似乎是清楚的，所有这类动机或倾向的作用，同已经谈到的有闲阶级制度的一些基本原则，都是不相容的。有闲阶级制度以及在文化发展中与之交织在一起的神人同形同性教派的基础，是歧视性对比习性；而这一习性同这里所谈的一类性格倾向是不调和的。有闲阶级生活方式的实际准则是，在时间与物质上的明显浪费和脱离工业操作；而这里所提到的一类性格倾向，就其经济的一面来说，所坚决反对的是浪费和不求实际的生活方式，对于生活过程，不论在经济方面，或是在它的任何别的方面和状态下，都存有参加或与之同化的愿望。

很明显，这类性格倾向，以及当环境有利于它们的表现时或者是它们居于优势地位时所造成的生活习惯，是同有闲阶级的生活习惯背道而驰的；但不够明显的是，在有闲阶级结构下的生活，从它的后期发展来看，是否有一贯地抑制这类性格倾向或消除这类性格所表现的思想习惯的趋势。有闲阶级生活方式下的积极锻炼，在破坏这类性格倾向的方面是起着很大作用的。它的积极锻炼，凭着习惯势力的淘汰作用，在生活的每个场合，都有利于浪费准则和歧视性对比准则的占有优势和普遍推行。但是就它的锻炼的消极一面的效果来说，却不是绝无疑问地不背于它自己的一些基本准则的。有闲阶级准则为了金钱礼俗上的目的而节制人类活动时，它所坚持的是退出工业操作。这就是说，按照这个准则，社会中贫困成员所惯于努力以赴的那类活动是被禁止的。这一禁条，尤其是对于妇女，其中特别是工业发达社会中的上层和中层阶级的妇女，竟严到这样极端的程度，即使是通过准掠夺方式下的金钱职业从事竞赛式的累积，也在坚决禁止之列。

金钱文化或有闲阶级文化，开始时是作业冲动下的一种竞赛性变形，但在其最近发展中，由于排除了关联到效能，甚至关联到金钱地位的歧视性对比习性，渐渐地破坏了它自己的根据。作为

有闲阶级的成员，不论男女，在若干程度上总是没有那样的必要去同他们的同类从事谋生方面的竞争的；这就使这个阶级的成员，即使没有具备可以使他们在竞争中获得胜利的那类资质，不但仍然可以生存，而且在一定限度内还可以从心所欲地生存下去。这就是说，在有闲阶级制度最近的和最高度的发展下，这个阶级的成员无须备有和不断发展掠夺时代的胜利者所特有的那类资质就可以生活下去。因此，对于不具备那类资质的个人来说，属于上层有闲阶级的人，比生活在竞争制度下的广大群众，有较大的生存机会。

在上面一章讨论古老性格特征的存在情况时，我们看到，有闲阶级的特殊地位提供了格外有利的机会，使早期和古旧文化阶段所特有的那类性格特征得以存在。这个阶级对于经济要求的压力处于有所荫蔽的地位，因此对于迫使人们适应经济形势的那些力量的无情冲击，得以置身事外。关于在有闲阶级中以及在这一阶级生活方式下存在的那些与掠夺文化有关的性格特征和类型，上面已经进行了讨论。这类素性和习性，在有闲阶级制度下，具有格外有利的存在机会。不但有闲阶级受到荫蔽的金钱地位造成了一种形势，有利于适应现代工业操作所要具备的性格禀赋不足的那些人的生存；而且有闲阶级的荣誉准则，还要求人们使某些掠夺素性获得显著的活动机会。使掠夺素性获得活动机会的那类职业是有证明作用的，它们所证明的是财富、门第和不参与工业操作。在有闲阶级文化下，掠夺的性格特征是从积极和消极两方面起促进作用的，消极的一面是这个阶级的脱离生产，积极的一面是有闲阶级礼仪准则对这类性格特征的认可。

掠夺期前野蛮文化下的性格特征的存在情况与上述略有不

同。有闲阶级的受到荫蔽的地位，也有利于这类性格的存在；但是和平与亲善这类素性的发展，并没有获得礼仪准则的肯定认可。具有由掠夺期前文化遗留下来的那类气质的个人，如果属于有闲阶级，他跟这个阶级以外的、具有同样禀赋的那些人比起来，所处的地位是比较有利的，因为他们无须在金钱的必要下破除这类有助于非竞争生活的素性。但是这样的个人仍然不能免于受到一种精神的拘束，这种拘束力促使他们忽视这类素性，因为礼仪准则所要求于他们的是以掠夺素性为依据的生活习惯。只要身份制依然无恙，只要有闲阶级除了从事无目的的和浪费的劳精疲神来消磨时间以外，还有别种方式的非生产性活动可以从事，显然背离有闲阶级荣誉的生活方式的情况就不会发生。这个时候如果在这个阶级以内发现了非掠夺的气质，人们就要把它看成是一种偶发性的返祖遗传现象。但是，由于经济发展的不断演进，可供狩猎的巨大野物的逐渐绝迹，战争活动的减退，独裁政体的废止，教士职权的衰落等等，使人类习性获得表现的那类荣誉的、非生产性的出路，逐渐被堵塞。发生了这样的情况以后，局势渐渐有了变化。人类生活如果不能在这一个方面获得表现，必然要在别一个方面表现出来；如果不能求得掠夺方式下的出路，必然要通过别的方式求得安慰。

上面曾经指出，以脱离金钱的压力这一点而言，在工业发达的社会中，有闲阶级的妇女比属于任何别一巨大集体的人们，表现得还要彻底。因此妇女对于非歧视性气质的复归倾向，或者会比男子表现得更为显著。但是，在有闲阶级的男性中也可以看到某类活动的范围在扩大，进行这类活动是从某些习性出发的，这些习性不能列入自私一类，其目的所在，并不是歧视性差别。例如，从事某项企业的金钱上的经营从而与工业发生关系的那些人，其中有多数，看到事业颇有成就，工业上的效力很高，就会感到一种兴趣，发生一种自得的心情，这种感觉，同由于这样的改进可能多获利润这一点，甚至并无关系。有许多商业俱乐部和工商业者组织，努力于提高（不带有歧视意义）工业效能，它们在这方面的贡献也是人所共知的。

现在有许多组织已经倾向于生活中歧视性目的以外的方面，它们的意向所在是某种慈善工作或社会改良工作。这类组织往往是半宗教或拟宗教性质的，参加的分子男女都有。这方面的例子是举不胜举的，为了说明与这类活动有关的一些习性倾向的范围并指出其特征，这里可以举出一些比较显著的具体例子。例如禁酒运动以及相类的社会改革，改良监狱，普及教育，禁止不道德行为，凭仲裁、裁军或其他手段以避免战争；又如，在一定程度上含有这里所说的意向的一些组织是，大学公社，友谊协会，基督教青年会和青年力行会之类的种种团体，妇女义缝团，社交俱乐部，甚至商业俱乐部；又如，其间略含有这里所说的意向的是，那些属于半公共性质的慈善、教育或娱乐的财团，不论资金来自富有的私人，或者是出于资力较差者的集体捐助，只要机构不是属于纯宗教性质的，就在我们的示例范围之内。

这里的意思当然并不是说，这类努力是完全在与自私无关的别的动机下进行的。可以断言的只是这一点，在一般情况下别的动机是存在的，不过上述一类努力，在现代工业生活环境下，比在完整无缺的身份制之下，流行得更加普遍；这一现象说明，在现代

生活中对竞赛的生活方式是否完全适当，人们是深切怀疑的。另一方面我们也可以看到，在这类工作的诱因中，通常是存在着一些不纯动机的，尤其是属于歧视性差别的动机；这是一个周知的事实，已成为一个时常被人谈起的话柄。甚至还有这样的情况，有许多表面上是为了无私的公共利益而进行的事业，在创办时以及在进行中都别有用心，其根本目的无疑是为了提高发起人的荣誉，甚至是为了增加这些人的金钱利得。有许多这类组织或机构，不论就其首倡者或赞助者来说，其主要动机显然就是这种带有歧视意义的动机。格外符合这里所批评的情况的是，凭巨额的、显著的支出使支出者增加荣誉的那类事业，例如为大学、公共图书馆或博物馆提供巨额资金；此外，如参加显然属于上流社会组织的一类机构或运动，就这类比较平凡的举动的动机说来，其符合程度也与这里所批评的一样。属于这类组织的会员们的金钱荣誉由此获得了证实；由此还可以说明，在这些成员与改良工作——例如现在相当流行的大学公社——中的对象、那些低一等的人们之间，存有显著差别，这就使前者的高贵身份，为人们在感谢的心情下时刻铭记在心。但是，话尽管这样说，这里毕竟还是存有一些非竞赛性动机的。使用这样的方法来猎取荣誉或相当声望，这一事实本身就足以证明，非竞赛性和非歧视性利益，作为现代社会思想习惯中的一个构成因素，可以想象是有效地存在着的，人们也普遍感到它是正当的。

应当注意到，所有这类在非歧视和非宗教利益的基础上进行的属于近代范围的有闲阶级活动，其中的妇女参加者比男子更为活跃，态度更为坚决——当然，需要支出大量资金的那类事业是例外。妇女在金钱上处于依赖地位，因此无法从事那类需要支出巨额资金的活动。在一般的社会改良工作方面，那些朴素的、宗教成分比较少的或比较流俗化的教派的教士，和妇女阶级总是志同道合的。从理论上来看，也正应当是这样。在别的经济关系上，在妇女阶级与从事经济事业的男子阶级之间，教士所处的地位也是有些不够明确的。出于传统和一般的礼俗观念，教士和富裕阶级的妇女两者都是处于代理有闲阶级的地位；以这两个阶级而言，构成阶级的思想习惯的特有关系是服从关系，就是说，是以个人为设想依据的经济关系；因此在这两个阶级中都可以看到一种依据个人关系而不是因果关系来理解现象的特殊倾向；两个阶级都被禁止从事与礼仪不相容的生利事业或生产事业，因此它们如果要参加今天的工业操作，是道义所不允许的。由于世俗的生产劳动受到了这种礼仪上的排斥，于是现代妇女阶级和教士阶级的大部分活动力，不得不转移到不属于自私性的另一些方面的服务上。这时礼法却又使他们别无他法可以表现出要从事于有目的活动的那种冲动。有闲阶级妇女从事生产活动既一贯受到禁制，于是她们就不断地努力要在企业活动以外的方面，为作业冲动寻求出路。

上面已经提到，富裕的妇女与教士这两个阶级的日常生活，比一般的男子，尤其是从事现代工业工作的男子的生活含有较多的身份因素。因此，宗教信心是以比现代社会一般人们保存得较好的形态，存在于这两个阶级的。因此，在这些代理有闲阶级的成员中，要表现于非生利事业的活动力中有很大一个部分，势必归结到宗教信仰和宗教上的工作。因此，部分地说起来，像在上一章里所说的那样，妇女就有了特别显著的宗教信仰倾向。但这里要格外注意的一点是，这种倾向在这里所研究的是一些非生利性的运动和组织的动作的构成和目的的适应方面发生的影响。如果有了这种宗教信仰的色彩，他们把力量放在有任何经济目的的组织上，将降低这类组织的经济效能。有许多从事慈善事业和改良工作的组织，不是只注意它们所要促进的那部分人民的利益的一个方面，而是同时注意宗教性的和世俗的两个方面。假使它们能以同样认真的态度，同样重大的力量，集中于这些人的世俗利益，则它们的工作的直接经济价值，将比原来的显著提高，这一点是无可置疑的。当然，也可以这样说——假使这样说在这里是恰当的话——在宗教目的上的这类改良工作，如果不受到通常存在的一些世俗性动机和目的的阻碍，则其直接效力也许可以有所提高。

这类非歧视性事业，由于掺入了宗教利益，其经济价值不得不有所削减。但是，足以减低其经济价值的也还有别的一些相异的动机，这些动机相当明显地阻碍着作业本能的这种非竞赛性表现的经济趋向。如果进一步、从各方面加以考察，当可发现，事体还不止是这样。这类事业的目的是在于使某些个人或某些阶级的情况有所改善，如果这类改善指的是生活上的充实或便利，并从这一点来衡量，那么这类事业的经济价值根本就是有疑问的。例如，现在在改善大都市贫困人民生活方面的种种努力，其中有一大部分负有文化上的使命，希望借此使上层阶级文化中的某些因素，能够更加迅速地纳入下层阶级的日常生活方式中。试以“贫民救济社”之类的那些组织来说，它们所关怀的固然部分是在于提高贫苦人民的工业效力，教导他们如何更适当地利用手头工具；但至少同样重要的是，如何通过告诫方式和示范作用，把上流社会的一些礼貌和习惯传授给他们。这类礼节上的表现的经济实质，人们进一步观察以后不难看出，无非是对时间与物品的明显浪费。那些好心肠的人们在对穷苦人民施以教化时，关于坚守礼节、整饬仪容这些方面的教导，大都极为认真，小心翼翼。他们的为人，往往是在生活作风上值得人们仿效，在日常消费的种种细节上极度循规蹈矩。这种关于时间消费和商品消费方面的正确思想习惯的教导，其文化上的效果固然未可轻视；对于学得了这种高尚的、光荣的好榜样的个人来说，其经济价值也是不小的。在现代金钱文化的环境下，个人的荣誉，因而也就是个人的成功，在很大程度上有赖于他在消费的态度和方式方面的符合标准，在时间和物品上的惯于浪费就是由此获得证明的。但是，就这种高级生活方式的训练的深一层经济意义来说，应当指出，这种训练的结果，在很大程度上只是用代价较大或成效较差的方法来完成同样的物质效果，而从经济观点来看，物质效果却是实际经济价值的依据。文化宣传，在很大程度上只是关于新爱好，或者不如说是关于新的礼仪方案的一种教育，这个方案是在以身份原则与金钱礼俗原则为依据的有闲阶级意识的指导下，同上层阶级的生活方式相适应的。这个新的礼仪方案的来源是社会中一部分人所设计的礼法，这部分人的生活是处于工业操作范围以外的，但他们却要把这个方案硬塞进下层阶级的生活方式。但这个中道插进来的方案，对这些下层阶级说来，绝不会比它们原来已经在流行的那一套方案更加适应生活要求；而且它们原有的那一套方案有些还是在现代工业生活的压力下由它们自己构成的，新插进来的方案在适应程度上休想比得过这类方案。

上述的所谓新方案，比它所要换置的那些方案，从礼仪上说起来当然要端正些；这里所说的一切当然不是对这一点有所怀疑。疑问只是在于这种改良工作在经济上的利益——这里指的是，从改革的效果上来看，有相当把握可以加以确定的、在直接和物质的经济意义下的那类经济利益，并且不是从个人的立场而是从集体生活便利的立场来看的。因此，评价这类工作的经济利益，即使这类工作主要是为了达到经济的目的，进行这类工作不含有自私或歧视性观念，也不能单从它们的实际工作的表面价值来看。由此形成的经济改革，在性质上主要是明显浪费方法的变换。

但是，关于这类工作中不存私意的动机和进行工作的准则的性质——那是要受到金钱文化下所特有的一些思想习惯的影响的——还得作进一步观察；观察以后，已经作出的结论也许要进一步斟酌。我们在前面的一章里已经看到，在金钱文化下的荣誉准则或礼仪准则所坚持的是，对力量作经常的不求实际的使用，以此作为可告无罪的金钱生活的标志。在这种情况下，不但造成了轻视有实用工作的习惯，而且在指导追求社会声望的属于任何集体的人们的行为方面产生了比较明确的后果。由此形成了一种传统，这个传统所要求的是，人们对于与生活方面的物质需要有关的任何操作方式或细节，不应当过于娴习而流入凡俗。我们不妨通过捐助或通过如救济委员会之类的工作，对平民的福利在令人钦佩的情况下表示关怀。我们甚至不妨对平民的文化福利，不论是一般性的或是某些具体方面的，表示热情，通过一些设计来提高他们的爱好，或使他们有机会在精神上有所改进，从而博得更高的赞扬。但是我们对于平民生活的物质环境或平民阶级的思想习惯，却不应当公然表示有深切的了解，以免趋入歧途，把这类慈善性机构的努力导向实质上有用的目的。这种不愿意公开承认对下层社会具体生活情况有深切了解的态度，当然，在不同的个人之间，其明显程度是很不一致的；但是在这里讨论的这一类的任何机构中，总的说来，这个态度是普遍存在的，它深刻地影响到这类机构的行动方向。熟悉平民生活这件事既是不体面的，人们就惟恐沾上了这样的恶名，这种态度在这类机构的惯例和成规的构成中所发生的累积作用，使人们逐渐把这类机构的最初动机丢开，而倾向于属于荣誉性的某些指导原则，再进一步，人们终于倾向于以金钱价值为依据的原则。因此，就历史悠久的这类机构来说，其促进平民阶级生活便利的原始动机，已经逐渐成为表面上的动机，那类为平民服务的实际工作已经名存实亡。

以上所述关于从事非歧视性工作的这类机构在功效方面的情况，也适用于以同样动机从事这类工作的个人，虽然，用于个人时，比用于有组织的机构时，也许要加以更多的斟酌。用浪费支出和不深悉粗俗生活——不论在生产方面还是在消费方面——的有闲阶级准则来衡量价值的这种习惯，对有意办理一些公共福利事业的那些个人说来，必然是牢固存在的。若果有人忘记了他的地位，把他的力量用到了对平民生活实际有效的方面，这时社会常识——金钱的礼仪观念——就会起来否认他的工作，把他纠正过来。有些富于公德心的人们，纯粹（至少在表面上）为了促进某方面的人类生活的利益而捐出了一部分遗产；从这类遗产的管理情况中，就可以找到关于这个论点的例证。至于捐款的用途，在目前最常见的是设立学校、图书馆、医院和贫病者收容所。在这类情况下，捐款人的公开目的是在捐款用途所指明的那个方面对人类生活有所改善；然而势所必然的结果是，在执行工作中会存在不少别的动机，往往与原来的动机相抵触，于是从捐款中划出的很大一部分资金，就在这种情况下决定了它的具体安排。例如，可能有某些捐款是特为划出来作为建立弃儿教养院或病弱者休养所的基金的。然而这种基金在使用时转向到荣誉的浪费支出方面，这并不是不常见的情况，这种情况简直要使人感到惊讶，甚至觉得可笑。基金中很大一个部分会用来造起一座大楼，外面用的全是艺术上一无可取而代价高昂的石块，上面雕满了奇形怪状、全不相称的花纹，再加上城垛式的墙垣和角楼，高大的门面和要塞式的进口，看上去就像是未开化时代作战方式下应用的一座堡垒。建筑的内部也同样表明，一切是在明显浪费和掠夺侵占的准则的指导下进行的。我们不必细谈下去，但再提出一点，例如，窗户的布置，用意并不是在于为屋内的那些受助者谋方便或享受，以与其表面目的相符合，而是在于使屋外的偶然一到的观光者，对屋内的金钱的美点便于留下印象；至于室内一切细节上的布置，其用意也总是在于尽可能求其符合于这种金钱美感的迫切要求。

当然，这一切并不是说捐款者本人对于这样的措施有什么不满，也不是说，假使由他自己来主持，在措施上就会有什么两样；看来即使在其本人亲自指导下——那就是不采取遗赠方式，而由捐款者直接付款并监管这类事业——其管理的目的和方式在这些方面也不会有什么不同。还有一层，如果用与上述不同的方式来处理基金，也不会使受助者或者其安乐与虚荣未受到直接影响的局外旁观者感到满意。经营这类事业时，如果当真采取这样的方针，即为了适应设置基金的原来的、实际的目的，对手头资金直接作最经济、最有效的使用，那就不会符合任何人的要求。一切有关的分子，不论其关系是直接的和自私的，或只是处于旁观地位的，都认为支出的一个相当部分应当用之于高一层的或精神上的需要，而这种需要却是由掠夺侵占和金钱浪费下的歧视性对比的习性产生的。这里所表明的只是，竞赛准则和金钱荣誉准则的渗入社会常识竟深到这样的程度，以致即使是表面上完全在非歧视性利益的基础上进行的一类事业，也不能闪开或抗拒这些准则。

情况甚至是这样，这类事业正是由于非歧视动机的假定存在，才具有荣誉的价值(即以此作为提高捐款者的荣誉的一个手段)；但是尽管这样，歧视性利益的指导支出并不因而受到妨碍。源自竞赛或歧视的动机在这类非竞赛事业中的有效存在，在上述各种机构的任何一种中都会详细、具体地显示出来。在这种情况下，当这类荣誉性布置的迹象显露出来时，一般总是要有所掩饰，说这类布置是属于审美、伦理或经济利益范围的。这类来源于金钱文化的标准和准则的一些动机，会暗暗地转换非歧视性一类的努力的有效服务方向；但主持其事者的一片好心不会因此引起不安，他也不会由于他的工作在本质上不切实际而心情纷乱。这类动机的影响可以一直追究到非歧视改革事业的组织的整个范围，而这类事业却是富有阶级公开的生活方式中很重大的、并且是非常突出的一个特征。关于这个现象的理论方面当已充分明了，不必再进一步举例说明；况且对于这类事业之一——高级学识的研究机构——在另一章里还将作出一些比较详尽的探讨。

有闲阶级在工业形势前是处于有所荫蔽的地位的，在这样的

环境下，对于掠夺期前野蛮文化下所特有的那类非歧视性冲动，似乎有一种类于复归的倾向。这种复归倾向包含着两个方面，一方是作业观念，另一方是懒散和亲睦习性。但是在现代生活方式中，以金钱的或歧视性的价值为依据的行为准则，阻碍着这类冲动的自由发挥；由于这些行为准则的显著存在，于是以非歧视性利益为依据的努力就转变方向，为金钱文化所依据的那类歧视性利益服务。在这里的研究意义下，金钱礼仪准则是可以归纳为浪费、不求实际和凶暴这些本质的。在从事社会改良工作的事业中，同其他类型的活动一样，礼仪上的要求是牢固地存在着的，这类要求对任何事业的管理和经营，在种种细节上发生着淘汰和监督作用。礼仪准则通过对一些方式方法在细节上的指导和修改，会极其有力地使一切非歧视性愿望或努力归于无效。不求实际这个普遍的、非个人性质的、冷酷的原则是经常存在的，它的妨碍作用，使许多残存的、应列入作业本能项下的掠夺期前的性格倾向，无法获得有效表现；但是这个原则的存在并不能阻止这类性格倾向的遗传，也不能阻止它们作为一种冲动不断再现，从而使它们获得表现机会。

在金钱文化后期的进一步发展中，为了避免引起社会反感必须脱离工业操作这一条件，竟严格到这样的程度，甚至一切竞赛性业务也在禁止之列。在这个进展时期，金钱文化对竞赛的、掠夺的或金钱的这类职业价值的重视程度，同工业或生产一类的职业比起来有所降低，它消极地有助于非歧视性格倾向的保持。上面已经指出，这种脱离对人类有实用的一切业务的要求，对上层阶级妇女比对任何其他阶级格外严格；属于某些教派的教士也许可以认为是例外，但例外的性质看来也只是表面的，不是实质的。上层阶级的妇女必须过不求实际的生活，对这一点的坚持，比金钱等级和社会等级相同的男子还要趋于极端；其理由在于前者所处的地位不仅是高等有闲阶级，而且又是代理有闲阶级。她们所以要彻底脱离生产劳动，是含有双重理由的。

有些有名的作家和演说家，在社会结构和社会职能一类问题上，是足以代表社会上有识之士们的意见的。他们曾反复说明，而且也说得很恰当：任何社会中妇女所处的地位，是社会所达到的文化水平的最明显指标——或者还可以引申一下，是社会中任何一个阶级在这方面所达到的最明显指标。这个说法指经济发展阶段而言时，似乎比指任何别的方面的发展而言时，来得更加正确。同时，在任何社会中或在任何文化下，妇女在公认的生活方式中所被指定的地位，在很大程度上乃是某些传统的一种表现，这类传统是在早期发展的环境中形成起来的，对于现在的经济环境或现在人们的性格和思想习惯的要求，只是部分地相适应，而生活在现代经济环境之中的妇女，她们的活动却是受现在的性格和思想习惯的影响的。

上面对经济制度的发展作一般讨论、对代理有闲和服装问题作专题讨论时，曾经附带提到，妇女在现代经济结构中所处的地位，与同阶级的男子所处的地位比较，更加广泛和更加彻底地和作业本能的刺激不相协调。但同样明显的是，在妇女的气质中，含有爱好和平、反对不求实际这一本能的较大成分。因此，现代工业社会中的妇女，对于公认的生活方式与经济局势的要求这两者之间的矛盾，具有比较深切的感觉，这并不是一个偶然情况。

从“妇女问题”的种种方面，足以婉转地表明，现代社会尤其是社会中上层阶级的妇女生活，是怎样地处于一系列常识的支配之下，而这类常识却是在早期发展阶段的经济环境中构成的。现在人们仍然觉得妇女的生活，就文化、经济和社会关系方面来说，根本是、并且在正常情况下是一种代理性生活，其功过或荣辱，必然应当归之于对这个妇女居于占有或保护地位的某一个人。因此，妇女如果有任何违犯公认礼法的某一禁条的行动，就会觉得，这将直接影响到这一女子所属的那个男子的体面。当然，关于妇女意志薄弱或性情乖张这类问题，各人会有自己的看法，意见未必会完全一致；但社会对于这类事件作出常识判断时，毕竟是不会有多少犹疑余地的，如果在任何情况下发生了男子的保护权受到损害的问题，人们对于男子方面的这种观念的正确性，也很少会发生疑问。另一方面，如果男子发生了不端行为，却不会怎么损害和他同居的那个女子的名誉。

因此，以幸福与优美的生活方式——也就是我们所习惯的生活方式——而言，派给女子的那个“领域”，是附随于男子的活动力的；如果她越出了这个指定的义务范围的传统，就要被人认为不守妇道。如果牵涉到公民权利或参政权问题，我们在这方面的常识——也就是说，我们的一般生活方式在这一点上的合理的表示——会告诉我们，在国家或在法律之前，女子不宜亲自直接参与，而应该由她所属的那个家族的家长来居间。一个女子而热中于自决自主或自我中心的生活，是同她的娇柔风度不相称的。我们的常识告诉我们，女子不论在政治还是在经济方面直接参加社会事务，是对社会秩序的威胁；这一点所表现的，是我们在金钱文化传统的指导下形成的思想习惯。“那些‘把妇女从被男子奴役的状态中解放出来’之类的叫嚣，在相反的意义下用斯坦顿(E. C. Stanton)[①]那句简单明了、富有表现力的话来说，‘简直是胡说八道’。两性的社会关系是上帝决定的。我们的整个文明——就是说，其中的一切好的东西——是以家庭为基础的。”所谓“家庭”，是以一个男性为长的家族。这种见解——一般表示得甚至还要露骨——是关于妇女身份问题的通常见解，在文明社会中不但一般男性有这样的看法，就是在妇女方面也是这样。妇女对于礼法上的要求具有极其敏锐的感觉；虽然其中有很多人对于礼法硬性规定的一些细节觉得很不舒服，这也是实情，但是她们很少会不认识到，出于事态的必然性和旧习惯的神权，当前的道德律是把妇女安置在附随于男子的地位的。总之，按照妇女自己的美与善的观点来看，妇女的生活也应当是，而且在理论上必然是男子生活的次一级的表现。

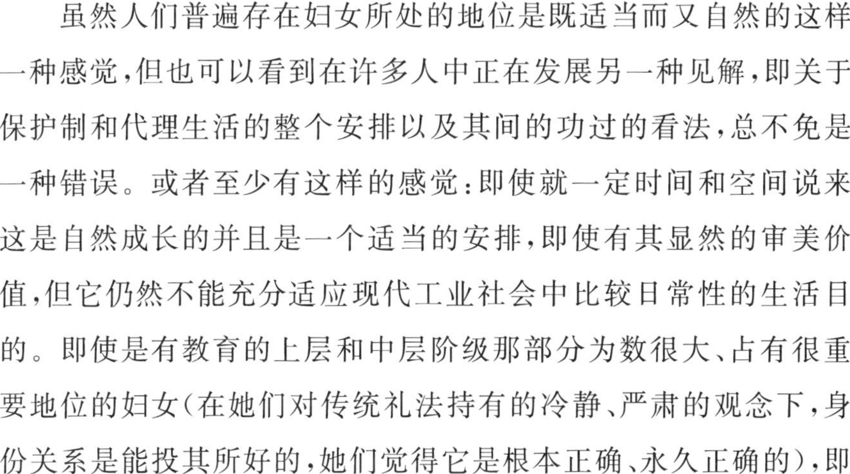

虽然人们普遍存在妇女所处的地位是既适当而又自然的这样一种感觉，但也可以看到在许多人中正在发展另一种见解，即关于保护制和代理生活的整个安排以及其间的功过的看法，总不免是一种错误。或者至少有这样的感觉：即使就一定时间和空间说来这是自然成长的并且是一个适当的安排，即使有其显然的审美价值，但它仍然不能充分适应现代工业社会中比较日常性的生活目的。即使是有教育的上层和中层阶级那部分为数很大、占有很重要地位的妇女(在她们对传统礼法持有的冷静、严肃的观念下，身份关系是能投其所好的，她们觉得它是根本正确、永久正确的)，即

① 斯坦顿(1815—1902)，美国妇女参政权运动的指导者。——译者

使是这些态度保守的人，一般也未尝不感到在这方面的事物的现状与事物的应有状态这两者之间，在一些具体问题上是存在些细微差别的。但是此外还有一些比较不受羁勒的现代妇女，由于年龄、教育或气质关系，对于从未开化文化流传下来的身份传统是在某种程度上不表同情的，这类人对自我表现冲动和作业本能也许具有过度的复归倾向；这样就在这类人当中产生了不满情绪，其情况异常生动，不容轻轻放过。

在这个"新妇女"运动——这是用来称呼要把妇女恢复到冰河期前地位的一类盲目的、支离散漫的努力的——中，至少含有两个辨别得出的因素，两者都是属于经济性质的。这两个因素或动机是用"解放"和"工作"这种含糊的口号来表达的。人们认为这两个字眼所代表的，都是与广泛存在的不满情绪有关的一些想法。即使是那些看不出有什么对现状不满的真正理由的人们。对于这种情绪的广泛存在也抱着认可态度。提出这种不满情绪应当获得补救的意见最热切、最频繁的是工业最发达社会中富裕阶级的妇女。这就是说，这里存在着一种要从身份、保护或代理生活的一切关系中解放出来的相当严重的要求。有些妇女的生活方式是从身份制传下来的，具有最浓厚的代理生活的色彩，有些社会处于高度的经济发展阶段，离适应传统生活方式的环境最远；在这类环境下，上述情绪激动表现得最为显著。有一部分妇女，在荣誉准则之下，被排除于一切有实用工作之外，其整个生活沉溺在有闲与明显消费中——解放要求就是从这部分妇女当中产生的。

有很多批评家误解了这个新妇女运动的动机。有一位有名的社会现象评论者，最近对美国"新妇女"情况，在带些激动的心情下

作了如下的概括："她是她丈夫所宠爱的。她的丈夫是世上最忠实、工作最努力的。……她在教育程度上以及差不多其他一切方面都胜过她丈夫。她受到了各方面无微不至的爱护和照拂。然而她还是不满足。……盎格鲁-撒克逊'新妇女'是现代最荒谬的产物，是注定要成为这个世纪最糟糕的落伍者的。"这番话也许说得很在理，但是其间除了谴责以外什么也没有，徒然使妇女问题更加模糊。作为一个新妇女，她所不满的，正是这个典型的描绘中所认为的应当使她感到满足的那些事物。她是娇生惯养、备受宠爱的，她可以、甚至有必要大量地、明显地进行消费——为她的丈夫或别的自然监护人进行代理消费。她是可以避免、甚至不允许参加那些粗鄙的、有实用的工作的，为的是要为她的自然(金钱)监护人的荣誉执行代理有闲。这类职业是不自由的传统标志，同要求进行有目的活动的人类冲动是不相容的。妇女是具有她的那一份作业本能的，而且有理由可以相信，她所具有的还不止是平均的一份；对这一本能说来，不求实际的生活或消费是最可憎嫌的。她对于她所接触的经济环境下的直接的、无居间的刺激发生反应时，一定要发挥她的生命力。对妇女说来，那种要按照她自己的方式过她自己的生活的冲动，那种要比在隔一层的情况下更进一步地参加社会工业操作的冲动，也许比男子更加强烈。

妇女所处的地位假使始终是艰苦力作，一般地说就会相对地满足于她的命运。这时她不但有些具体的、有目的的事体要做，而且也匀不出时间，也来不及分心，使她自己产生反抗情绪，使她遗传得来的自决自主习性获得抬头的机会。当妇女普遍从事劳役的这个阶段过去，代理有闲成为富裕阶级妇女的公认职务以后，那种要求她们遵守礼仪性的不求实际的金钱礼俗准则的习惯势力就会发生作用,足以长期地防止那些心高气傲的妇女对自决自主和“讲求实用的领域”有任何情感上的靠拢。在金钱文化的初期阶段,情形尤其是这样。那个时候有闲阶级的有闲,在性质上大部分仍然是一种掠夺活动,仍然是统治力的积极发挥,其间含有足够的歧视性具体目的,足以使人们把这类活动认真地当作一种职业,问心无愧地从容参与。在某些社会里,这样的情况显然一直继续到现在。就各个个人来说,这种情况仍然在不同程度上存在着,各人对身份观念有深浅不同的印象,作业冲动禀赋的强弱各有不同,因此这种情况存在的程度也各不相同。但是有些社会的经济结构已经有了高度的发展,与以身份为依据的生活方式已经不相配合,因此人们已不再感到个人服从关系是唯一“自然的”人类关系。在这样的情况下,在那些驯服性较差的个人中,那种从事有目的的活动的古老习性将逐渐抬头,掠夺文化和金钱文化遗留在我们生活方式中的那些比较后起、比较肤浅和短暂的习性与观点将引起反感。当在掠夺阶段与准和平阶段的锻炼中形成的那类性格与人生观,同后期发展的经济局势不再能相当密切地适应时,上述的一些习性与观点在那个社会或社会中的那个阶级,就要失去强制力量。就现代社会中一些工业阶级的情况来说,这一点是极其明显的;对它们说来,有闲阶级生活方式,尤其是身份因素,已经失去了大部分的约束力量。在上层阶级中也可以看到类似的情况,不过在方式上有所不同。

由掠夺文化和准和平文化而来的习性,是民族中某些基本素性与精神特征的比较短暂的变形;这些素性和特征是在早期、原始类人猿文化阶段的长期锻炼中构成的，那个时候过的是和平的、比较未分化的经济生活，生活的锻炼是在比较简单、较少变化的物质环境的接触中进行的。当由竞赛生活引起的一些习性不再能与当前经济要求相适应时，一个崩解过程即行开始，一些比较后起的、普遍程度较差的思想习惯，不得不在民族中比较悠久的、更加普遍的一些精神特征之前，在一定程度上有所让步。

因此在某种意义上可以说，新妇女运动所标志的是，向比较广泛类型的人类性格复归的一种倾向，或者可以说是人类性格在较少分化的形态上的表现。这样的人类性格类型，应当看作是原始类人猿性格的特有形态；如果就其主要特征的实质而不就其形式来说，其所属的文化阶段也许可以说是“次人类”的。这种社会发展显示了复归到经济演进中早期、未分化阶段所特有的精神态度的形迹；就这一点来说，这里所说的运动或演化特征在这一点上的特有表现，当然是为其他方面的近代社会发展所共有的。这种从歧视性利益的支配转向到古老性格的一种普遍复归倾向，并不是全然无迹可查；虽然，这类痕迹既不多，也不是能完全令人信服的。在现代工业社会中，身份观念的普遍衰退，就未尝不可以在某种意义上看作是这方面的迹象。此外，对于人类生活中那类不求实际的表现的不满，对于但求个人利得而以集体或其他社会团体为牺牲的那类活动的不满，这类心情的再度显露，也属于上述迹象。还有一个看得出的倾向，即反对以痛苦加之于人，反对一切侵掠性事业；即使这类歧视性利益的表现，对社会，或对提出这种反对意见的个人，并不造成明显的物质损害，这类反对的表示也显然可见。我们甚至可以这样说，在现代工业社会中，一个普通的、在态度上

无所偏颇的人的见解是这样的:典型的人类性格是有助于和平、亲善和经济效能的那种性格,而不是有助于自私、凶暴、欺诈和统治生活的那种性格。

有闲阶级在这种原始类人猿的人类性格的再现中所起的作用,并不是一贯支持,也不是一贯阻碍。就那些原始性格特征禀赋格外强烈的人来说,有闲阶级使它的成员得以脱离金钱竞争,处于有所荫蔽的地位,因此直接增加了这类人的生存机会;但在间接方面,由于执行对商品和劳务作明显浪费的有闲阶级准则,有闲阶级制度是减少了这类人在全体人民中的生存机会的。浪费的礼仪上的要求,吸收了歧视性竞争中的人们的剩余精力,使他们再没有余力在非歧视性生活方面有所表现。就礼仪锻炼这一层的、比较非具体的、精神上的影响来说,与上述情形对照,它不但在同一方向上起作用,而且在向同一目的前进的过程中,它所起的作用也许更加有效。礼仪生活的准则是歧视性对比原则的加工,因此这类原则一贯要制止一切非歧视性努力,支持自私态度。

第十四章　高级学识是金钱文化的一种表现

旨在使属于某些范畴的恰当的思想习惯得以在后代保存的学校训育，是获得社会常识的认可，并且与公认的生活方式结合在一起的。在教师和教育制度传统下构成的思想习惯是有它的经济价值——即影响到个人的适用性的价值——的；这种价值，同没有这种指导、在日常生活锻炼下构成的思想习惯的相类经济价值比起来，是同样实在的。众所公认的教育方案和学校训育的任何特征，凡是起源于有闲阶级的偏好或金钱价值准则的指导的，都应当认为是出于有闲阶级制度的关系；教育方案所具有的这类特征的任何经济价值，都是这个制度的价值的具体表现。因此，关于教育制度，不论是在训育的目的和方式方面，还是在教师所教导的那部分知识的范围和性质方面，凡是起源于有闲阶级生活方式的那些特征，都是这里的研究题材。但是，受有闲阶级观念的影响最明显的，是学识本身，尤其是高级学识。由于这里的研究目的，并不是在于对足以表明金钱文化的影响的那些资料作详尽核对，而是在于说明有闲阶级观念影响教育的方式和趋向；因此这里所要进行的，只是对足以适应这里的研究目的的高级学识的某些显著特征作一观察。

学识的起源和初期发展，同社会中宗教仪式的关系是颇为密切的，特别有关的是为超自然有闲阶级服务时表现的那部分仪式。原始教派进行的意在向超自然动作力献媚的服务，并不是对社会的时间和劳力作有利于生产的使用。因此，应当把这类活动主要看作是为超自然力执行的代理有闲，人们想通过这类活动向这类神力通诚达意，想通过服务和服从的表白来博得神的恩宠。早期学识的内容大部分就是在对超自然服务中得来的一些知识和经验。因此，这方面的锻炼，同为一位尘世的主子服务所需要的锻炼，在性质上极其相类。从原始社会的教门中的教师那里得来的知识，大部分是属于宗教仪式方面的知识，也就是如何以最适当、最有效或最满意的方式接近和礼拜超自然动作力的知识。人们所学的是怎样使自己在神力之前成为一个不可缺少的分子，在恳求神灵对事态的进程有所主张或对某一进行计划勿加干预时处于提出这类恳求——或者甚至要求——的地位。人们的目的是为了赎罪，而追求这个目的的方法则主要是设法在对神的侍奉和逢迎中取得便利。在教士的教学内容中，关于对主子的有效服务，除了上述的以外，看来只是在以后才逐渐掺入了其他成分的。

作为不可思议的神的一个仆人，即教士，其所处地位逐渐成为神与一般未受训练的普通民众之间的中介者；因为他具有超自然信仰的礼仪方面的知识，因此被允许参拜神灵。居于这种地位的中介人，不论他所侍奉的主子是尘世的还是超自然的，往往会觉得他自己具有现成的手段，很容易使民众产生一种印象，即不可思议的神是会按照他所请求的来执行的。于是不久以后，可以利用来解释神奇效果的某些自然作用的知识，加上一些巧妙的手法，就逐渐成了教士学识的一个主要部分。这类知识后来逐渐被看成为所谓“不可知的”知识；它也正是由于具有神秘性，才适合于教士的用途。学识的培养，作为一种制度，看来就是起因于此；后来它渐渐脱离了这个属于魔术仪式与黄教式诈伪的母体，但分化的过程迟缓得简直使人难耐，直到现在，即使在高等学校所研究的一些最高深的学识中，这一分化过程也还没有充分完成。

为了要打动，甚至欺骗无知识的人，学识中的神秘因素，同过去的一切时代一样，现在仍然是一个极其有吸引力的、极其有效的因素。在一个目不识丁者看来，一位大学者的声望大半是根据他与那类神秘力量的密切程度来衡量的。举一个典型例子：挪威的农民，直到这个世纪的中叶，对于这样一些神学权威，如路德（Luther）、墨兰顿（Melanchthon）、皮德·达斯（Peder Dass），甚至近代的神学家如格伦特维（Grundtvig）的渊深学识，仍然本能地认为是一种魔术。这些人，以及许许多多次一流的已故或现存的知名之士，都曾被加上魔术大师的雅号。在这些善良、天真的人看来，凡是在宗教界据有高位的人士，在神秘学和魔术的使用方面总是十分精通的。与这种看法同时并存的是这样一种一般的见解，即高深学术和“不可知的”性质这两者之间总是有密切关系的；这一点也未尝不可以用来在大体上说明有闲阶级生活在智力方面的倾向。怀有这种信念的固然不限于有闲阶级，但是今天在这个阶级的成员中对各种各样的神秘学有兴趣的却占极大比例。有些人的思想习惯并不是在现代工业的接触中形成的，这些人仍然觉得“不可知的”知识，即使不是唯一真正的知识，也是根本知识。

由此可见，学识，在开头时，在某种意义上可以说是教士代理

有闲阶级的副产品；而且至少到最近为止，高级学识仍然在某种意义上是教士阶级的副产品或副业。在系统化知识的内容扩大以后，不久就有了秘传知识与公开知识之别，这一点在教育史上可以一直追溯到老远老远以前。两种知识如果有什么实质上的区别，这种区别就是，前者根本没有经济上或工业上的意义，后者所包括的则主要是经常供物质生活利用的关于工业操作和自然现象的知识。这样的分界线，后来至少在一般的理解中是高级学识与低级学识之间的正常界线。

这一点是很有意思的，它不但证明知识阶级与教士这个行业之间有着密切关系，而且说明了为什么这些人的活动在很大程度上是属于讲求仪态和礼貌的明显有闲一类的，为什么在一切原始社会中，知识阶级在形式、成规、品位等级以及仪式、礼服与一般学术用具等等方面，是非常认真、非常拘泥的。它说明掌握初期形态的高级学识必然是有闲阶级的职务，特别是侍奉超自然有闲阶级的那个代理有闲阶级的职务。而且这种对学术用具的偏好，更加显示了教士任务与学者任务之间的接触点或连结关系。学术以及教士任务，就其起源来说，大都是一种利用交感的魔术的结果；因此这种形式上与仪式上的魔术用具的使用，在原始社会的知识阶级中占有相当地位是不足奇的。仪式和道具在魔术用途上有其神秘效果，因此它们的存在是魔术与科学处于初期发展形态时的一个主要因素，这一点是理所当然的，其情况同对象征表示的重视极其相类。

象征仪式通过利用传统工具在动作上或所要完成的目的上作巧妙表演，会引起交感作用；这些方面的感觉，在魔术活动中比在

科学、甚至神秘学的训育中当然要明显得多，重要得多。但就我所知，即使对学术价值具有真切见解的人，也往往要注意到科学的仪式上的用具，认为这类工具全然不值一顾的人是很少的。任何人只要回顾一下我们文化中学术的发展沿革，就不难看出，在其后期发展过程中，人们是如何一贯重视这类仪式性的事物的。即使在今天，这类遗风在学术界依然很盛，例如使用制服制帽，举行入学礼、入会礼、毕业礼，授给学位、荣衔、特权等等；这类情况说明了学术界存在着某种带有宗教色彩的使徒传统。所有这类特征，如学界使用的仪式、服装，带有宗教色彩的各种引进典礼，某些荣衔和美德通过按手礼留传下来，等等，其直接根源无疑是教士职务方面的一些习俗；但是如果对这类特征的根源作进一步追溯，就会发现，专职的教士形成以后，他们一方面与兴妖作怪的术士不同，另方面与侍奉尘世主子的奴仆也有区别，上述特征的根源，也就是教士阶级在这一分化过程中构成的一些习俗。这类习俗及其所依据的概念，就其起源和心理内容说来，在文化发展中所属的时代，并不迟于爱斯基摩巫医和术士盛行的那个时代。就这类习俗在宗教信仰以及高等教育制度中所处的地位说来，它们是人类性格发展过程中极早期的万物有灵信仰形态的残余。

我们不妨说，以现在以及最近的教育制度而言，重视这类仪式特征的，主要是高级的、高等普通的以及古典的那类教育机构和那类学术，而不是教育系统中低级的、工艺的或实用的那些部门。教育系统中低级的和荣誉性较少的那些部门，即使具有这类特征，也显然是仿自高级方面；至少可以说，如果没有高级方面的不断的示范作用，研究实用知识的那类学校要想使这类特征继续存在，是极

少可能的。低级的和研究实用知识的一类学校和学者的采行和培养这类习俗，主要是一种模仿行动，目的在于尽可能与高级学校所保持的荣誉标准相一致，而后者则是由于直系的移转权，而合法地取得这类附属特征的。

分析还不妨再前进一步。这类仪式上的残余和复归现象表现得最有力、最自然的，是主要与教士教育及有闲阶级教育有关的一类学校。因此，如对大学与专科学校生活的近代发展作一观察，应当可以看到，而且事实上情形也极为明显，这类学校如果原来是为下层阶级设立的，它们所教导的是直接有用的一类知识，当它们发展成为高级学识的教育机构时，其在仪式与装备方面的发展以及精心拟就的学校"任务"的发展，将与学校教学内容的转变同时发生。这类学校，在演进过程中两个阶段的第一阶段，其目的以及所要尽的主要职责，是使劳动阶级的青年能胜任工作；在第二阶段，它们所教导的一般即以高级的或古典的学识为主，其主要目的就在于如何使教士阶级和有闲阶级——或初入流的有闲阶级——的子弟，在习惯上公认的、荣誉的范围和方式下，从事有形财与无形财的消费。那些由"大众的朋友们"建立的、目的在于帮助奋斗的青年的学校，往往会演变成这样的巧妙结局；如果转变的经过情况是正常的，那么在学校中，即使不是必然，也大都会同时发生比较侧重仪式生活的转变。

就今天的学校生活来说，凡是以教导"人文学"为主要目的的那些学校，在学风方面的注重仪式，一般表现得最为自由自在。这种相互关系，在近年来美国的大学校中，似乎比任何别的地区表现得更为显著。这一通则也许有很多例外，尤其是格外着重荣誉与仪式的教会所建立的那些学校，它们是在保守的和古典的水准上开始的，可以说是通过一条捷径直接达到古典状态的。但是就美国比较新兴的城市在本世纪所建立的那些大专学校来说，一般情况总是这样：只要这个城市在经济上还没有获得多大发展，只要吸收入校的学生在习惯上还以勤劳朴素为主，在大学的生活方式中使人会联想到巫医盛行时代的那种气氛，就至多只会偶尔一现。但是，一等到社会中财富的累积有了显著增进，一等到有某一学校开始依赖有闲阶级的支持，越来越着重仪式的风气就会滋长起来，在服装方面，在社会的与学校的种种礼节方面，复古的倾向也越来越显著。举个例，在中西部各州任一个大学的经济赞助者的财富有了显著增长以后，必然与这一事态大体同时发生的是，男子穿上了晚会服装，女子穿上了露胸的夜礼服，学校举行学业上的仪式或在校内举行社交集会时，大家也穿上了特制的校服；这种情况起先是在人们的谅解下存在的，不久就成为不容避免的风气。要追究社会风气与学校风气这两者之间的相互关系，并不是一件难事——除了完成这样一个巨大任务时的机械工作上的困难。学校制服与制帽的流行，其情形也是这样。

这里有许多大专学校采用了制服和制帽作为学业的标识；这件事是最近几年发生的。我们不妨说，这件事在再前些时候是不会发生的；那就是说，除非有闲阶级情绪在社会中有了充分发展，足以支持在教育目的上的复古观念的有力动向，否则是不会发生的。应当看到，学业礼仪上的这一节目，不但由于它投合在炫耀作用与象征表示等方面的古老的习惯倾向而同有闲阶级关于何者合宜的看法相适应，而且由于它牵涉到明显浪费这一重要因素，它还与有闲阶级的生活方式相适应。制服和制帽恰恰在那个时候恢复使用，差不多同时又有那么多的学校染上这个风气，这一事实在某种程度上似乎是由于社会在那个时候曾激起一次在适应发展方面和荣誉方面的返祖倾向高潮。

这里再提到一点，或者不是完全多余的。当这一奇特的复古倾向发生的时候，别的方面的复古情绪的滋长也达到了极盛期，两者在时间上似乎是一致的。掀起这样一个复古高潮的最初冲动似乎是由南北战争时心理上的崩解作用产生的。习惯于战时生活，足以引起一系列的掠夺的思想习惯，使宗派观念在一定程度上代替了团结观念，使歧视性差别的意识代替了公道的、日常的服务冲动。由于这类因素的累积作用，在战争以后的一代里，身份因素容易获得再度抬头的机会，不论在社交生活中，还是在宗教信仰和其他象征的或仪式的形式结构中，都可以看到这种迹象。在十九世纪整个八十年代，以及形迹不那样明显的七十年代，可以看到某些情感的一个逐渐上升的浪潮，在这类情感下人们偏重的是准掠夺的企业习性，坚持的是身份神人同形同性观念和保守主义。未开化气质的某些比较直率的、露骨的表现，如非法行为的复古猖獗以及某些"工业巨头"的那种准掠夺式的巧取豪夺的变本加厉，这类情况的达到顶点比较早，到七十年代末期已显然趋于衰退。至于神人同形同性观念的复兴，到八十年代将告终结时，其全盛期似乎也已过去。但这里所说的有关学业方面的仪式和装备，似乎是未开化阶段万物有灵观念的进一步深远、微妙的表现，因此它们获得流行和精炼化的进度比较迟缓，在较后时期才达到充分发展阶段。我们有理由可以相信，它的极盛时期现在已经过去。此后除非在

新的战争经验中受到新的刺激，除非由于富裕阶级的继续发展，一切仪式尤其是浪费和显然表明身份等级的仪式获得支持，否则近来学校在形式和礼节方面的一切增长和扩大，看来将逐渐停滞。我们固然可以说，在美国学校中使用制服制帽以及随之以俱来的对种种学业方面的礼仪的重视，是南北战争以后对未开化气质的复归倾向的一次情绪波动；但同样无可否认的是，如果富裕阶级手里的财富没有累积到足够的程度，足以构成这样一个动机的必要的金钱基础，从而使这个国家的大专学校能够符合有闲阶级在高级学识方面的要求，则这种在仪式上的复古倾向，在大专学校的生活方式中无疑是难以实现的。制服制帽的采用，是现代大专学校生活中显然的返祖现象之一，这一现象表明，这类学校不论在实际成就上还是在志趣上，已经明确地成为有闲阶级机构。

近来还有一个值得注意的倾向，足以进一步证明教育制度与社会文化标准之间的密切关系，那就是工业巨头渐渐代替教士，成为研究高级学识的学校领导人。这种代谢现象绝不是普遍的，也不是十分明显的。有些人能够把教士任务和金钱上的高度效能结合起来；由这样一种人来担任学校领导是最受欢迎的。还有一个相类的但不怎样明显的趋向，是把高级学识的教育工作付托给有相当资力的人。在担任教学工作的资格方面，现在比以前格外着重管理能力和为事业作宣传的手腕。在这一点上表现得格外明显的是与日常生活关系最密切的那些学科，是经济意志最专一的那些社会里的学校。这种以金钱效能部分代替教士效能的现象，是跟以明显浪费代替明显有闲作为猎取荣誉的主要手段这一现代转变，同时发生的。这两种事态之间的相互关系大概是极其明了的，无须作进一步分析。

从学校和知识阶级对待女子教育问题的态度可以看出，学识是在怎样的情况下，在什么程度上脱离教士的古老身份和有闲阶级的特性的，它还足以表明，真正的学者已经怎样接近现代的、经济或工业的、实事求是的观点。直到最近为止，高等学校以及神学、法学、医学专校是不许女子问津的。这类学校，从一开头，而且大多数现在仍然是，专门为教士阶级和有闲阶级的教育而设的。

上面已经说过，女子是原始奴隶阶级，在一定程度上，尤其是牵涉到名义上或礼法上的地位时，直到现在，她们依然是处于这样的地位。过去曾经普遍存在这样一种敏锐感觉，即高级学识有如古代希腊举行的神秘的宗教典礼，女子是不容接近的，容许她们参与，将有损学术的尊严。因此直到最近，在现代工业最发达的社会，高等学校才向女子自由开放。但是，即使处于现代工业社会那样迫切的环境，那些最有名的、第一流的最高学府，采取这一行动时仍然是极端犹豫不决的。这种在智力上分高下，以此为两性在荣誉上分化的依据而形成的阶级观念或身份观念，在贵族式的学术团体中依然有力地存在着。一般认为，女子所应该获得的能使她们循规守范的知识，可以按照以下两个条目之一来分类：(1)直接有助于提高家庭服务质量的知识，即家庭范围以内的知识；(2)显然属于执行代理有闲项下的那些类于学术性和类于艺术性的技能。如果知识内容关系到学习者个人的意志的发挥，获取这类知识是依照学习者自己的求知兴趣进行的，并不受礼仪准则的驱使，并没有顾到她的主人，她的主人的享受或荣誉也不会由于这类知识的使用或显示而有所提高——这样一类知识，对女子的风度说

来是不相宜的。同样,凡是对代理有闲以外的有闲具有证明作用的知识,都不是女性所宜享有的。

当我们对这类高等学校同社会经济生活的关系作出评价时,要晓得,这里所评述的一些现象的重要意义,并不在于它们本身具有头等重要经济后果这一事实,而在于它们所表现的一般态度。它们所表现的是,知识阶级对工业社会生活过程的本能的态度和意向。它们是高级学识和知识阶级所达到的发展阶段的一个标志;因此它们可以表明,当这个阶级的学识和生活,更为直接地影响社会的经济生活和效能,并影响生活方式对时代要求的适应性时,我们大体上可以从这个阶级身上期待些什么。这类仪式上的残余所表明的是,特别在培养传统学识的那些高等学校里广泛存在的一种倾向,这种倾向即使不是复古运动,也至少是保守主义。

除了这类保守态度的迹象以外,还有个在同一方向下的特征,它和讲求形式与仪式末节的带些玩笑的倾向不同,其间具有更加严重的意义。例如,美国的大学和专科学校中,绝大多数与某种教派有关系,对宗教信仰具有相当热诚。照说这类学校的教授们所精通的是科学方法和科学观点,那些万物有灵的思想习惯在这里是应当绝迹的;然而其中仍然有很大部分,对属于早期文化的神人同形同性信念和习惯表示同情。当然,这种宗教热诚的表示,不论就凭法人资格的学校方面来说,还是就教师团体中各个成员方面来说,在很大程度上只是权宜性的和浮面的;但在高等学校中具有神人同形同性观念的显著成分,这一点毕竟是无可否认的。情形既然是这样,我们就不得不把它看作是一种古老的、万物有灵的性格的表现。这种性格在教学中必然要在一定程度上表现出来,从而它在同等程度上影响到学生的思想习惯，使之趋向保守和复古。这是要妨碍学生在最能适应工业目的的实用知识方面的发展的。

在今天的一些负有盛名的高等学校中，体育运动极为风行，这是与上述情况朝向同一方向的；实际上大学中的体育运动与宗教信仰态度在心理基础方面和锻炼效果方面有许多共同之处。但这种未开化气质的表现主要是出于学生团体，而不是出于校方的作风；除非体育运动是出于学校或学校职员的积极鼓励和赞助——有时候是会发生这种情况的。大学生联谊会的情况与体育运动相类，但其间也有不同之处。后者主要是一种单纯的掠夺冲动的表现；而前者则主要是一种宗派观念的表现，这是掠夺时代未开化者的气质的一个显著特征。还可以看到，在学校的联谊会与体育运动这两者之间是存在着密切关系的。在上面的一章里对运动竞赛和赌博的习性已经有所分析，因此，关于体育运动和派别组织活动这类锻炼的经济意义，这里无须再作进一步讨论。

这里所说的关于知识阶级的生活方式以及致力于保存高级学识的学校的一些特征，大部分具有偶发性，绝不能把它们看作学校所标榜的公开任务或教研工作中的有机因素。但是根据这里所指出的一些征象，在这类学校所执行的任务的性质——从经济观点来看——以及在它们的赞助下处理这一严重任务对入学青年发生的影响这些方面，足以成立一种假定。根据这里作出的一些考察所产生的假定说明，这类学校在它们的工作中以及在它们所偏重的仪式中，可以想见是要采取保守态度的；不过对于这一假定不能孤立地看待，必须与它们实际完成的工作的经济性对照，同时并须对它们受托保存的高级学识作一考察。谈到这个问题，大家晓得，这类高等学校直到最近还是抱着保守态度，一切革新它们都是反对的。这已成为一个通例：一个新的观点或是一种新的知识，只是在校外已经风行以后，才会在校内得到认可，被学校接受。只有那类不显著的革新算是例外，这类革新同传统观点或传统的生活方式是没有任何实质上的关系的；例如关于数理与物理科学的具体内容方面的新贡献，又如对经典著作，特别是关于语言学或文学方面的经典著作的新诠证、新注疏等等。一般情况总是这样，除非是在狭义的"人文学"范围以内的革新，除非革新者对人文学的传统观念丝毫没有改动，否则公认的知识阶级和研究高级学识的学校对一切革新总是侧目而视的。任何新观点，或科学理论上的新论点，尤其是涉及人类关系理论的任一点的新论点，总是在一再延宕以后，才在大学的教学体系中很勉强地占得一席之地，而不是在热烈欢迎的情况下爽爽快快地被接受的。那些在扩大人类知识领域方面下苦功的人们，也往往受到同侪的嫉视，不能获得应有的礼遇。高等学校对于知识在方式方法上或内容上的重大进步，大都并不加以支持、鼓励；等到它们接受时，革新已经不再处于青年期，已经大部分衰老，已经成为新生一代智力内容中的平凡事物，而这一代的青年的思想习惯就是由这类学校范围以外的新知识和新观点构成的，他们就是在这样的环境下成长起来的。最近过去的情况就是这样。至于就目前情况来说，这样的观察究竟可靠到什么程度，很难断定；因为对当前事实要作出这样正确的透视，从而对其间的相互关系具有清楚的认识，是不可能的。

到目前止，关于富裕阶级作为文学和艺术的赞助者这一职能我们还没有提到；这是研究文化与社会结构的发展的那些作家和

演说家惯于仔细讨论的一个问题。这一有闲阶级职能同高级学识以及知识与文化的传播,并不是没有重大关系的;这一阶级通过它所提供的助力而促进了学术的发展,其情况与促进程度是大家所充分熟悉的。常常有些代言人用生动有力的措辞来谈这个问题,由于他们精通问题内容,他们的谈话足以使听众确信这一文化因素的极度重要意义。但这些代言人是从文化利益或荣誉利益的观点而不是从经济利益的观点来提出问题的。富裕阶级的这一职能以及富裕阶级成员的这一智力上的态度,如果从经济的观点来了解并按照工业的适用性来评价,是值得注意的,值得在这个问题上作一些分析。

应当指出,富裕阶级对学术的赞助这一事实,如果作为一种特性表现来看,从外形上来考察,也就是单从其经济的或工业的关系来考察,则其间的关系是一种身份关系。得到别人赞助的学者,为他的赞助人代理性地完成一种学者生活的任务而获得的某种荣誉是归其赞助人所有的,正同完成任何形式的代理有闲,其荣誉归其主人所有的情况一样。还应当看到,作为一个历史事实来看,通过赞助关系对学术有所促进或对学术活动加以维持,它所助成的,在绝大多数情况下,是古典学识或人文学的精通。这类知识所起的作用,并不是在于提高而是在于降低社会的工业效能。

再进一步,谈一谈有有闲阶级成员直接参加的知识的推进。由于荣誉生活准则的驱使,他们在智力方面寻求表现时,偏重的是古典的或徒务外观而不究实际的学识,而不是与社会工业生活有某种关系的一类科学。有闲阶级成员如果在属于古典范围的知识以外有所涉猎,其所涉猎的通常就是法律、政治,尤其是行政管理一类的科学研究。这类所谓科学，实际上是有关为有闲阶级在财产的基础上执行管理任务谋便利的一大堆指导原理。因此，进行这类训育的目的，一般并不是单纯为了提高智力或认识力，而大部分是为了满足实际的需要，这种需要是这个阶级所处的统治地位决定的。管理任务就其起源来说，是一种掠夺的职能，主要与古老的有闲阶级生活方式有关。这是对人民实行统治与高压，而有闲阶级的生活资料就是从群众中得来的。因此，这种训育以及作为训育内容的一些实践事例，除了关涉知识方面的一切问题以外，对这个阶级自有一种吸引力。只要管理任务在形式上或实质上仍然是一种建立在财产基础上的任务，情况就是这样；而且还不止如此，由有闲阶级进行以财产为基础的管理，现在固然已渐成过去，但是在管理的演进中，只要那种古老形式的传统在现代社会的生活中继续存在，情况就依然是这样。

有些学识是以智力或认识力方面为主的，也就是所谓真正的科学；就这类学识来说，情况与上述有些不同，不同之处不但是在于有闲阶级的态度方面，而且在于金钱文化的整个趋向方面。知识本身的目的是为了发挥理解力，此外别无其他；照说这就可以指望没有迫切的物质利益使之改变意图的那些人探求这类知识。有闲阶级处于在工业方面有所荫蔽的地位，这个阶级的成员的求知欲应当有充分发挥的机会，因此我们当能看到从这个阶级中涌现出许多古典学者和大科学家，从有闲生活的锻炼中诱发从事科学上的研究和思考的热情，而且有许多作家也的确相信情况是这样的。类似这样的结果未尝是不可想望的；但是有闲阶级的生活方式自有它的特征（上面已经作过充分分析），这类特征使这个阶级的智力上的兴趣别有所注，它所倾注的并不在于构成科学概念内容的现象的因果关系方面，而是在一些别的方面。作为有闲阶级生活所特有的一些思想习惯，所着重的是个人统治关系，再从这一点出发，所注意的是关于荣誉、功绩、声望、地位等等的歧视性概念。构成科学主题的事物因果关系，在这样的观点下是看不到的。况且在世俗上有用的那类知识，与荣誉也并没有关系。因此，看来极有可能，足以引起有闲阶级注意的，应当是有关金钱或其他荣誉价值的歧视性对比的方面，而不是认识力的方面。即使他们对后者发生兴趣，并在这一点上有所表现，他们的研究或思考也往往要转到荣誉性的和不求实际的那类范围以内，而不是探求科学知识。当不是出自学校的大量系统化知识还没有闯进学校的学术研究范围时，教士阶级和有闲阶级的学术研究经历就的确是这样。但是，自从统治与服从关系不再是社会生活过程中有力的构成因素以后，生活过程中的别的因素和别的观点，就强行进入了学者领域。

作为一个纯正的有闲绅士，应当是，事实上也的确是，从个人关系的观点来理解一切事物的；当他发生了求知的兴趣，他就会在这个基础上来寻求现象的体系化。那些老派的绅士们的情形就的确是这样，在他们那里，有闲阶级的典型还是完整地保存着；他们的生存在现代的儿孙，如果充分继承了遗传下来的上流社会品质，其态度也必然是这样。但遗传的道路是没有定向的，并不是每个绅士的儿子都跟他的上代一模一样的。尤其是掠夺期征服者所特有的那些思想习惯，能留传下来多少是很难说的，在有闲阶级的锻炼中得以继续存在的，看来不过是其中最后的一两点痕迹而已。有闲阶级成员中最富有求知的资质，在这方面的先天或后天特性最强的，显然是那些出身于下层或中层阶级的分子，在这类成员中最容易发现这样的人物；这类人具有劳动阶级所固有的全部遗传性格，他们之所以能在有闲阶级中占得一席之地是由于具有某些品质，这类品质在有闲阶级生活方式最初构成时并不算什么，在今天说来则比较重要。但是，在这类比较新进的有闲阶级分子的范围之外，也还有许多人，他们并不具有足够程度的、足以构成他们的理论观点的歧视性利益，可是求知倾向比较强，这种求知倾向足以导使他们走向科学研究的道路。

科学之所以能闯进高级学识领域，部分是由于有闲阶级中这类逸出正途的后起之秀的作用，他们逐渐受到了非个人关系的近代传统的有力影响，其所继承的性格倾向，与身份制下所特有的那类气质内的某些显著特征，显然有所不同。但科学知识这一异己分子所以能存在于高级学识领域，部分，而且在很大程度上，也是由于工业阶级中某些成员的作用，这些人处境比较从容，除致力于日常生活的维持以外，还有余力从事于别的兴趣方面的发展，他们的遗传性格可以一直追溯到身份制以前，因为歧视性的和神人同形同性的观点，并不能支配他们的智力活动。构成科学进步的有效力量的大致不出于这两类人物，而在这两类之中，以后一类的贡献为最大。就这两类人物而言，情况似乎是这样，他们所起的作用，在性质上与其说是一种根源，不如说是一种媒介，充其量只能把他们算作变化的工具；那些通过同在现代团体生活和机械工业要求下形成的环境的接触而迫使社会接受的思想习惯，依靠他们的作用，可以被利用来说明理论知识。

科学是对于自然现象和社会现象的因果关系的明确认识。这

种意义下的科学，成为西方文化的一个特征，只是工业操作在西方社会实质上成为机械设计的一个方法——人类在其间的任务是对物质力量加以辨别与评价——以后的事。科学的进展程度，大体上同社会的工业生活顺应科学规范的程度相一致，同工业利益支配社会生活的程度相一致。当人类生活和人类知识的各部门，各个地、相继地与工业操作及经济利益发生日益密切的接触时，科学，特别是科学理论，随着这个前进趋势，也在各部门中成比例地向前进展；或者说得更恰当些，当人类生活和人类知识的各部门，各个地、相继地摆脱了个人关系或身份关系的支配，因而摆脱了神人同形同性信念或荣誉价值这类准则的支配时，科学，特别是科学理论，随着这个前进趋势，也在各部门中成比例地向前进展。

只是当人类在环境的实际接触中，迫于现代工业生活的要求，对因果关系不得不加以认识时，人们才会以因果关系为依据，对这个环境的现象以及自己接触到的事实加以组织化、体系化。高级学识，在其最完美的发展形态下是经院哲学和古典文学的精粹，但尽管如此，它是教士职务和有闲生活的副产物；同样，现代科学也可以说是工业操作的副产物。现代工业生活所强制形成的思想习惯，通过学者、科学家、理论家、发明家、研究工作者这样一类人——他们大都不是在学校的庇护之下发生的最有效作用——的努力，使同现象的因果关系有关的那部分理论科学，获得了有条理的表现和发挥。由于这种在学校范围以外的科学探讨，关于研究方式与目的上的变化，才不时地冲进学校训导领域。

这里值得注意的是，以小学与中学同研究高级学识的高等学校相对照，两方面所施的教育在实质上和目的上有极其明显的差别。就两方所传授的知识的直接实用性和所达到的熟练程度而论，这些方面的差别也许有相当重要的意义，值得人们不时地加以注意；但是在这一方或那一方的教导中偏重的精神上或心智上的倾向，还存在着更加显著的差别。关于这种高级知识与低级知识在教导中的分歧倾向，格外值得注意的是，小学教育在工业发达的社会中的最近发展情况。近代小学教育主要注意的是智力与体力方面的熟练或巧妙，是对于非个人性质的事实从因果关系而不是从荣誉的角度加以理解和运用。小学教育当初也主要是一种有闲阶级商品；的确，在这样的早期传统下，现在的小学校仍然习以为常地利用竞赛作为促使学生勤勉求学的一种刺激。但是在初级教育不受教会传统或军事传统支配的社会里的小学训导，即使这种以竞赛作为一个权宜手段的使用，也显然在减少。在教育系统中，有些部分直接受到了幼儿园训育的方法与观念的影响，在这些部分中，上述转变情况（尤其是在精神方面）格外明显。

幼儿园训育特别带有非歧视性倾向，这种倾向有时影响到幼儿园本身范围以外的小学教育，使之具有相类的性质；这一点应该同上面曾经提到的、在现代经济形势下有闲阶级妇女特有的精神态度联系起来看。在工业发达的社会里，有许多有智力而闲散着的妇女。在这样的社会里，由于工业生活的分化作用的影响，以及顽固的军事传统和宗教传统不复存在，身份制的严格程度已经有所降低；在这样的情况下，幼儿园训育达到了最完善的境地，远离古老的家长式的教育观念。这种训育，就是从这类处境安乐的妇女们那里获得精神上的支持的；它的目的和方法格外投合这类妇女的心意，她们的荣誉生活的金钱礼法下是心神不宁的。幼儿园训育以及现代教育系统中任何相类的幼儿园精神，与“新妇女运动”一道，都应当看作是妇女直接受到现代环境下的有闲生活的锻炼时，对于这种锻炼所要诱发的不求实际与歧视性对比这类习性的一种反抗。这里又一次证明，有闲阶级制度是间接有助于非歧视态度的加强的，结果也许会危害到制度本身的稳定，甚至危害到这个制度所依据的个体所有制。

近来在大专学校的教学范围内发生了某些具体变化，那些有助于提高公民智能与工业效率的比较着重实际的学科，部分地代替了人文学——人们认为足以促进传统的“文化”、特性、爱好和观念的那些学科。换个说法就是，那些足以促进效能（最后是生产效能）的学科，同足以提高消费或降低工业效能并且足以养成与身份制相适应的性格类型的那些学科比起来，前者的地位已逐渐有所增进。在这一对教学规划的适应过程中，高等学校一般总是偏于保守的，它们循着这一方向每前进一步，总是在若干程度上具有一种让步性质。科学的强行进入学者的训导，即使不能说是从下面来的，也是从外面来的。应当看到，人文学尽管十分勉强地对科学作了让步，但是它相当普遍地适宜于使学者按照传统的自我中心的消费方式构成其性格；这种消费方式在性质上是按照传统的礼仪标准与德行标准进行的对真善美的欣赏和享受，其主要特征是有闲，是一种悠然自适的有闲。人文学的代言人，以那种被他们自己所习惯的古老的、端严的观点所掩盖的措辞，表明他们所坚持的观点，是含蓄在“人是为消费世上的产物而生存的”那句老话里的观点。对由有闲阶级文化构成并以此为依据的那些学校说来，这

种态度是不足为奇的。

当人们为了要使公认的文化标准和文化方式能保持原样而尽力找寻表面根据时，这类根据实质上也就是古老气质和有闲阶级生活理论的一些特征。例如，由对流行于饶有古风的有闲阶级中的那种生活、观念、理想和消费时间与物品的方式加以惯常的欣赏得来的享乐和意向，同对于现代社会中普通人的日常生活、知识和志趣等方面的熟悉以及从这种熟悉中得到的结果比起来，人们总觉得前者是“高一级的”、“比较高尚的”、“比较有价值的”。任何学术，如果其内容纯粹属于现代人类与现代事物的一些知识，则与人文学比起来，人们总觉得它是“低级的”、“卑俗的”、“没有荣誉性的”；甚至有人这样形容这种人类的和日常生活的实用知识，说它是“次人类的”。

有闲阶级代言人对人文学的这种看法，似乎本质上是正确的。从事实的本质来看，作为一位处于旧时代的绅士，他的精神所惯于寄托的是神人同形同性信念、宗派观念和悠然自得态度，他所熟悉的是万物有灵迷信和例如荷马英雄式的那种生龙活虎的好勇斗狠；由此产生的满足和文化，或者是由此形成的精神态度或性格倾向，从审美角度来考虑，比之从事物的实在知识或者从现代公民或工业效能等方面的思考得来的一些结果，要恰当得多。很少疑问，上述前一类习性，关系到审美价值或荣誉价值时，因此也就是关系到以之作为对比中的评判基础的“价值”时，自有它的优点。爱好准则，尤其是荣誉准则的概念内容，总是民族的过去生活与过去环境的结果，通过遗传或因袭而流传到后代的；由于掠夺的和有闲阶级的生活方式长期地居于支配地位，有力地构成了民族在过去的性格倾向和观点，因此，密切关系到现在爱好事项的上述这一生活方式继续居于支配地位，就有了一个充分有力的事实基础，从审美角度来看也就会被人们认为极其恰当。从目前的研究意义上来看，爱好准则是民族的习性；过去对于各种事物，根据爱好，有些加以好评，有些则加以恶评，从而对各类事物或者加以赞可，或者有所不满，民族习性就是在这样的相当长期的习惯过程中形成的。如果别的情况没有变动，则习惯形成的持续期间越长久，由此形成的爱好准则就越被人们认为恰当。对一般爱好的评价固然是这样，对价值或荣誉方面的评价似乎更加是这样。

但是，不论人文学代言人对比较新的学识的毁谤，从审美角度来看可能怎样言之成理，还是有人提出的古典学识具有较大的价值，更加能够体现人类的文化和性格的说法可能具有怎样的真价，这些都与我们研究的问题没有关系。这里的问题是，这类比较新的学识，以及在教育系统中这类学识所代表的观点，对于现代工业环境下的有效集体生活，能够促进或者妨碍到什么程度，对于现代经济局势的进一步顺利适应，能够发生多大的推进作用。这是一个经济问题，不是一个审美问题，表现于高等学校对实用知识的轻视态度的那种在学识上的有闲阶级标准，就这里的研究目的而论，只能从经济的观点来加以评价。在这样的主旨下，那些“高尚”、“卑俗”、“高级”、“低级”等的性质形容词，只是在表明争论者的意向或见解时有其意义；不论他们所要辩解的是新学识还是旧学识的价值。这些形容词都是带些敬意或者带些蔑视的字眼；就是说，是含有歧视性对比意义的字眼，归根到底不出于荣誉或非荣誉含义的范畴；就是说，是属于身份制下的生活方式所特有的那个范围以内的一些观念；就是说，实质上是运动竞赛精神的表现，是属于掠夺的万物有灵的性格倾向的；也就是说，这些字眼所体现的是古老的观点和生活理论，也许同它们所由产生的掠夺时期的文化与经济组织相配合，但从比较广义的经济效能这个观点来看，是有害的时代错误。

古典学，以及受到高等学校那样热烈拥护的它在教学计划中的特权地位，足以构成一种智力态度，从而降低新生一代的经济效能。学校为了贯彻这一方针，不但努力保持人们的古老观念，而且在教学中对知识作出荣誉的和非荣誉的这种区别。这样的结果是通过两个方式取得的：(1)激起人们对纯供实用的学识(与纯荣誉性学识相对照)的一种经常存在的反感，从而使初学者真心诚意地感到，能够满足他的爱好的，只是，或者几乎只是一般无助于工业利益或社会利益的那类智力的发挥；(2)使学习者的时间和精力消耗在某些知识的取得上，这类知识并没有实用，只是由于积习相沿，已经与作为一个学者所需要具有的学识总和结合在一起，因此影响到了有实用的那些知识所使用的措辞和术语。除了这种术语上的困难——这一点本身就是过去流行古典学所造成的结果——之外，古典语知识对任何科学家，或者对不从事主要属于语言学性质的研究工作的任何学者，并没有什么实际意义。当然，这里所说的一切，对古典学本身的文化价值毫无关系，对于古典学的教导以及古典学研究赋予研究者的那类性格倾向，也没有加以诽谤的任何意图。这种性格倾向在经济上似乎是不适用的，这一点实际上几乎已经是一个众所周知的事实；但是那些能够从古典学中找到安慰、获得力量的有幸的人们，却用不着因此感到彷徨不安。对那

些认为劳动跟礼仪标准的修养比起来是件小事的人说来，古典学的学习有损于学习者的劳动习性这一事实是无足轻重的：

前一代的信仰、荣誉和德行是不能轻视的，

过去所忽视的事物将逝如流水，一去不复返。

这类古典学识的取得，已成为我们教育系统中基本要求的一个部分，在这种形势下，对于欧洲南部的某种古代语言，如果具有了解与使用的能力，不仅具有这种能力的人在获得夸耀其成就的机会时会感到满足，而且任何学者总能因此使不论外行还是内行的听众与读者对他增加一份敬意。要获得这种实际上一无效用的知识，一般大概需要花费若干年的苦工，如果缺乏这种知识，就不免要引起一种猜测，使人们感觉到这个人的学习过程未免过于短促，他的学问是有些靠不住的，同时还会使人感到在他身上那种流俗的实用气氛未免过于浓厚，而这一点也不合于完美学识和健全智力的习惯标准，是同样惹人憎嫌的。

这同对商品材料或制作没有专门鉴别力的一个买主购买任何一件消费品时的情形一样。他估计一件物品的价值的主要依据是，那些装饰的部分和特征在最后一道工序上的表面的华丽，这同物品的内在实用性并没有直接关系。看来情况是这样的；在物品的实际价值与为了求售而添上的装饰费用这两者之间，存在着一个难以确定的比例。学术方面的情况也是这样，人们认为学识中如果缺少了古典学和人文学知识，这样的学识一般就不会是完善的，由此导致了一般学者为了取得这类知识而造成的时间和精力的明显浪费。这种以一定程度的明显浪费作为一切荣誉学识的一个附随事物的传统要求，使我们对学识方面的爱好准则和适用性准则受到了影响；就同我们对制造品的适用性的鉴别受到同一原则的影响的情形一样。

这是的确的，作为一个猎取荣誉的手段，明显消费的受到重视已经越来越超过明显有闲，因此取得古代语言知识这一要求已经不像以前那样迫切，它作为具有完美学识的证明的魔力已经有所减退。情形尽管是这样，但同样明确的是，古典学并没有丧失其作为学者声望的一个证明的绝对价值；因为学者如果要取得证明，他所应做到的只是在于设法表明，他是具有被人们习惯地认为浪费时间的证明的那类学识的，而最适合这一用途的学识就是古典学。老实说，古典学之所以能够在高级学识体系中占有特权地位，所以能受到高度的尊崇，被认为是一切学识中之最可敬的，就是由于它具有作为浪费时间与精力的证明这一效用，因而也就是由于它具有作为支持这种浪费所必要的金钱力量的证明这一效用，这一点是无可置疑的。古典学深合于有闲阶级学识的装饰目的，其适应程度超过了任何其他部分的知识，因此是博得荣誉的一个有效手段。

以这一效用而论，古典学直到最近为止，没有碰到敌手。它在欧洲大陆还是其势无敌的，但在美国和英国，最近情况有些不同。在这些国家里，自从大学体育运动在学术成就的一般领域内努力取得公认地位以后，这一学术部门——假使可以把体育运动爽爽快快地看成是学术的话——在英美学校的有闲阶级教育中，已经成为同古典学互争雄长的敌手。就有闲阶级学识的目的说来，体育运动有一个明显地优于古典学的地方，即一个成功的运动家的先决条件不仅是时间的浪费，而且是金钱的浪费，同时他还须具有某种高度非生产性的古老的性格和气质特征。在德国的大学里情形有些不同，在那里，那种技术性的、分等级的饮酒风气和机械式决斗，成了有闲阶级学者的业务，它们在某种程度上代替了体育运动和古典学研究（所谓用希腊字母命名的大学联谊会活动）。

有闲阶级及其品质标准——拟古主义和浪费——同古典学的纳入高级学识体系这件事，本来是风马牛不相及的；但高级学校所以要坚决保留古典学以及古典学之所以仍然具有高度荣誉性，其原因无疑是由于这种学术密切符合拟古主义和浪费原则的要求。

所谓"古典学"，不论是指过去的语言，指现行语言中已经废弃的或快要不用的思想表达形式和措辞，还是指在适合性较低的情况下应用于学术活动或学术工具中的其他项目，总是含有这种仿古与浪费的意义。因此，英语中的古代成语称为"古典"英语。在牵涉到严肃性课题的一切讲演和写作中，古典语的引用是不可少的，即使在极其家常、极其琐细的谈话中，如果能轻松流利地使用一些古典语，总是能增加光彩的。当然，英语中的最新词调绝不是写在纸上的；有闲阶级的礼仪观念要求在致辞中力求古雅，这一成规甚至对那些最缺乏教育，或者最豪放不羁的作家们也有充分的约束力，足以使他们不敢逾越范围。另一方面，那种最高级的、最高度规格化的古代文体，只在神人同形同性信念的信徒向他们的主子通诚祝祷时，才在富有特性表现的情况下正式使用。一方是口语中的最新词调，另一方是祷祝用语中的竭力摹古，而有闲阶级在谈话中和写作中的通常用语是介于这两个极端之间的。

在写作和谈话中，文雅的措辞总是博取荣誉的一个有效手段。就某一话题准备发言时，对措辞应当古雅到什么程度才符合习惯要求要相当准确地加以揣摩,这是一个重要问题。从讲道坛直到买卖市场,在这一点上的习尚是大有差别的;在后一场合,可以想象得到,即使是最好挑剔的人也不会十分苛求,比较新的、动人的措辞和语调是可以使用的,不致引起反感。在措辞中避免使用新语汇这一事实是有荣誉性的,它不但说明,这位发言人为了养成用古语来表达意见的习惯曾浪费了时间,而且充分证明,他自幼就惯于同熟悉古旧成语的人们相处在一起。由此可见,他的出身是不折不扣的有闲阶级。出言吐语的高度纯正是一个推定证据,证明这个人是世代相传从不接触粗鄙的、有实用的工作的;虽然它对这一点的证明作用并不是绝对决定性的。

除了远东方面的情形以外,要说明古典学的无裨实际,最适当的例子要算英语的传统拼法了。在拼法上违反规范是极度恼人的一件事,犯了这种错误的任何作家,在充分具有真与美的观念的人们的心目中是名誉扫地的。英语的正字法是足以适应明显浪费定律下的荣誉准则的一切要求的。它既古老、累赘而又不切实用;精通它需要花费许多时间和精力;工夫不到家是极容易被觉察的。因此,就学识的荣誉这个方面来说,这是第一道难关,是当面见效的考验,就一个无懈可击的学者的生活来说,符合它的要求程式是一个绝对的必要条件。

对于语言要求纯正这个方面的上述习惯,正同以拟古准则与浪费准则为依据的别的方面的传统习惯一样,它的代言人总是本能地抱着辩解态度。他们的见解实质上就是这样:谨守范围地使用古代的、公认的语法来传达思想,比率直地用最新型的口语来传达要适当得多,准确得多;然而这一点是大家晓得的,今天的思想只有用今天的俗语才能有效地传达。古典语所具有的是“尊贵”这一荣誉品质;它是在有闲阶级生活方式下交流思想的公认方式,它有力地向人们表明,使用这种语言的人是不从事生产劳动的。古语的优点是在于它具有荣誉性;由于它是繁重的、艰难的、过了时的,由于它具有浪费时间和避免使用并且不需要使用直截了当的现代语言的证明作用,因此是具有荣誉性的。

图书在版编目(CIP)数据

有闲阶级论:关于制度的经济研究/(美)凡勃伦著;蔡受百译.—北京:商务印书馆,2017
(汉译世界学术名著丛书:120年纪念版:珍藏本)
ISBN 978-7-100-14051-5

Ⅰ.①有… Ⅱ.①凡… ②蔡… Ⅲ.①制度学派—经济思想 Ⅳ.①F091.349

中国版本图书馆CIP数据核字(2017)第132274号

汉译世界学术名著丛书
(120年纪念版·珍藏本)
有 闲 阶 级 论
——关于制度的经济研究
〔美〕凡勃伦 著
蔡受百 译

商 务 印 书 馆 出 版
(北京王府井大街36号 邮政编码100710)
商 务 印 书 馆 发 行
南京爱德印刷有限公司印刷
ISBN 978-7-100-14051-5

2017年12月第1版 开本710×1000 1/16
2017年12月第1次印刷 印张20½
定价:95.00元